天

Borderless

下

天下，在乎正义和你

刑事证据法的制度塑造

吴洪淇 著

法律出版社
LAW PRESS·CHINA
北京

图书在版编目（CIP）数据

刑事证据法的制度塑造 / 吴洪淇著. -- 北京 : 法律出版社, 2023
（法学新青年）
ISBN 978-7-5197-7714-2

Ⅰ. ①刑… Ⅱ. ①吴… Ⅲ. ①刑事诉讼－证据－研究－中国 Ⅳ. ①D925.213.4

中国国家版本馆CIP数据核字（2023）第248383号

刑事证据法的制度塑造
XINGSHI ZHENGJUFA DE ZHIDU SUZAO

作　　者：吴洪淇
责任编辑：屈　瑶
装帧设计：贾丹丹
出版发行：法律出版社
编辑统筹：学术・对外出版分社
责任校对：晁明慧　王晓萍
责任印制：胡晓雅　宋万春
经　　销：新华书店
开　　本：710毫米×1000毫米　1/16
印　　张：17
字　　数：235千
版　　本：2023年12月第1版
印　　次：2023年12月第1次印刷
印　　刷：三河市兴达印务有限公司
书　　号：ISBN 978-7-5197-7714-2
定　　价：89.00元

销售电话：010-83938349　客服电话：010-83938350　咨询电话：010-63939796
地　　址：北京市丰台区莲花池西里7号(100073)
网　　址：www.lawpress.com.cn
投稿邮箱：info@lawpress.com.cn
举报盗版邮箱：jbwq@lawpress.com.cn
凡购买本社图书，如有印装错误，我社负责退换。电话：010-83938349

前言：接近刑事证据法的“相轮”

一

2010年夏天，我博士毕业，博士论文主要从比较法的视角讨论证据法特别是证据排除规则的运行环境和内部结构。彼时，1996年《刑事诉讼法》中证据一章还只有8个条文，最高人民法院刑事诉讼法司法解释证据一章也只有11个条文。也正是在那个夏天，河南赵作海案被曝光，之后“两高三部”联合颁布了《死刑案件证据规定》和《排非规定》，中国刑事证据制度在多年的酝酿中终于有了质的飞跃。自那时候开始，中国刑事证据制度的发展开始驶入快车道。在过去的12年中，最高人民法院、最高人民检察院、公安部等各个中央部门先后以联合颁布或独立颁布的形式发布了10余件与刑事证据制度相关的规范性文件。以2021年《刑诉法解释》为例，“证据”一章已经有78个条文，分为10个小节。因此，过去的12年是中国刑事证据制度由少数规范逐渐成长为规范众多、体系化初步形成的12年。作为研习者，我们有幸目睹了中国刑事证据制度的这一成长过程，一方面对其成长过程加以记录和理论阐释，另一方面通过对相应改革的讨论加入其成长的进程中。本书便是这一过程的一个产物。

刑事证据制度的发展变迁很难完全脱离其所处的时代，个人的研究进程何尝不是深深嵌入时代背景当中呢？回首过去10多年以来从事证据法学研究的历程，大致从以下两个方面进行了一些理论上的努力：

第一个方面是在2010年前后完成的对西方特别是英美证据法制度和研究的译介，这些主要集中反映在对系列英美证据法经典作品的翻译方面。主持翻译的作品包括英国证据法理论大家威廉·特文宁的《反思证据：开拓性论著》和《证据理论：边沁与威格摩尔》，这两部作品对英美证据法的理论传统和证据分析的前沿努力都进行了很好的梳理；①还有罗杰·帕克与迈克尔·萨克斯的《证据法学反思：跨学科视角的转型》，这部作品主要对英美证据法的前沿理论特别是跨学科研究进行了综述性分析。② 这些翻译一方面让我们了解了证据法的制度传统和知识背景，另一方面让我们了解了英美证据法同行的工作成果，展示了他们是如何研究证据和证据法的。这不但为我们研究证据法提供了理论资源，而且还有方法论上的启发。

第二个方面则是在中外证据制度比较、中国刑事证据制度方面的研究，主要体现在包括本书在内的三本专著中。第一本专著是以我的博士论文为基础撰写的《转型的逻辑：证据法的运行环境与内部结构》。③ 我的博士论文是2009年在美国西北大学法学院访学期间完成的，当时国内刑事证据法规范数量也很有限。在这一背景下，这本著作是以英美证据法为比较对象，从司法证明过程、程序基础、价值结构和规范结构四个维度对证据法可能的延展方向确立一个基本的坐标系。坦率地说，我在写作博士论文的时候，完全没有预料到中国刑事证据制度能够在2010年夏天也就是我博士毕业论文答辩之后取得突破性进展。这种制度上的突破一方面为那本专著提供了一种研究素材，另一方面也为那本专著中的理论框架提供了检验的机会。第二本专著是2018年出版的《证据法的理论面孔》。④ 如果说第一本专著还是对证据制度框架进行宏观的、粗线

---

① ［英］威廉·特文宁：《反思证据：开拓性论著》（第2版），吴洪淇等译，中国人民大学出版社2015年版；［英］威廉·特文宁：《证据理论：边沁与威格摩尔》，吴洪淇、杜国栋译，中国人民大学出版社2015年版。

② ［美］罗杰·帕克、迈克尔·萨克斯：《证据法学反思：跨学科视角的转型》，吴洪淇译，中国政法大学出版社2015年版。

③ 吴洪淇：《转型的逻辑：证据法的运行环境与内部结构》，中国政法大学出版社2013年版。

④ 吴洪淇：《证据法的理论面孔》，法律出版社2018年版。

条的勾勒,第二本专著则分别从两个方向进行更为深入的研究。这本专著的上编主要研究中国刑事证据制度演变的基本逻辑、刑事证据审查的基本制度框架、非法证据排除的范围和制度实效以及证据性辩护的基本样态等。下编则是研究英美证据法形成的思想源流,特别是对边沁、威格摩尔、特文宁以及达马斯卡诸位学者的学术思想进行了述评性研究,同时对证据法的跨学科研究和学科演变进行了探讨。

概括来说,第一本专著的主题词是“比较”,从比较法的视角展示证据法的基本制度框架;第二本专著的主题词是“理论”,从理论视角对中外证据法的制度、思想、学科、研究方法的演变进行了探讨。那么本书的关键词则是“制度”,从宏观和微观两个层面对我国刑事证据制度的制度演变、体系化建构和具体改革议题展开深入的探讨。三本专著写作于不同的时期。在这一过程中,域外证据法知识逐渐隐退,从直接的比较对象逐渐分离为各自的研究脉络,到了本书已经完全内化在每个章节当中;与此同时,对中国刑事证据制度的研究则逐渐由比较视野的理论想象逐渐演变为宏观的制度框架和体系化的制度设计直至具体的制度变革与操作。一退一进之间,既是研究者研究路径的不断变化,实际上也是证据法学研究对中国问题不断回应的一个必然结果。正所谓事不过三,绵绵用力,久久为功。

二

本书共十一章,分为上下两编。上编是总论,下编是分论。上编主要从宏观视角探讨了中国刑事证据制度的成长历程和体系化问题,分别从纵横两个方向勾勒出中国刑事证据制度改革的宏大背景。第一章和第二章是从纵向的历史维度探讨和观察中国语境下证据与刑事证据制度的演变历程。改革开放 40 多年以来的中国社会变迁是我国证据制度的一个基本社会背景,也是理解我国刑事证据制度演变的最重要线索。第一章“证据的基本定位与法治化问题”从“证据”这一最基本的元素入手,体察不同时代背景下我国如何看待“证据”,以及如何逐渐以一种法治化的状态处理证据问题。在这一章中,我没有将证据仅仅定位为诉讼制度的一个核心部分,而是将其放在整个社会治理这一宏大视野中理解证据的基本定位;因为我相信一定程度上,诉讼中证据的基本定位只是整个社会治理体系中证据基本定位的一个缩影。在第二章中,本书则将证据拉回刑事诉讼制度这一具体场域中,考察了 1996 年以来我国刑事证据制度演变的基本轨迹,描述了其如何从简单的几个条文逐渐成长为一个庞杂的规范体系。从转型社会的基本背景出发,本书考察了这一制度成长背后的基本推动力,并在此基础上总结了这种制度成长方式的基本特征和利弊得失。如果我们将中国刑事证据制度当成一个生命有机体的话,那么这两章则是从一个观察者的角度对这一生命有机体的成长历程进行的观察、记录和描述。

上编第三章和第四章从横向展示了证据法体系化的理论维度与制度实践。随着中国刑事证据制度的快速发展,刑事证据规则的规范数量也在快速增加。这些来自不同时期、不同层级、不同部门、不同内容甚至不同话语体系的证据规则如何被有效地整合为一个相对融贯的刑事证据法体系便成为当下的一个重要的任务。第三章主要从理论层面对证据法体系化过程中需要处理的三个层面的问题进行探讨。一是证据法的本体论问题,主要涉及证据法的规范范围和存在样态问题;二是证据法的价值论问题,涉及证据法规范所追求的价值目标问题;三是证据法的规范论问题,涉及证据法体系内部规范安排问题。这三个基本问题既有相对稳定的问题域和基本原理,但在不同的国家又常常具有不同的表述方式和解决路径。它们分别从宏观、中观和微观系统界定了证据法体系的整体定位。如果说第三章还仅是对证据法体系化的一种理论推演,那么第四章则是直接将最高人民法院刑事诉讼法解释“证据”一章作为证据法体系化的一个实践文本加以评论。最高人民法院刑事诉讼法解释“证据”一章可以说是迄今为止我国刑事证据制度体系化努力的一个代表,将其作为样本对其体系化努力的经验与局限进行探讨无疑有利于下一步的立法努力。一定程度上说,当前展开的刑事证据制度改革都不能完全脱离制度体系这一基本约束。

下编“刑事证据制度改革前沿问题”主要对近年来我国刑事证据制度改革中的一些焦点性问题进行专题性研究。大致可以分为三个问题域:第五章和第六章主要涉及刑事诉讼中专门性问题的解决和改革。在刑事案件侦查、审查起诉和审判过程中,常常会遇到许多超出办案者知识范围的问题需要解决。一方面,随着我国鉴定体制的改革,传统上由国家公权力垄断的专门性问题解决格局逐步受到辩方的挑战,刑事错案中司法鉴定错误的曝光也使传统上过度依赖鉴定的专门性问题解决模式面临危机。在这一背景下,我国在2012年《刑事诉讼法》修改中引入了“专家辅助人制度”协助控辩双方对鉴定意见提出意见。这种制度引入对其作用范围加以限定的安排背后展现了新嵌入的专家辅助人制度与既有制度的艰难磨合(第五章)。另一方面,随着我国刑事犯罪类型中法定犯、行政犯等犯罪的逐渐增加,所遭遇的专门性问题也越来越超越传统鉴定意见所能解决的范围。为此,2021年《刑诉法解释》确认了专门性问题报告和事故调查报告的证据地位,我国刑事诉讼中专门性问题的解决逐渐演变为以鉴定意见为主、多元化证据形式并存的基本格局。此外,传统的鉴定意见规制模式上还存在表象化审查的问题。新证据类型在基础要素质量控制机制的削弱将导致裁判者对专门性问题证据的审查承担更多的责任。这些变化要求裁判者对专门性证据真正承担起看门人角色,由过去依赖鉴定意见的形式审查逐渐转向实质审查(第六章)转变。

下编第二部分主要涉及证据合法性审查问题。第七章、第八章、第九章主要涉及证据合法性问题审查的三个重要问题。第七章主要涉及非法证据排除庭审调查程序的建构问题。2010年以来,我国建立了相对独立的非法证据排除庭审调查程序。从制度建立的背景来看,非法证据排除庭审调查程序的建立是我国在回应司法实践需求的基础上积极借鉴域外相关制度的结果,在理念和制度设计上都受到域外法治发达国家的影响。但通过观察过去12年的相关立法和司法解释,可以发现域外引入的先行调查规则与既有的刑事司法系统之间产生了较为严重的冲突,各方围绕先行调查规则产生激烈的争议。在与我国刑事司法大环境不断的磨合过程中,非法证据排除庭审调查程序逐渐被改造为独具中国特色的程序设置和制度体系。第八章则涉及讯问录音录像这一证据材料的基本定位问题。作为一种新型的证据材料,讯问录音录像在证据合法性证明中占据着非常重要的地位。因此,讯问录音录像的证据定位及相关问题一直是我国实务界和理论界存在争议的热点问题。2021 年《刑诉法解释》对讯问录音录像证据移送、查阅、复制等问题都进行了一定的调整。这些调整体现了最高人民法院在讯问录音录像证据定位问题上审慎推进的基本立场。第九章涉及电子数据这一证据类型的合法性控制问题。在刑事诉讼电子数据合法性控制方面，我国已经形成了由取证规范、审查标准和排除规则组成的基本制度框架。但该框架中存在的种种问题导致当前电子数据合法性审查基本上处于虚化的状态，电子数据取证与审查体系潜藏价值失衡的危险。上述三章从程序设置、证明基础和制度框架三个维度展现了我国证据合法性控制所面临的问题。

第十章、第十一章主要涉及证据的整合与证明问题。第十章对学界中探讨较多的证据印证问题进行了回应。印证概念其实是对证据之间多重关系的一种简单化概括。随着印证的法律化，印证在刑事诉讼中不再仅仅是一种证明模式，而是扮演着三重角色：作为定案根据的前提、作为证据采信的标准和作为定罪的标准。印证的入法和规制范围的扩展以及印证标准效力的强化都代表着印证功能已经进一步扩张。在司法实践中，印证的功能扩张带来诸多潜在的风险。第十一章主要关注司法证明中经验的引入与规制问题。经验法则是将经验引入事实认定过程并对其加以有效控制的一种独特机制，这种机制在大陆法系和英美法系有着不同的表述形式和内在制约机制。在我国，经验法则和法律推定是将经验引入事实认定过程的两种不同机制，它们在立法和司法实践中都存在某种程度的失控状态。这种失控状态的产生源于其内在制约机制的缺陷。

三

一定程度上说，我们国家自清末变法以来，一直在内外压力之下不断调适着我们的各项制度。这种制度的变革和调整一方面需要回应现代化共通性目标所带来的无形压力，另一方面则需要对本土所产生的制度需求有所回应。改革开放以来，我国刑事诉讼制度与证据制度的变革也大致延续着这一基本逻辑，只是随着历史的演变更多的源流汇聚到我们的制度体系中：首先，域外制度为我们的改革提供了诸多制度借鉴。一旦本土司法实践面临相应的需求，这些域外制度就会以不同的样式不同的途径进入我们的学术体系、制度体系并最终对司法实践产生影响,如专家辅助人制度(第五章)、庭审非法证据排除程序(第七章)、同步录音录像制度(第八章)等或多或少都带有域外制度的色彩。但是这些来自域外的制度在我国既有制度体系和制度需求中需要进行不断调适和磨合,因此其制度的功能与样态也必须在一个有限的空间中不断地被雕琢和形塑。这种调适的痕迹从前述制度改革在不同阶段定位上的不断调整中可以看出来。其次,传统遗留下来的制度并未完全退出历史舞台,而是在新的社会背景中被赋予新的功能,如证据种类制度(第四章)。最后,从中国本土司法实践衍生出来的一些本土制度实践如印证(第十章)也逐渐进入制度文本中。这些来源各异的制度范畴汇聚到我们的制度中,使我们形成了混杂的制度汇总。如何将这些混杂的制度整合成一个内部相对融贯、外部与既有刑事诉讼体系较为贴合的制度体系,将是我们未来很长一段时间必须面临的挑战。

证据制度的体系化工作并非一件自然而然的事情。从英美证据法的发展历程来看,从 1754 年吉尔伯特《证据法》开始尝试对当时证据制度进行体系化工作起到 1975 年的美国联邦证据规则的颁布,这一过程持续了 200 多年的时间。在这 200 多年中,英美证据法同行和实务界人士主要进行了三个方面的努力。第一方面是提炼证据法的基础制度架构。如何将零散的证据规则整合成一个证据法体系,首先需要为其提供一个基础性的制度框架:从吉尔伯特到边沁再到斯蒂芬的理论工作都在为寻找一个合适的制度框架和规范对象而进行努力,直到塞耶的两个原则和证据法规范范围的限定才使得这一工作大致尘埃落定。① 第二方面是学术上的阐释和梳理工作,为英美证据法的系统化进行持续的努力。这方面的集大成者是威格摩尔 1904 年出版的《普通法审判中的英美证据制度专论》,该著作以塞耶的制度框架为基础对英美特别是美国判例法进

① See Eleanor Swift, *One Hundred Years of Evidence Law Reform: Thayer's Triumph*, 88 Cal. L. Rev. 2437. 具体论述可参见本书第四章。

行了全面的梳理与整合。[1] 第三方面是持续的制度改革和法典化努力。20 世纪 40 年代的美国法学会提出的《模范证据法典》和 1975 年的《联邦证据规则》都属于这方面的尝试。当然,这并不意味着我们证据法体系化路径要走英美证据法的体系化路径。由于制度传统和背景上的巨大差异,我国证据法体系化的任务很显然会与英美证据法具有重大的差异。但是从英美法系同行的工作中可以看出,证据法的体系化任务显然不是一个一蹴而就的事情,而是需要学界同人和实务界持续的共同努力。

本书所做的一点努力在于以体系化的思维对我国刑事证据制度进行一种理论上的阐释工作。这种理论梳理工作主要包括以下三个方面:第一,纵向的制度溯源,也就是从纵向维度将证据制度的发展演变过程尽量梳理清楚。我们国家改革开放 40 多年以来一直处于快速的制度变迁中,刑事证据制度同样也是如此。无论是整体意义上的刑事证据制度还是微观层面的某一具体制度表达,都是随着规范性文件的不断出台而进行频繁的更迭。在这一背景下,将制度流变的基本脉络和背后的基本逻辑梳理清楚,是研究者的责任。第二,多元立场的呈现,从横向角度将证据制度的多元立场陈述清楚。刑事证据制度的一个重要特点是其横跨于刑事司法系统的多个主体之间,为各个不同的主体所共同遵循。而且,在证据相关问题的判断上,刑事诉讼流程的后端主体可以对前端主体的判断进行再次判断。这就意味着,刑事司法系统不同主体之间在刑事证据制度的许多问题上往往会形成不同的立场,如非法证据排除的范围、同步录音录像的证据定位、庭审排非程序的制度塑造等都贯穿了这样的多元立场。我们应该正视这种多元立场背后的基本诉求,将这些不同主体之间复杂的博弈过程呈现出来,这样有助于我们深刻理解中国刑事证据制度独特样态背后的深层次原因。第三,体系化的整合与阐释,从体系化的视角将这些多元的、流变的立场整合进现有的制度体系中。这种体系化的努力除了从整体上对作为一个相对独立系统的证据制度进行体系化建构之外,还会将这种体系化的

---

① 参见[英]威廉·特文宁:《证据理论:边沁与威格摩尔》,吴洪淇、杜国栋译,中国人民大学出版社 2015 年版,第 166～167 页。

努力贯彻到具体制度的改革中。也就是说,会在现有制度体系中,对具体范畴的意涵、规范的外延、规范与规范之间的关系等进行整体性的阐述与定位。如同步录音录像的证据定位、印证的规范含义、电子证据合法性框架三类规范之间的关系等的研究,都是站在体系化的研究视角进行审慎的理论阐释。

余英时先生在谈到自己的治学心得时,曾借用北宋理学家程颢批评王安石的一句话“直入塔中,上寻相轮”来表明自己的研究路径。[①] 也就是说,治学不能仅仅站在塔外发空疏之言,而是需要钻入塔中,一级一级攀登台阶,从而逐步接近“相轮”也就是塔的顶端。我多年来常常阅读余先生的作品,体悟其对中国传统文化的深刻理解,在对相关制度的研究方面或多或少受到这种研究路径的影响。如果说之前对英美证据法制度框架和知识传统的译介和梳理,还是站在“塔外”看宝塔的话,那么这些年来对中国刑事证据制度的研究思路则是逐渐从塔外走进塔内。本书的努力就是站在中国大地上从中国的制度环境、背景甚至文化来理解中国刑事证据制度的成长与改革,体悟这些刑事证据制度背后的理念和精神。当然,我也要承认,这还仅仅是一个基本的研究设想。在这个设想中,目前即便进入塔内,也还仅仅是站在底层,更多着眼于对塔基和结构做一点阐释性的努力。未来还需要进一步努力,希望能够拾级而上逐渐接近中国证据法和证据理论的“相轮”。

2023 年 1 月 3 日初稿于京北寓所
2023 年 1 月 7 日修订于京北寓所

---

① 参见陈致:《余英时访谈录》,中华书局 2012 年版,第 56 页。

常用规范简称

颁布时间	规范全称	规范简称
1979年/1996年/2012年/2018年	《中华人民共和国刑事诉讼法》	1979/1996/2012/2018年《刑事诉讼法》
1996年	《最高人民法院关于执行〈中华人民共和国刑事诉讼法〉若干问题的解释(试行)》	1996年《刑诉法解释》
1998年	《最高人民法院关于执行〈中华人民共和国刑事诉讼法〉若干问题的解释》	1998年《刑诉法解释》
2001年	《最高人民法院关于民事诉讼证据的若干规定》	《民事证据规定》
2010年	《最高人民法院 最高人民检察院 公安部 国家安全部 司法部关于办理死刑案件审查判断证据若干问题的规定》	《死刑案件证据规定》
2010年	《最高人民法院 最高人民检察院 公安部 国家安全部 司法部关于办理刑事案件排除非法证据若干问题的规定》	《排非规定》
2012年	《最高人民法院关于适用〈中华人民共和国刑事诉讼法〉的解释》	2012年《刑诉法解释》

续表

颁布时间	规范全称	规范简称
2012 年	《最高人民法院 最高人民检察院 公安部 国家安全部 司法部 全国人大常委会法制工作委员会关于实施刑事诉讼法若干问题的规定》	《六部委实施刑诉法规定》
2013 年	《最高人民法院关于建立健全防范刑事冤假错案工作机制的意见》	《防范冤假错案意见》
2016 年	《最高人民法院 最高人民检察院 公安部关于办理刑事案件收集提取和审查判断电子数据若干问题的规定》	《电子数据规定》
2017 年	《最高人民法院 最高人民检察院 公安部 国家安全部 司法部关于办理刑事案件严格排除非法证据若干问题的规定》	《严格排非规定》
2017 年	《人民法院办理刑事案件排除非法证据规程（试行）》	《排非规程》
2019 年	《公安机关办理刑事案件电子数据取证规则》	《电子数据取证规则》
2021 年	《最高人民法院关于适用〈中华人民共和国刑事诉讼法〉的解释》	2021 年《刑诉法解释》

目　录

图表目录

上编：刑事证据制度的成长与体系化

第一章 证据的基本定位与法治化问题

在现代法学研究中,证据问题常常被视为诉讼中一个非常具有技术性的问题,而很少有人将这一主题与宏大的国家与社会治理联系起来。其实证据的作用绝不仅仅局限在诉讼过程中,无论是社会纠纷的化解还是一项公共政策的制定都离不开证据的作用。在西方法学理论话语中,证据对法治社会一直扮演着较为重要的角色。早在 18 世纪初期,边沁就在其著作中提出“证据是正义的基石:排除了证据就是排除了正义”。[①] 这样一个问题将证据同正义这一人类终极价值连接在一起,隐含了证据对社会之重要意义的肯定。在当代,我国台湾地区学者李学灯对这一问题做了更进一步阐明。他认为,“唯在法治社会之定分止争,首以证据为正义之基础,既需寻求事实,又需顾及法律上其他政策。认定事实,每为适用法律之前提。因而产生各种证据法则,遂为认事用法之所本”。[②] 对于现代法治社会来说,证据在定分止争、政策推行和社会整合等方面都发挥着不可替代的作用。

证据的这种话语地位和作用的形成并非天然

---

① [英]威廉·特文宁:《证据理论:边沁与威格摩尔》,吴洪淇、杜国栋译,中国人民大学出版社 2015 年版,第 102 页。

② 李学灯:《证据法比较研究》,台北,五南图书出版公司 1992 年版,“序言”。

赋予的,也并非在所有的社会中都能占据这样一个基本定位。比如,胡适就认为“古代的人因为想求得感情上的安慰,不惜牺牲理智上的要求,专靠信心(faith),不问证据,于是信鬼,信神,信上帝,信天堂,信净土,信地狱”。[①] 在进一步比较东西方文明之后,胡适还批评说“知足的东方人…… 自安于愚昧,自安于‘不识不知’,故不注意真理的发现……”[②]因此,证据在不同社会中常常处于不同的境遇,而这种境遇的差别和证据在不同国家和社会中的认知证成(epistemic justification)中所扮演的基本角色息息相关。所谓的认知证成,要回答的问题是正确的或合适的信念必须满足什么样的条件,要解释信念如何得到证成,证成在知识中的作用以及证成的价值。[③] 证据恰恰是使事实认知的证成得以可能的一个重要来源。那么就需要进一步追问,证据在东西方不同的境遇对我国法治社会建设可能具有什么样的意蕴?在一个法治社会中,证据应该处于什么样的定位?证据在社会治理的认知证成中处于基础性地位的潜在条件又是什么?为此,本章将着重思考证据在当代法治社会中的基本定位及其背后的形成条件。在此基础上,对我国社会变迁中证据角色的变化以及可能面临的挑战做一个初步的考察。

一、法治社会下证据的三重意义

法治化是国家治理现代化的必由之路,治理体系法治化和治理能力法治化是国家治理法治化的两个基本面向。[④] 如果将法治作为一种最基本的国家与社会治理方式,那么证据在这一国家治理方式中的基本定位就是一个需要思考的问题。正如一位美国证据法学者所总结的,“无论任何时间和地点,只要事实重要,证据就会重要,

---

① 胡适:《容忍与自由》,法律出版社 2011 年版,第 54 页。

② 胡适:《容忍与自由》,法律出版社 2011 年版,第 59 页。

③ 参见陈波:《推荐者:苏珊·哈克的基础融贯论》,载[英]苏珊·哈克:《证据与探究:对认识论的实用主义重构》(修订版),刘叶涛、张力锋译,陈波审校,中国人民大学出版社 2018 年版,第 9 页。

④ 参见张文显:《法治与国家治理现代化》,载《中国法学》2014 年第 4 期。

而只要法律重要，事实就会重要”。[①] 证据、事实与法律之间存在紧密的关系。在将法律治理作为基本特征的一个法治社会中，证据可以扮演以下三重角色。

第一重意义，证据是凝结社会共识，提供行动合法性的重要基础。证据的意义并不局限在法庭中，甚至也不仅仅局限在法律中，而是对整个社会都会产生重要影响。边沁认为，“证据领域不过是知识领域”。[②] 边沁这样说的时候，一个重要的背景是传统的诉诸权威的认识论正在随着科学革命、地理大发现的人类活动范围的扩张而趋于瓦解，而一种新的以观察和记忆作为基础的、通过经验和归纳认识外部世界的理性主义认识论开始兴起。[③] 因此，启蒙运动所带来的不仅仅是天赋人权，更为根本的在于认识论上的革命，即认为存在一个客观上可知的外在于我们思想的世界。[④] 在这种理性主义认识论中，一个基本的假设就是每个人都拥有“普遍认知能力”(universal cognitive competence)，也就是说每个理性人都可以通过自身的观察和推理获得对外部世界的认知。[⑤] 当传统权威作为确信之正当性来源趋于瓦解的时候，证据作为理性主义认识论的基础便具有了一种证成(justification)的力量。在当代的认识论中，无论是基础主义认识论还是融贯主义认识论，都将证据作为证成信念的最重要的基础。[⑥] 正因为如此，在当代社会中，“以证据为基础”成为医学、侦查学、情报学、法学等许多学科共同关注的核心话题。正如特文宁所言：“证据是一个关于推理的跨学科主题，其共同的基础是某些关于逻辑、概率、真

---

① Michael S. Pardo, *Some Remarks on the Importance of Evidence Outside of Trails*, 36 Review of Litigation 443(2018),467.

② 转引自[英]威廉·特文宁：《反思证据：开拓性论著》(第2版)，吴洪淇等译，中国人民大学出版社2015年版，第439页。

③ See John D. Jackson, *Theories of Truth Finding in Criminal Procedure: An Evolutionary Approach*, Cardozo Law Review, Vol. 476, p. 496.

④ [美]罗纳德·J. 艾伦：《艾伦教授论证据法》(上)，张保生等译，中国人民大学出版社2014年版，第3页。

⑤ See L. J. Cohen, *Freedom of Proof*, in Evidence and Proof, William Twining & Alex Stein eds. 1992, New York University Press, p. 1.

⑥ 参见[英]苏珊·哈克：《证据与探究：走向认识论的重构》，陈波等译，中国人民大学出版社2004年版，第2页。

相和知识的一般哲学问题。‘证据’则是用于论辩背景下关于关系的词语(A是关于B的证据)。”①因此,价值冲突越是厉害的社会,就越需要以证据为基础的事实认定活动在化解纠纷的过程中承担起提供合法性证成的基本功能。比如,全球有约40个国家或地区在剧烈的社会冲突之后建立“真相与和解委员会”,希望借此还原真相,回应受害人的利益与需求,厘清旧制度的责任,促进社会和解。② 正如一些学者提出的:“真实不只是法律、程序、科学、政治和社会生活的首要原则。真实是人类道德价值的本质,对许多人而言,或许是唯一的道德借助。”③真相的探求,必须建立在证据的基础上。

第二重意义,证据以及以证据为基础的事实认定是实体法适用的前提条件,证据具有将实体法上所确立的权利义务锚定在社会真实世界的社会功效。证据与实体法存在密切的联系,但这种联系常常为人所忽略。在法律体系中,实体法宣示了国家的意志,以权利义务的方式规定了不同社会群体之间的利益界分。但这种宣示和规定都只是应然层面的,并未在实践层面真正得以落实。这是因为实体法上所设定的权利义务的实现必须建立在具体个案所确立的案件事实的基础之上。在证据的基础上对事实主张之真相加以确定从而达到实体法的贯彻是实现补偿正义(compensatory justice)即法律下正义的一个必要条件。④ 正是在这个意义上,罗纳德·艾伦认为,“事实先于权利和义务而存在,并且是权利和义务之决定性因素。没有准确的事实认定,权利和义务就会失去意义”。⑤ 而准确的事实认定则必须以证据作为基础。因此,证据法的意义显然不仅

---

① ［英］威廉·特文宁:《反思证据:开拓性论著》(第2版),吴洪淇等译,中国人民大学出版社2015年版,第445页。

② 参见丁乐超:《真相与和解委员会机制对促进和保障人权的作用——以南非真相与和解委员会为重点》,载《人权》2015年第1期。

③ ［英］达夫等编:《审判的试炼Ⅰ:真相与正当法律程序》,万象译,台北,财团法人“民间司法改革基金会”2015年版,第165页。

④ 参见［英］威廉·特文宁:《证据理论:边沁与威格摩尔》,吴洪淇、杜国栋译,中国人民大学出版社2015年版,第20页。

⑤ ［美］罗纳德·J.艾伦:《艾伦教授论证据法》(上),张保生等译,中国人民大学出版社2014年版,第3页。

仅局限在诉讼程序中,将证据归为程序的一部分会掩盖证据法的独特性。具体个案中的证据通过其自身的相关性和实质性与实体法上所设定的法律构成要件实现对接,从而将纸面上所确立的权利义务锚定在真实世界之中,使其避免成为空洞的法律承诺。证据的相关性是指某一证据的存在使某一事实更可能或更不可能存在的属性;而证据的实质性则是指证据与案件中的法律构成要件有关的属性。隐含在证据相关性与实质性背后的是实体法所设定的法律权利与义务实现的事实基础。一旦这些法律权利与义务缺乏具有相关性和实质性的证据的支撑,就意味着实体法所追求的目标无法有效实现。

第三重意义,证据作为案件事实认定的基础,是社会纠纷化解的隐含前提。现代审判的最重要特征在于,正如塞耶所言,先前通过暴力方法或对形式的机械遵从所进行的审判而今已经为理性方法审判所取代了。[①] 这里所说的理性方法是在下列意义上说的:当且仅当对争议性事实之主张的盖然性真相的判断是以提交给裁判者的相关证据所作出之推论为基础的时候,这种裁判性事实认定的方法才是"理性的"。[②] 这种理性裁判方法中,证据是基础,基于证据的推论则是获得案件事实认定结果的核心路径。因此,在当代法治比较发达的国家,都比较明确地在其诉讼法或证据法中确立了证据裁判原则或者类似的原则,将证据作为案件裁判的最重要的基础。以日本为例,日本将证据裁判主义作为其证据法的第一原则。该原则包含两层含义:第一层含义是认定事实必须依据证据,其他任何东西都不是认定事实的根据;第二层含义则是认定案件事实必须根据具有证据能力的证据,而且只有经过调查之后才能认定构成犯罪核心内容的事实。[③] 证据作为案件事实认定的主要根据既是对传统神明裁判方式的否定,同时也为当代证据规范的构建奠定了基

---

① See James B. Thayer, *A Preliminary Treatise on Evidence at the Common Law*, Little, Brown & C., 1898, p. 198.

② 参见[英]威廉·特文宁:《证据理论:边沁与威格摩尔》,吴洪淇、杜国栋译,中国人民大学出版社 2015 年版,第 21 页。

③ 参见[日]田口守一:《刑事诉讼法》,刘迪等译,卞建林审校,法律出版社 2000 年版,第 217 页。

础。即使在许多非诉讼的纠纷解决机制中,证据也扮演着重要的角色。这一方面是因为以证据为基础的审判会成为非诉纠纷解决方式的潜在议价底线,影响纠纷解决的基本走向;另一方面在仲裁、调解、和解等纠纷解决方式中,双方纠纷的解决和最后解决方案的达成同样取决于双方所持有证据的基本状况。

上述三重意义分别从提供行动合法性、实体法实施以及案件事实认定这三个层面勾勒出证据对当代社会与国家治理的重要意义。这三个层面分别对应社会整体、法律体系和诉讼程序这三个层次,彼此之间存在密切的关系,共同为证据提供一个发挥作用的基本社会空间。首先,证据在社会整体中的基本状况决定着证据在整个法律体系和诉讼程序中的基本地位。正是在整个社会普遍信仰神明的前提下,神示证据制度才有了存在的空间。启蒙运动思想所引发的认识论革命以及对个人"普遍认知能力"的肯定为理性证据制度取代法定证据制度提供了坚实的思想基础。因为如果没有对社会理性人"普遍认知能力"的认识论自信,作为外行的陪审员就无法参与到案件事实认定的裁判过程中,职业法官的证据评价活动还将为严密的法定证据规则体系所束缚。其次,社会公众的证据意识是证据在国家治理方式中发挥作用的重要保障。法治的国家治理得以实现的一个前提是社会公众的积极参与。在社会纠纷的化解中,需要当事人积极取证和举证;在法庭审判的过程中,需要证人积极举证作证,需要陪审员对案件事实进行认定;在立法过程中,需要代表社会公众的人大代表或议员通过听取证据做出决策;在社会公共政策的听证过程中,需要社会公众对不同方案的论证证据加以评估等。最后,反过来,证据在整体法律体系和诉讼程序中的作用状况也会以某种特定的方式深刻地影响社会的基本认知状况和行为方式。比如,南京彭宇案一审判决中法官对证据推理过程的分析判断便对社会中人们帮助摔倒者的行为方式产生了非常深远的影响。[①]该案一审判决书这样写道"如果被告是做好事,根据社会情理,在原告的家人到达后,其完全可以在言明事实经过并让原告的家人将原

① 具体论证参见吴洪淇:《转型的逻辑:证据法的运行环境与内部结构》,中国政法大学出版社 2013 年版,第 141 ~ 147 页。

告送往医院,然后自行离开,但被告未作此等选择,其行为显然与情理相悖”。这样一种推理方式对社会公众的行为产生深刻的影响,一些网友甚至据此编制了所谓的“安全宝典”,规定了“救助老人标准动作五部曲”。从这一意义上来说,证据在社会三个层次中的地位和作用方式是相互影响的。因此,在建设法治社会过程中,必然需要建立起以证据为基础的国家治理方式,也必须建构一种认真对待证据与事实的社会意识。

二、我国社会治理体系中的证据定位问题

杨良宜和杨大文在其著作中认为“中国人不讲证据”与“中国人懒于取证、不肯花钱、不想麻烦与不懂调查”有关系。[①] 这样一种判断略显偏激,却体现了一个现象,就是证据在中国传统社会中是受到一定忽视的。不过,仅仅将这样一种现象归因为国人懒于取证则容易陷入一种无法超越的文化决定论中。简言之,传统社会中对证据的忽视固然与国人的思维方式相关,但更重要的还是与传统社会中的国家治理方式密切相关。在以人治为核心的国家治理体系中,真相的获得与发现要服务于权力意志的贯穿和统治合法性的维护,真相和证据也就变得无足轻重。[②] 证据在一个社会和国家治理体系中的基本定位一定程度上和这个国家治理体系本身的性质有着密切的关系。随着时代的变迁,改革开放 40 多年以来,证据无论在我国国家治理、法律体系还是在司法系统中都占据着越来越重要的位置。这样一种变化从根本上来说是由我国整体的社会变迁格局所决定的。

(一)证据在我国社会治理体系中地位的变迁

改革开放以来,证据在我国社会各个层面中的地位和作用发生了重大变化。无论是在社会纠纷的解决中还是在社会治理过程中,证据都占据着日益重要的作用。这可以从四个方面理解。

---

① 参见杨良宜、杨大明:《国际商务游戏规则:英美证据法》,法律出版社 2008 年版,第 1 ~ 2 页。

② 一个例子就是叫魂案的讨论,参见陈兼、刘昶:《叫魂案和乾隆的“合法性焦虑”》,载《读书》2013 年第 4 期。

（1）改革开放以来，社会中人与人关系的逐渐陌生化和传统连接纽带的日趋瓦解对我国社会认知结构产生了重大的影响。正如许多社会学家所洞见的，传统社会本质上是一个熟人社会。“乡土社会是靠亲密和长期的共同生活来配合各个人的相互行为，社会的联系是长成的，是熟习的，到某种程度使人感觉到是自动的。”[①]在熟人社会中，人与人之间的信任建立在长期交往的博弈中，彼此之间的信任是以个人的人格信任为基础的。因此，传统社会更多地追求一种无讼的理想，将诉讼视为一种不值得追求的纠纷解决方式。在这一社会中，证据并未占据太高的位置，因为人格信任是以熟悉为基础的，这种信任建立在潜移默化的长期生活中，不需要通过证据证成相关的信念。随着社会的逐渐陌生化与传统连接纽带的日趋瓦解，传统社会中建立在熟人基础上的人格信任逐渐瓦解，制度信任逐渐成为人们处理人际关系的新型行为方式。所谓的制度信任，就是指对由匿名者组成的制度系统的信任，这种信任源于对现代社会制度体系以及现代人的信心，主要用外在的比如法律、契约等惩戒或预防性机制来降低社会交往的复杂性。[②] 从人格信任转变为制度信任，这种变化对社会认知结构的直接影响就是社会认知媒介的外化，也就是更需要将自己的内心确信外化甚至留下痕迹以取得他者的确信。在这样一个背景下，证据作为内心确信外化的载体就变得格外重要，社会公众收集、运用和保管证据的习惯也逐渐得以养成。

（2）从社会治理模式来看，随着信息的畅通和公民权利意识的提高，作为传统治理主体的政府组织的公信力不断受到挑战，社会治理的主体由单中心转向多中心，社会治理方式由刚性转向柔性。正如一些社会学研究所揭示的，新中国成立之后到改革开放之前这一段时期的信任模式更多的是一种国家本位的“机构信任模式”，单位、组织等政府机构被高度信任。[③] 随着改革开放的

① 费孝通：《乡土中国：生育制度》，北京大学出版社1998年版，第44页。

② 参见胡倩、袁静：《从熟人社会到陌生人社会：信任模式的变迁》，载《华中师范大学研究生学报》2013年第1期。

③ 参见周怡主编：《我们信谁？——关于信任模式与机制的社会科学探索》，社会科学文献出版社2014年版，第32页。

推进和市场经济的发展，特别是一些官方决策行为失误的曝光，比如权力滥用、权力误用等现象的出现，使社会公众对公共权力行为产生了警惕心理。发生在2016年的雷洋案以及该案发生之后社会公众对警察、检察院等机构处理方式的质疑就是社会公众对公权力保持警惕的一个典型例子。[①] 这样一些变化使政府在社会治理过程中更需要注重说理，更需要对整个过程进行记录保存。比如，警察在执法过程中更注重对执法过程进行全程录音录像。

(3)专业性取证职业群体的兴起为社会公众收集提取证据提供了重要途径。在多元化社会中，职业群体作为维系社会团结的整合性力量逐渐兴起，其中与取证相关的代表性群体为律师。截至2018年年底，我国约有42.3万名律师。[②] 这些专业化取证职业群体的存在使社会公众的取证能力得到相应的扩张。

(4)从证据供给角度来看，随着数据信息时代的到来，智能手机的普及、电子监控和网络的兴起等都使人类行动的痕迹更多地被及时留存下来作为证据。除此之外，更多的科学技术被运用到司法调查中，许多以往无法呈现的微量痕迹都可以通过法庭科学技术被呈现出来。新的科学技术被运用到法庭的证据展现中，使证据能够得到更为具体的呈现。[③] 这些新技术的使用将会使能够用来证明人类行为的证据越来越多，种类也会越来越丰富。

(二)证据作为案件事实认定的基础

正是在这样一种背景下，证据在我国司法活动中占据了越来越重要的位置。我国的司法机构自改革开放恢复重建以来做的第一件事就是纠正冤假错案。从1978年下半年到1981年，全国复查"文革"中判处的刑事案件120万件，改判纠错案件30多万

---

① 参见佚名：《关于雷洋的死　我们在担心什么?》，载腾讯网，https://new.qq.com/cmsn/20160511/20160511062782。

② 司法部官网公布截至2018年年底，全国共有律师42.3万人，律师事务所3万多家。参见《2018年度律师、基层法律服务工作统计分析》，载司法部官网，http://www.moj.gov.cn/Department/content/2019-03/07/613_229828.html。

③ 比如，2018年北京一中院在某个案件的审判中通过3D画面，利用VR技术展示凶案现场，引发了各界的关注。上海法院系统建立了刑事案件职能辅助办案系统(206系统)，希望通过该系统实现"庭审全程智能化，证据审查无死角"。

件，涉及当事人32.6万余人。[1] 除了纠正冤假错案之外，改革开放之初另外一个具有重大影响的事件是对林彪、“四人帮”两案的审判。无论是对“文革”期间冤假错案的纠正还是两案的审判，一定意义上都确立了以证据为基础的司法活动准则，强化了社会公众对证据意义的认识。与此同时，我国1979年《刑事诉讼法》第4条就明确规定：“人民法院、人民检察院和公安机关进行刑事诉讼，必须依靠群众，必须以事实为根据，以法律为准绳。……”在该法的第31～37条中对证据作为定案根据的要求、严禁非法取证、证据调查、证人作证等进行了规定，这些规定为我国刑事证据法奠定了最初的格局。改革开放以来的这一新起点表明了我国在司法活动中对证据和案件事实认定的重视。不过总体来说，这一阶段对证据还处于一种比较朴素的认识。这主要体现在两个方面：一方面，这一阶段尽管提出了“以事实为根据，以法律为准绳”的基本原则，但是对案件事实认定过程的理解还主要简单套用哲学认识论，将我国的证据制度总结为“实事求是证据制度”，是“以辩证唯物主义认识论作为基础，认为客观事实是完全可以认识的，司法机关进行诉讼活动……都必须遵循实事求是的原则，以事实为根据”。[2] 但对司法案件事实认定过程本身的活动规律，这一阶段还缺乏较为深入的探讨。另一方面，这一阶段对证据的规制还是相当粗放的，相关的条文非常简单，而且更关注证据的真实性问题，对证据的合法性问题规制还较为简单。

在改革开放30多年后，我国从2010年开始再度曝光和纠正一系列刑事错案。根据最高人民法院2018年工作报告，2013～2017年，全国法院系统再审改判刑事案件6747件，其中依法纠正呼格吉勒图案、聂树斌案等重大冤错案件39件，涉案人员78人。这些刑事错案尽管在刑事案件中所占比例不高，但是给整个刑事司法系统带来的影响却是巨大的。

如果对相隔30多年的两次纠错做一个比较，可以发现以下三

---

① 参见蔡定剑：《历史与变革——新中国法制建设的历程》，中国政法大学出版社1999年版，第181页。

② 法学教材编辑部《证据学》编写组编：《证据学》，群众出版社1983年版，第63页。

个问题：第一，发生在不同的时代背景下，前一次发生在“文革”之后。后一次则发生在我国刑事司法机器恢复重建正常运行30多年以后，其是这一刑事司法机器运转过程中发生“正义误送”进行纠正的产物。第二，产生了不同的影响。如果说前者让我们认识到证据的重要性，重新恢复了社会公众对以证据认定案件事实重要性的认识；后者则让我们进一步反思，仅仅重视抽象意义上的事实和证据是不够的，还需要研究如何认识司法中的证据、如何看待司法中的证据问题。第三，2010年以来所曝光的冤错案件还表明，对证据的粗放型处理已经无法满足我国司法特别是刑事司法的需求，新的时代需要对证据进行精细化研究和规制。许多刑事错案的发生都根源于证据收集、呈现、审查、评估过程中的粗放型运作方式。比如，对刑讯逼供带来的非法证据缺乏有效的排除规则，存在重大瑕疵的证据在庭审中畅通无阻，虚假的印证与降格的证明标准等，这些因素都可能导致案件最终走向错误的深渊。

除了对这些刑事错案进行纠正之外，我国从2010年开始对刑事证据制度进行了一场深刻的改革，通过颁布一系列证据方面的规范推动我国刑事证据制度的精细化和严密化。[①] 首先，通过这场改革，证据裁判原则得到确立。2010年最高人民法院、最高人民检察院等“两高三部”联合发布的《死刑案件证据规定》第2条明确规定：“认定案件事实，必须以证据为根据。”这是我国自改革开放以来第一次明文确立了证据裁判原则，2012年《刑诉法解释》中进一步强调了这一原则，彰显了证据在刑事审判中的基础性作用。证据裁判原则不仅停留在抽象规定层面，而且还明确落实在一系列详细的证据规则中，比如要求“经过当庭出示、辨认、质证等法庭调查程序查证属实的证据，才能作为定罪量刑的根据”（《死刑案件证据规定》第4条）。[②] 其次，对证据进行审查的规则和要求更加精细完善，为证据的审查设定了基本的准入门槛。针对不同证据种类，《死刑案件证据规定》及2012年《刑诉法解释》分别规定了不同的审查

① 有关这场改革的描述，参见吴洪淇：《刑事证据制度变革的基本逻辑——以1996—2017年我国刑事证据规范为考察对象》，载《中外法学》2018年第1期。

② 参见吴洪淇：《审判中心主义背景下的证据裁判原则反思》，载《理论视野》2015年第4期。

标准;在排除非法证据规定方面,更是先后通过多部司法解释或相关规定进行反复强调。最后,除了全国层面的立法或相关规定之外,许多地方也针对证据出台了相关规定,比如浙江、辽宁、安徽、贵州等地都专门针对刑事证据出台了相关的规定。这些证据规定类型多样,有一些是针对某一类犯罪(如毒品犯罪),有一些则针对某一类案件(如故意杀人案件);有一些是针对公诉阶段,有一些则侧重审判阶段。

综上所述,可以发现改革开放以来,在我国社会治理与司法运行中,对证据的基本定位呈现出以下三个趋势。

第一,证据无论在我国社会变迁过程中还是在刑事司法过程中都占据着越来越重要的地位。这种重要性的提升既反映在社会公众的日常生活中,也反映在执法人员的执法行为中;既反映在司法实践的过程中,也反映在立法层面的持续回应中。证据重要性提升背后恰恰是我国社会变迁这样一个大背景,特别是社会中人际关系的变化和社会治理模式的变化。这些根本性变化使证据无论在社会行动中还是在个人决策中作为信念认知证成的基础地位得以凸显。正如张建伟所言:“当打官司摆脱了打关系的糟糕局面,事实、证据和法律真正成为诉讼中独立起决定作用的要素时,证据法一定不会再独自向隅、受到冷落了。”①

第二,改革开放以来,我国逐渐将证据及事实认定活动作为一种具有独特性的专门现象进行研究,对证据的取得、运用、评估等活动的研究逐渐由粗放型往精细化方向发展。案件事实认定活动尽管也是一种认知活动,但这样一种认知活动是一种特殊的认知活动。该认知活动要受到各种制度的约束,通过该认知活动所要实现的价值也不仅仅局限于案件真相,更多的是多元化价值。② 案件事实认定活动尽管是一种建立在常识基础上的认知活动,但从事该活动又不仅仅是一种常识活动,而是需要进行学习训练的一个过程。因此,英国的奥姆罗德法律教育委员会明确将学生培养目标之一定位为“促使(学生)能够处理事实并将抽象概念运用其上所必需的

---

① 张建伟:《证据法要义》(第 2 版),北京大学出版社 2014 年版,第 1 页。

② 参见张保生:《事实、证据与事实认定》,载《中国社会科学》2017 年第 8 期。

知识训练”。[①]

第三，相应地，对证据和案件事实认定活动的规制逐渐呈现细密化的趋势。改革开放之初，我国法律对于案件事实认定和证据的法律规制总体是比较粗糙的，无论是在刑事诉讼法中还是在民事诉讼法中，与证据相关的规定都非常少，而且都比较原则性。但是随着诉讼制度的变革和刑事错案的曝光，对证据和案件事实认定加以规制的证据规则不断增加。在规制的程度上，证据法规制的范围逐渐扩展到证据收集、提交、出示、采纳、评估等各个环节的活动中。如果说改革开放之初更多的是强调认定案件事实需要有证据证明的话，那么，随着时代的发展，我国的证据法立法和研究逐渐将重心转向如何对用来证明的证据加以有效规制这样一个基本问题。

三、法治建设中证据问题面临的挑战

改革开放四十余年既是我国社会变迁的四十余年，也是社会治理模式变革的四十余年，与此相应的也是证据在社会和国家治理活动中定位不断发生变化的过程。尽管从大的趋势来看，证据在我国社会变迁中的地位逐渐得到提升，但是从法治国家的建设目标来说，证据在法治化道路上依然还会面临诸多挑战。

第一，证据问题还更多地被局限在诉讼领域，证据作为社会整体的合法性提供者和证据作为实体法实施的前提还没有得到足够的重视。首先，在许多公共议题的论辩中，作为前提的事实问题往往会被人们忽略。在许多公共事件的讨论中，立场往往比事实更重要，表态比说理更先行，证据和事实则常常被忽视。这样一种现象被称为“后真相”现象，意思是“关乎或代表诉诸情感和个人信仰相较客观陈述事实更能影响舆论形成的情况”。[②] 在这一背景下，如果没有对证据和真相价值的倡导，社会则会陷入一种价值虚无的状态。其次，证据法对社会公共政策进行调整的功能还没有得到充分发挥。证据法发挥作用的直接范围在诉讼中，但证据法辐射的范围

---

① ［英］威廉·特文宁：《反思证据：开拓性论著》（第2版），吴洪淇等译，中国人民大学出版社2015年版，第17页。

② 庞金友：《网络时代“后真相”政治的动因、逻辑与应对》，载《探索》2018年第3期。

会远远超越诉讼范围,对社会各方行动起到相应的激励作用。彭宇案法官说理所引发的社会反应便是证据法引导社会公共政策的一个例证。证据法不仅以追求真相为目的,还会保护各种社会所追求的公共利益。比如证人作证特免权规则对婚姻家庭关系,对律师、医生、记者等行业的秘密交流特权的直接保护,还有善行不能用以证明过错的规则对于社会公众积极行善是一个重要制度保障。这些政策性证据规则在我国还基本处于缺位状态。最后,社会公众的证据意识还需要进一步提升。证据法的有效运行离不开社会公众证据意识的提升和对相关证据活动的积极参与。目前在我国司法实践中,社会公众对于举证活动、证人出庭作证、案件事实证据的评价判断等相关活动参与度还不够,参与的积极性还有待提高。具体表现就是证人出庭作证积极性不高,陪审制度对案件事实的审理常常陷入"陪而不审"的境地,这些都会在一定意义上影响证据问题的法治化。

第二,即便在诉讼领域中,对证据的强调依然任重而道远。主要体现在以下三个方面:首先,在法学教育中,证据与事实问题在法学课程中处于非常边缘的位置,还未受到足够的重视。据不完全统计,全国600多所法学院校,只有20多家开设了证据法课程。[①] 法学教育中证据法教育的缺失使法学院培养的学生缺乏"认真对待事实、认真对待证据"的基本态度。在法学教育中,案件事实常常被当成一个已经既定的前提,在此基础上直接进行法律规范的分析,但这与司法实践的现实常常相去甚远。令人欣喜的是,在新一轮的本科生课程调整中,证据法课程已经作为必修课程的一个组成部分。但是证据法课程地位的提升仅仅是一个方面,未来还需要在课程设计与教学方法上作相应的改进,以培养出能够真正"认真对待事实"的法律人。其次,在司法裁判中,法官对案件证据和事实问题的处理能力还有待进一步加强。正如一些法院自身调研所显示的,在当前的司法实践中,部分法官在庭审中很难做出当庭认证,对庭审争议的焦点无法做出及时的回应,习惯于事先阅卷的审理方式,缺

---

① 参见张中:《论证据法学的科学性及其学科地位》,载《中国法学教育研究》2015年第3期。

乏应对直接言词的审判能力。[①] 在一些案件庭审后的认证过程中，一些法官也会有意无意地对案件事实进行剪裁，使被剪裁的事实能够支持其结论，这带来了不良的社会影响。[②] 最后，律师在证据审查、质证、评估方面的能力缺陷也成为证据法治化的一个重要“瓶颈”。正因为如此，近年来各地律师特别是刑事辩护律师都开始有意识地将庭审质证、证据审查等主题作为培训的重点。[③] 随着以审判为中心的刑事司法制度改革的推进，对庭审承担案件事实调查的要求必然进一步强化。因为要实现以审判为中心就需要实现庭审实质化，而实现庭审实质化则需要适度阻断侦审联结，直接、有效地审查证据，诉讼证据出示在法庭，案件事实查明在法庭。[④] 上述这些问题如果不能得到很好的回应的话，最终必然使这场初衷良好的改革在实践过程中无法达到预期的效果。

第三，证据法的法律规范条文尚未形成一个相对合理的法律体系。仅就刑事证据法来说，目前国内有关证据的相关规定从规范数量上来说已经相当可观，特别是从 2010 年开始，我国刑事证据立法进入了一个“快车道”。从全国层面来说，刑事诉讼法和最高人民法院、最高人民检察院等部门共同出台的刑事证据规范条文就有 200 多条。但是，这些规范存在以下三个问题：首先，目前的刑事证据规范来源众多，既有来自域外规范的移植，也有来自本土创造；既有英美法系和大陆法系的规范借鉴，也有原来苏联社会主义证据规范的源流。如何将这些来源众多的证据法规范按照中国实践的需要加以有效的梳理是未来我国需要完成的一个任务。其次，目前刑事证据法规范层次众多，还未形成一个有效的法律体系。从法律渊

---

① 参见王亚明：《刑事一审庭审规范化的实证分析及路径探讨》，载中华人民共和国最高人民法院刑事审判第一、二、三、四、五庭主办：《刑事审判参考》总第 111 集，法律出版社 2018 年版。

② 参见李红海：《认真对待事实与将常理引入司法——减少争议判决之司法技术研究》，载《法商研究》2018 年第 5 期。

③ 最近几年来，北京、上海、成都等地的高校、律协及相关组织每年定期组织律师培训活动，其中至少有一半都与证据问题相关。

④ 参见裴显鼎：《以庭审实质化改革为契机，不断推进刑事审判理论创新》，载中华人民共和国最高人民法院刑事审判第一、二、三、四、五庭主办：《刑事审判参考》总第 111 集，法律出版社 2018 年版。

源的角度来看,证据法规范的渊源既有全国层面的诉讼法,也有最高人民法院和最高人民检察院的司法解释;既有全国层面的规范,也有部分省份出台的专门的证据性规范。从法律规制的范围来看,既有比较全面的刑事证据法规范,比如"两高三部"联合颁布的《死刑案件证据规定》,对不同种类证据的审查规则都作了规定;也有专门针对某一类证据的规定,比如"两高一部"联合颁布的《电子数据规定》。因此,未来的证据法规范如何超越个别证据规则的离散性问题,将我国证据法整合成一个相对体系化的证据法将是我国在证据法治化道路上所要解决的问题。这也是长期关注中国证据法改革的美国教授罗纳德·艾伦对中国学界提出的建议。[①] 最后,刑事证据规范之间会存在彼此矛盾和冲突。即便针对同一个证据问题,比如非法证据排除规则,各个部门先后出台了多个不同的规定,这些规定彼此之间还存在一些冲突和矛盾。[②] 未来要实现对证据的法律治理,通过对证据的治理实现社会和国家治理体系的现代化转型,就必须对证据法规范进行系统化改革,使证据和证据法发挥其潜在的社会治理功效。

---

① 参见[美]罗纳德·J.艾伦:《艾伦教授论证据法》(上),张保生等译,中国人民大学出版社2014年版,第434页。

② 参见吴洪淇:《非法言词证据的解释:利益格局与语词之争》,载《法学家》2016年第3期。

第二章　刑事证据制度变革的基本逻辑（1996～2016年）

如果说本书第一章是在改革开放40多年这个宏大背景下审视证据在我国社会中基本定位的变迁与法治化问题，那么本章则将视域拉回1996～2016年这20年，主要关注1996～2016年刑事证据制度的变革及其背后的基本逻辑。从2010年开始，中国的刑事证据立法和刑事证据制度改革进入了一个前所未有的快车道时期：一方面，刑事证据规范的数量得到大幅度的增加；另一方面，刑事证据立法开始呈现一种体系化的规范样态，证据裁判原则得以确立，以证据种类为基本框架的证据审查规则体系得以确立。当然，目前的刑事证据制度体系还远未达到完美的程度，还需要进行许多改进和优化工作。[①] 但在改进和优化之前，需要做的一项前提性工作就是对刑事证据制度发展背后的基本逻辑进行探究和描摹。因为我国刑事证据制度的改革与发展并不是在一种真空状态中进行的，而是当下中国社会转型背景中各种社会力量影响的一个综合性产物，其未来的优化与改进也必然在这样一个基本制约条件下展开。

在过去的20多年里，我国刑事证据制度改革呈现出独特的面向：从纵向上看，如果将2010年以

---

① 参见张栋：《中国刑事证据制度体系的优化》，载《中国社会科学》2015年第7期。

来的证据制度改革放置于过去一个较长时段来观察，与过去1996～2010年刑事证据法改革的沉寂形势相比，2010年以来的刑事证据制度改革无论在改革的进度还是改革的广度上都出现了快速的发展态势；从横向上看，如果将刑事证据制度改革的轨迹与其他部门法立法做一个对比，会发现这样一种改革既不同于传统的计划型立法，也与改革开放以来常见的法律试行立法模式差异甚大，展现出非常独特的发展轨迹。[①] 因此，本章所关心的核心问题是：刑事证据制度改革在过去20年里走过了怎样的独特轨迹？这一独特发展轨迹背后的影响因素和内在逻辑是什么？如何对独特性和发展态势加以相对准确的评估？只有厘清这些问题，我国刑事证据法的优化与改进才能在一种更具现实感的语境中进行讨论。

一、中国刑事证据制度的改革轨迹

如果以1996年《刑事诉讼法》修改作为观察的起点，我国的刑事证据制度改革在过去的20余年里走过了一段跌宕起伏的曲折历程。[②] 从其发展样态来看，这一历程呈现出三个非常不同的阶段：自发生长阶段、艰难酝酿阶段和快速回应阶段，每一阶段都呈现出非常不同的特色。

（一）自发生长阶段

1996年《刑事诉讼法》修改在庭审模式上向控辩式方向迈进，改变了过去由法官直接调查证据的方式，确立了控辩双方向法庭举证同时不排除法官调查权的庭审方式。[③] 尽管庭审模式进行了整体上的改革，但刑事证据法的规定却非常简单，1996年《刑事诉讼法》中证据一章仅有8个条文，规定本身过于原则化，很难适应庭审模式转型的需要。庭审模式改革之后，证据的提供者与证据的审查者

---

① 关于法律试行，参见季卫东：《法治秩序的建构》，中国政法大学出版社1999年版，第143页以下。

② 以1996年作为本章对刑事证据法历史梳理的起点主要基于两点考虑：第一，1996年是我国《刑事诉讼法》第一次修改，同时也是刑事庭审模式改革的时间点，无论是《刑事诉讼法》修改还是庭审模式改革都对刑事证据法产生了重大的影响；第二，为了更为清晰地展现刑事证据制度变革的基本脉络，本章将证据制度发展历史梳理的时间长度作一个限定，这20年恰恰是离我们较近的一个历史时段。

③ 参见龙宗智：《刑事庭审制度研究》，中国政法大学出版社2001年版，第113页。

开始出现角色上的分离,控辩双方在证据的获取方面扮演了更为重要的角色,法官则相应地主要扮演证据审查者的角色。但在1996年《刑事诉讼法》中,对双方所提供的证据如何进行审查,无论是在实体上还是在程序上都缺乏相应的规范,这就使刑事证据的准入陷入了一个缺乏相应规范进行规制的权力真空状态。在司法实践中,为了回应这样一种制度需求,许多地方政法委和公检法机关制定了不同类型的地方性证据规定。表2－1是对1999～2007年部分地方性证据规定的不完全罗列。

表2－1　1999～2007年部分地方性证据规定

序号	颁布时间	规范名称	发布单位
1	1999年12月31日	《关于刑事诉讼证据方面若干问题的会议纪要》	江苏省高级人民法院、江苏省人民检察院、江苏省公安厅、江苏省司法厅
2	2001年9月17日	《关于办理各类案件有关证据问题的规定(试行)》	北京市高级人民法院
3	2003年8月28日	《关于刑事审判证据和定案的若干意见(试行)》	江苏省高级人民法院
4	2005年3月16日	《关于规范刑事证据工作的若干意见(试行)》	四川省高级人民法院、四川省人民检察院、四川省公安厅
5	2005年10月	《关于办理审查逮捕案件非法证据排除规则(试行)》	湖北省武汉市江汉区人民检察院
6	2005年12月21日	《关于刑事证据若干问题的规定(试行)》	湖北省高级人民法院、湖北省人民检察院、湖北省公安厅、湖北省国家安全厅、湖北省司法厅
7	2006年6月	《关于加强刑事证据工作若干问题的意见(试行)》	中共呼伦贝尔市政法委员会
8	2006年7月31日	《关于重大故意杀人、故意伤害、抢劫和毒品犯罪案件基本证据及其规格的意见》	上海市高级人民法院、上海市人民检察院、上海市公安局、上海市司法局

续表

序号	颁布时间	规范名称	发布单位
9	2006年10月24日	《关于死刑第二审案件证人、鉴定人出庭作证的若干意见》	四川省高级人民法院、四川省人民检察院、四川省公安厅、四川省司法厅
10	2007年11月15日	《关于规范故意杀人死刑案件证据工作的意见（试行）》	江西省高级人民法院、江西省人民检察院、江西省公安厅

这些地方性证据规定大致展现出以下三个特点：首先，这些规范涵盖了省、市、区县三个层级，在最高人民法院尚未颁布全国性刑事证据规定之前，不同层级的法院、检察院和公安机关为了满足司法实践的需要，纷纷自发起草了适用于本辖区的证据规定；其次，除个别规范外，绝大多数规范都是在法院的推动下或者以法院为主推动的，这充分说明在地方性证据规范的起草中，法院作为审判机关承担着重要的推动作用；最后，刑事证据规范所涵盖的范围、针对的问题、颁布的时间、颁布的形式等存在很大差异。有一部分规范性文件涵盖了刑事诉讼证据的整体，有些规范性文件仅针对某一类案件（如故意杀人死刑案件）或解决某一个问题（如证人出庭作证问题）。有一部分规范性文件是以会议纪要的形式颁布，有些规范性文件则是以较为规范的意见形式颁行。无论这些证据规定存在何种差异，在短短的8年时间里在不同地区制定出各种地方性证据规定，这一事实本身就说明司法实践中对证据规范的实际需求是非常可观的。

（二）艰难酝酿阶段

对于刑事证据司法相关规定的起草，最高人民法院一开始处于相对谨慎的姿态。1996年《刑事诉讼法》第43条规定，“严禁刑讯逼供和以威胁、引诱、欺骗以及其他非法的方法收集证据”。这一条文对通过刑讯逼供等非法方法获取证据提出了禁止性规定，但并未对非法收集证据的后果进行规定。因为缺乏惩戒性后果这个要件，该条文在司法实践中就极有可能成为被虚置的具文。1998年《刑诉法解释》第61条对该条文进行了解释。对比之下，该解释条文与原条文相比有以下变化：明确增加了一个惩戒性条款，通过非法方法收集的证据“不能作为定案的根据”。这样就填补了1996年《刑事诉讼法》中的潜在缺陷,使之成为一条结构完整的规范条文,也为法院在具体个案中适用这一条款提供了更坚实的基础。但上述司法解释条文将不得作为定案根据的范围限定在非法言词证据中,对于非法手段收集的实物证据则是进行淡化处理,完全没有提及。从这一点可以看出,最高人民法院在对非法证据排除规则进行刚性化的过程中界定了其适用范围,避免因为非法证据排除范围过于宽泛给司法实践带来严重影响,也使该条款更容易为各方所接受。

2000年杜培武案经云南省高级人民法院再审予以纠正。在中央司法机关层面,最高人民检察院的回应则是在2001年出台了《关于严禁将刑讯逼供获取的犯罪嫌疑人供述作为定案依据的通知》,要求各级人民检察院严格贯彻执行有关法律关于严禁刑讯逼供的规定,明确了非法证据排除规则。公安系统的回应则是继续推进“刑讯逼供的专项治理”。[①] 2003年,最高人民法院以提审形式对已经终审的刘涌案进行再审,最后判处其死刑立即执行。在论及刑讯逼供所导致的非法证据排除的问题时,再审判决书并未探讨辽宁省高级人民法院对证据排除规范的适用本身是否恰当,而是将其转化为刑讯逼供情节的证明问题。[②] 因此,这一阶段最高人民法院在刑事证据法立法解释方面没有对司法实践的制度需求进行积极的回应,也没有出台更为细化的刑事证据立法的相关司法解释。在同一时间段,《最高人民法院关于民事诉讼证据的若干规定》(2001年)和《最高人民法院关于行政诉讼证据若干问题的规定》(2002年)都得以顺利颁布。

不过,从2004年开始,最高人民法院在刑事证据司法解释的起草方面明显加大了力度。2004年,最高人民法院成立了五人专家小组,专门负责调研、制定“关于审理普通刑事案件中非法言词证据排除问题的若干意见”草案。2006年8月,最高人民法院又起草了

---

① 参见戴长林、罗国良、刘静坤:《中国非法证据排除制度:原理·案例·适用》,法律出版社2016年版,第9页。

② 最高人民法院刑事判决书,(2003)刑提字第5号。

"刑事证据规则"草案,并发函征求全国人大常委会法工委、最高人民检察院、公安部等部门的意见。此次征求意见的结果是最高人民法院放弃出台整体性的"刑事证据规则"的想法。2007年死刑复核权力收回最高人民法院之后,死刑案件中的证据审查成为一个非常突出的问题。2008年前后,最高人民法院选择以死刑案件证据规则为突破口,起草《死刑案件证据规定》。2008年,"完善刑事诉讼证据制度"被纳入新一轮司法改革的计划中,《排非规定》和《死刑案件证据规定》(以下简称"两个刑事证据规定")的制定,一并成为"完善刑事诉讼证据制度"工作的两个组成部分。2009年4月,全国人大常委会法工委召开会议,商定由最高人民法院牵头起草"两个刑事证据规定",并将"证人、鉴定人出庭制度和侦查人员出庭作证问题"并入其中,不再单独制定规定。同时决定,待时机成熟时再起草"刑事证据规则"。[①] 但在2010年之前,专门的刑事证据规定一直都未见出台。从这一发展历程可以看出,从2004年开始,尽管相关各方一直为出台刑事证据规定进行努力,但因为各方在证据规定诸多内容上(尤其在非法证据规则方面)存在重大分歧,这一历程显得有些"步履蹒跚"。

(三)快速回应阶段

但从2010年开始,刑事证据立法开始进入快车道。2010年6月13日"两个刑事证据规定"的出台是我国刑事证据立法领域的重大突破。这种突破体现在三个方面:首先,确立了证据裁判原则,明确提出认定案件事实,必须以证据为根据。经过当庭出示、辨认、质证等法庭调查程序查证属实的证据,才能作为定罪量刑的根据。其次,以证据种类为基础,对不同证据种类确立了初步的证据审查规则,建构起了一个基本的证据审查规范体系。最后,在非法证据排除规范方面取得了重要的突破,明确了非法证据的范围,建构了非法证据排除规范的程序性空间,确立了控辩双方在非法证据排除方面的证明责任,明确了非法证据排除的程序性后果。2012年《刑事诉讼法》进行第二次重大修改,"两个刑事证据规定"的大部分内容

---

① 参见王和岩、罗洁琪、李海艳:《重整刑案证据链》,载《新世纪周刊》2010年第25期。

被吸收进刑事诉讼法修正案以及配套司法解释、相关规定中。至此,2012年《刑事诉讼法》中"证据"一章由1996年《刑事诉讼法》中的8条增加到16条,而相应的最高人民法院、最高人民检察院司法解释和公安部规定中的证据部分条文总数则增加至86条。

刑事证据规则的发展并未到此止步,而是随着形势的发展而进一步变革。从2013年开始,中央政法委、公安部、最高人民检察院和最高人民法院针对刑事冤假错案问题均出台了专门性规定,这些规定中最为重要的一个部分就是与证据的收集、保管、提交、准入、审查相关的一系列规范。2014年以来,最高人民法院积极酝酿起草非法证据排除规则的细则,希望可以进一步扩大非法证据排除的范围,强化对重复供述进行排除的要求;对疲劳讯问作出进一步规范,保障犯罪嫌疑人的休息权,建立讯问时值班律师在场制度。[①] 一时之间,防范冤假错案,强化对证据收集、使用和认定的规范成为包括公检法在内的政法系统力量的一个基本共识。

经过以上三个阶段的曲折发展,我国刑事证据法终于从最初的极为简陋成长为目前的初具规模。在第一阶段,全国立法层面上有意无意的忽略导致1996年《刑事诉讼法》对证据审查的规则作了极为简化的处理,这些简单的规范无法满足法官对于证据进行审查的规范性需求,从而催生了大规模自发的"地方性证据立法运动"。[②] 在第二阶段,最高人民法院从国家层面开始对这样一种需求进行积极回应,组建专家小组希望通过司法解释的形式在刑事证据立法层面能够有所突破,但是因为相关各方在一些刑事证据问题上存在较大分歧,有关刑事证据的司法解释并未出台。到了第三阶段,从2010年"两个刑事证据规定"开始,2012年《刑事诉讼法》的修改将"两个刑事证据规定"由司法解释上升到国家立法层面,使其具有更高的权威。2013年的《防范冤假错案意见》和2017年的《严格排非规定》都进一步充实了刑事证据法的内容。

---

① 参见桂田田:《最高法正征求意见 "非法证据排除"有望出细则》,载《北京青年报》2014年12月8日。

② 参见房保国:《现实已经发生——论我国地方性刑事证据规则》,载《政法论坛》2007年第3期。

二、刑事证据法成长的推动要素

通过上述三个阶段,我国的刑事证据法完成了初步的体系化过程,从非常简单的几个条文逐渐成长为以证据种类为架构的证据规范体系。哪些因素促成了我国刑事证据法的成长发展?其背后隐含着什么样的成长逻辑?

(一)司法需求是推动刑事证据制度改革的原动力

在中国,包括公检法机关和辩护律师在内的刑事诉论主体的司法需求是推动刑事证据制度改革的原动力,这主要源于当代中国相对独特的诉讼制度转型背景和错案追究制度。在由传统的超职权主义模式向抗辩制模式转型这样一个基本背景下,法院开始由过去对庭审证据调查的积极控制者逐渐变成相对消极的证据审查者。无论是对审前卷宗移送的限制还是对庭审举证责任分配以及法官庭外调查的限制,都体现了对法官主动探知事实冲动的一种抑制。但是与此同时,法官确立心证所需要的证人出庭制度并没有得到显著的改善,在绝大多数案件中,证人出庭率依然较低。在这样一种制约条件下,作为事实认定者的法官还是更多地依赖从侦控方的书面卷宗获得内心的确信,从而形成了所谓"案卷笔录中心主义"现象。①

在这样一种审判模式下,刑事司法系统各方对证据规则的需求是不同的。首先,对于辩方来说,由于我国《刑法》第 306 条的存在,辩方取证和提供证据的能力都很有限,更多的是对控方既有的证据和证据体系提出挑战。作为相对弱势和处于挑战者的一方,如果没有相对完整和严密的证据规则,辩方就无法有效对控方的证据进行挑战。其次,对于审判者来说,作为司法最后一道防线的角色定位使其必然要承担起对证据材料进行审查的职责,从 1998 年起由最高人民法院积极推进的错案追究制等一系列制度进一步强化了法官的这一职责。② 法官对证据材料进行审

① 陈瑞华:《案卷笔录中心主义——对中国刑事审判方式的重新考察》,载《法学研究》2006 年第 4 期。

② 参见贺日开、贺岩:《错案追究制实际运行状况探析》,载《政法论坛》2004 年第 1 期。

查的一个前提是其必须对这些案件材料提出的异议拥有进行否决的权力和权威。不过,我国的法院和法官在这一点上权威不足,对侦控方无法形成足够的制约。[①] 在司法权力体制无法赋予审判者足够权威的时候,审判者只能转而向立法寻求法理上的正当性。只要在立法层面赋予审判者对证据进行审查的权力和标准,审判者在对证据进行审查的时候便具有足够的法理正当性。1996 年《刑事诉讼法》及相关的司法解释提供的证据审查标准非常粗疏,使其无法为审判者提供足够的法理正当性,审理者无法根据相对清晰的标准对那些不可采的证据进行否决。再次,尽管从检察机关的视角来说,他们也许不希望证据规则的门槛过高,但是他们同时也承担着对侦查机关证据进行审查的义务,对刑事证据规则也有一定范围的需求。最后,对于作为侦查方的公安机关来说,他们承担着刑事案件侦查取证的任务,如果刑事证据规则对证据准入条件设定得过于严密甚至严苛,自然会影响其取证效率和案件侦破任务的完成。

因此,一方面,刑事司法系统各方对刑事证据规则始终存在基本的需求,这是刑事证据规则得以前行的基本动力。但是另一方面,刑事司法系统各方对刑事证据规则内容、规制范围、严苛程度和体系形式的需求则是差异化的,这种差异化需求是由于各方所处的角色定位与职责差异决定的。正是这种差异化需求的存在,在 2004～2010 年,虽然相关各方几经努力,但是刑事证据规则的相关解释却一直未能出台。因为如果旨在规范取证行为的刑事证据规定过于严苛,必然会影响侦查机关的取证效率和检察机关的指控效率,也必然影响对犯罪进行有效打击的力度。因此,在起草刑事证据规定时,检察机关和公安机关必然要进行更多的权衡。在这一阶段,对于出现的刑事冤假错案,最高人民检察院应对的模式是强化个别证据规定(如严禁刑讯逼供排除相关证据),而不是制订整体性的司法解释;公安部的回应则是进行专项治理,而不是制订整体性的刑事证据规定。因此,在 2010 年赵

---

① 参见陈光中、魏晓娜:《论我国司法体制的现代化改革》,载《中国法学》2015 年第 1 期。

作海案件曝光之前,整体性的刑事证据规则解释还没有成为司法系统的一个基本共识。

(二)刑事错案的曝光是推动刑事证据制度发展的催化剂

1996年以来,具有重大影响的刑事错案的曝光,成为我国刑事司法系统不得不应对的重大难题之一。这些刑事错案暴露出司法实践中在案件事实认定和证据使用方面出现的根本性错误,从而催化了刑事证据制度的改革。表2-2体现了影响性案件与刑事证据立法进程之间的关系,从中可以看出,一方面,冤假错案曝光与刑事证据立法步骤具有先后关系。2010年之前,“两个刑事证据规定”的起草一直在进行中,并未正式出台,2010年的赵作海案件成为其得以正式出台的“临门一脚”。2010年5月9日,赵作海被宣告无罪。5月20日,中央政法委会议召开,确定由“两高三部”抓紧修改完善“两个刑事证据规定”文件,并联合发布实施。6月13日,“两个刑事证据规定”即通过。但之后,“两个刑事证据规定”却迟迟未公布条文,直到将近一个月之后,“两个刑事证据规定”的条文才得以发布。这个时间差说明“两个刑事证据规定”的出台本身并不在原有计划中,相关机构并没有为其出台做好准备,更多的是为当时的社会情势所推动。从表2-2中可以看出,一些具有社会重大影响的冤假错案曝光的时间节点与证据立法的进程之间存在一定的先后关系,而且从2013年之后,这样一种先后关系越来越清晰。另一方面,从目前确立的证据规则来看,有许多规则本身就是针对冤假错案治理的,甚至就是从一些冤假错案中提炼出来的。例如,2013年最高人民法院发布的《防范冤假错案意见》第6条不得作出留有余地的判决、第8条排除通过冻饿晒烤等手段获取的供述、第9条对遗留在现场的微量物证必须做同一认定等,显然都是从业已发现的冤假错案中总结出来的,是针对刑事错案中存在的证据问题的回应。

表2－2 影响性案件与证据制度改革进程关系

年份	影响性案件	证据立法的政法基础	证据立法进程
2000 2003	云南杜培武案、辽宁刘涌案	2003年11月18日,中共中央发布《关于进一步加强和改进公安工作的决定》,提出“有条件的地方逐步实行由同级党委常委或政府副职兼任省、市、县三级公安机关主要领导”	2004年,最高人民法院成立了五人专家小组,专门负责调研、制定“关于审理普通刑事案件中非法言词证据排除问题的若干意见”草案
2005	湖北佘祥林案、河北聂树斌案被发现可能存疑、内蒙古呼格吉勒图案被发现可能存疑	—	2006年,最高人民法院起草了“刑事证据规则”草案,并发函征求全国人大常委会法工委、最高人民检察院、公安部等部门的意见
2010	河南赵作海案宣告无罪	4月,中组部下发文件,要求省级政法委书记不再兼任公安厅(局)长,省级公安厅(局)长改由政府领导班子成员,或政府党组成员兼任; 5月20日,中央政法委第13次全体会议暨司法体制改革第五次专题汇报会召开,确定由“两高三部”抓紧修改完善“两个刑事证据规定”文件,并联合发布实施	“两个刑事证据规定”出台(5月底)
2013	浙江张氏叔侄案、福清纪委爆炸案、萧山五青年案宣告无罪	11月12日,党的十八届三中全会决议强调“健全错案防止、纠正、责任追究机制,严禁刑讯逼供、体罚虐待,严格实行非法证据排除规则”	6月,公安部发布《关于进一步加强和改进刑事执法办案工作切实防止发生冤假错案的通知》; 8月,中央政法委出台《关于切实防止冤假错案的规定》; 10月,最高人民法院《关于建立健全防范刑事冤假错案工作机制的意见》出台

续表

年份	影响性案件	证据立法的政法基础	证据立法进程
2014	福建念斌案、内蒙古呼格吉勒图案宣告无罪	党的十八届四中全会召开,强调以审判为中心的诉讼制度和证据裁判原则	就非法证据排除规则实施细则征求意见

(三)自媒体的聚焦效应使刑事证据制度改革获得了话语正当性

在刑事证据法发展的过程中,一个常常为人忽略的因素是以自媒体为代表的社会公共舆论的兴起。2010年以前,尽管已经有冤案在传统媒体上曝光,但是产生的舆论效应还比较有限。随着互联网和自媒体的普及和兴起,尤其是2009年8月新浪推出微博,庞大且多样化的用户群体对信息的快速转发、评论,使公众对社会公共事件的短时间聚焦成为可能。某个突发事件在网上刚一曝光,即可迅速引爆全国舆论,把地区性、局部性和带有某种偶然性的问题,变成全民“围观”的公共话题,甚至变成需要政府出手干预的公共事件。[①] 这种短时间内的迅速聚焦使社会舆论在监督与推动政府决策方面发挥了更为重要的作用。截至2010年6月30日,中国的网民达4.2亿人,互联网普及率达到31.8%。[②] 在当年的年度20件网络热点事件中,赵作海案位列第16名,是当年互联网媒体的焦点话题之一。在这样的背景下,赵作海案曝光之后很快便得到所在的河南省法院系统的积极回应,并且推动了“两个刑事证据规定”的出台。2013年,浙江张氏叔侄案的曝光再次成为当年媒体的热点,位列体制内传统媒体关注的20个热点事件中的第7位。[③] 2013年下半年召开的党的十八届四中全会在决议中对冤假错案的治理给予积极

① 参见祝华新、单学刚、胡江春:《2010年中国互联网舆情分析报告》,载人民网,http://www.people.com.cn/GB/209043/210110/13740882.html,最后访问时间:2016年1月7日。

② 参见祝华新、单学刚、胡江春:《2010年中国互联网舆情分析报告》,载人民网,http://www.people.com.cn/GB/209043/210110/13740882.html,最后访问时间:2016年1月7日。

③ 参见祝华新等:《2013年中国互联网舆情分析报告》,载人民网,http://yuqing.people.com.cn/n/2014/0318/c364391-24662668.html。

的回应,并最终促成《防范冤假错案意见》的出台。

在冤案被曝光之后,媒体的“围观”效应使冤案产生的影响急剧扩大。这种影响体现为以下几个方面:首先,冤案的发生对我国的司法公信力造成了一定的冲击。在媒体的持续围观使这种质疑急剧扩大到一定程度的时候,国家以一种积极的姿态通过立法等形式来给予回应。其次,对我国政法体制的合理性造成了一定的冲击。在一些案件中,政法委起到的协调作用使检察院和法院对证据的把关和审查趋于无效,法院对检控方证据审查的无力甚至为检控方证据矛盾进行背书,这些都导致社会公众对我国政法体制存在的缺陷进行了反思。对法院独立行使审判权和辩护律师作用的强调成为社会公众和学术界呼吁的重点。最后,冤案的原因和防范受到国家和社会公众前所未有的关注,这种关注使得证据立法获得了一种话语的正当性。这些引人关注的冤案的共同特征是在案件事实认定上存在错误,这种事实认定上的错误往往都是由于证据的生成、采纳、排除、评估环节的错误导致的,这些错误的产生则常常被归结于证据法不完善或者证据规则存在缺陷。

(四)政法权力格局的变化和司法改革为刑事证据制度发展提供了组织条件

从2013年开始的全方位司法改革为刑事证据制度的发展提供了难得的历史机遇,成为刑事证据制度发展最终落到实处的基本途径。一方面,从推动刑事证据法起草的力量来看,在本次改革中,力推刑事证据规范的法院系统在政法体制中获得了更为独立的话语权。党的十八届四中全会提出“推进以审判为中心的诉讼制度改革,确保侦查、审查起诉的案件事实证据经得起法律的检验”,这无疑赋予了法院系统重要的话语权。尽管法院系统一再强调以审判为中心并不意味着以法院为中心,更多的是以庭审为中心。毋庸讳言,由于法院是审判的主导者,对以审判为中心的强调无疑将强化法院在司法体系中的地位。因此,在这一格局中,法院系统正在寻求一种作为证据最后裁断者的突出位置,展现出更为独立的姿态。比如,在《防范冤假错案意见》中,最高人民法院就明确提出“定罪证据不足的案件,应当坚持疑罪从无原则”、法院“不得参与公安机关、人民检察院联合办案”

等一系列要求。因此,可以说在一种新型治理模式下,一种新的权力格局正在形成,法院对独立审判的追求正在强化,这也为刑事证据法相关规定的起草提供了一个较好的组织条件。

另一方面,从获得政治正当性的角度来看,在当前的司法改革整体框架中,刑事证据法作为其中的一部分在政治高度上不断被强调。党的十八届四中全会决议提出,“全面贯彻证据裁判规则,严格依法收集、固定、保存、审查、运用证据,完善证人、鉴定人出庭制度,保证庭审在查明事实、认定证据、保护诉权、公正裁判中发挥决定性作用”,“健全落实罪刑法定、疑罪从无、非法证据排除等法律原则的法律制度。完善对限制人身自由司法措施和侦查手段的司法监督,加强对刑讯逼供和非法取证的源头预防,健全冤假错案有效防范、及时纠正机制”。2016 年 7 月,“两高三部”联合颁布的《关于推进以审判为中心的刑事诉讼制度改革的意见》,其中明确提出,“建立健全符合裁判要求、适应各类案件特点的证据收集指引”。这些都为刑事证据法的完善提供了良好的氛围。正是在这样的背景下,相关部门积极推进非法证据排除规则实施细则的出台,希望在这次实施细则中对非法证据排除范围和程序性保障寻求重大突破。

上述四个要素大致可以解释我国刑事证据法在过去 20 余年走过的“自发生长—艰难酝酿—快速回应”的曲折历程。刑事证据法从地方性的自发生长直到中央层面的艰难酝酿,可以说是司法机关在司法实践中固有的内在需求在支撑着刑事证据法的缓慢发展。法院在刑事司法系统中需要承担的证据审查的重大责任,使他们必然寻求证据规则作为其审查证据的正当性来源。这些证据规则不但要存在,而且要足够细化,要有足够的刚性,这样才能使法院在进行证据排除过程中获得足够的法律支持。这才有了第一阶段司法机关自生自发推动的地方性证据规则。在 2004 ~ 2010 年,在刑事证据立法上各方虽然几经努力,却一直未能有大的突破,这与刑事司法各方主体在刑事证据规范需求上的差异有很大关系。在 2010 年之前,由于各方对刑事证据相关立法的需求、内容以及形式等存在重大分歧,刑事证据法的起草和出台举步维艰。一个个刑事错案在媒体的聚焦下,给司法公信力带来了很大的冲击,迫使国家通过司法改革和相关立法进行积极有效的回应。在这种氛围下,刑事证据制度也获得了前所未有的立法空间和正当性,从而得以快速发展。如果将其总结为一个基本框架的话,大致可以归纳为“需求—挑战—回应—满足需求”的基本框架,也就是说司法实践对刑事证据制度提出了一种需求,在这种需求无法获得满足的时候,它便通过刑事错案的形式对刑事司法系统的现行合理性提出挑战,迫使其通过变革进行有效的回应。这些变革既包括司法制度和诉讼程序制度的变革,也包括刑事证据规范的变革。

三、刑事证据制度变革的基本特征

由于独特的社会转型背景以及政法体制,我国刑事证据制度变革的发展轨迹和基本格局都呈现出一种与国外证据立法完全不同的特征。这些特征可以总结为以下五个方面。

第一,一方面,从基本发展动力来看,我国刑事证据法的立法发展是司法实践的现实需求和社会各界对证据立法持续不断努力推动的综合结果。另一方面,我国刑事证据制度变革可以说是司法实践需求所带来的自下而上驱动的结果。从我国刑事证据的立法过程来看,其主要驱动力量来自两种力量:第一种力量是司法实践中需要更明确的刑事证据规则作为证据收集、提交与审查的权威性标准;第二种力量则是冤假错案曝光带来了改善刑事证据规则的需求。这两种驱动力量都来自司法实践的一线,这就使我国刑事证据立法出现自下而上驱动的基本模式。其基本步骤是:首先由不同层级的地方法院或政法委等机构推动地方性证据规则的制定,其次由最高人民法院、最高人民检察院和公安部等机关顺应地方司法实践的需求推动全国层面的刑事证据司法解释的出台,最后这些刑事证据法的司法解释又逐步被吸收为刑事诉讼法的组成部分。这样的发展步骤完全不同于传统的立法推动主义,而是呈现出很强的司法推动主义特征,也就是由司法实践一线自下而上推动制度的变革。①

---

① 关于变法模式的特征,参见苏力:《法治及其本土资源》,中国政法大学出版社1996年版,第3～22页。关于立法推动主义与司法推动主义两种制度变革模式的比较,参见陈瑞华:《制度变革中的立法推动主义——以律师法实施问题为范例的分析》,载《政法论坛》2010年第1期。

多年以来社会各界特别是法学界对刑事证据立法发展起到了重要的助推作用。这种助推作用体现在两个方面：一方面，法学学者在法学教育和研究领域多年以来的努力推动。尽管传统上我国刑事证据规则在立法方面并不发达，但法学界对刑事证据法和证据规则的介绍、传播与讲授一直是刑事诉讼法教学研究中的一个重要组成部分，1996 年之后，甚至一度成为学界关注的"显学"。① 这有力地促进了证据法学知识的研究与传播，培养了大量具有证据法学知识的理论和实务人才，为刑事证据制度启蒙、改革和适用奠定了基础。另一方面，证据法学者在研究证据法学理的基础上，通过各种形式推动刑事证据立法进程。这些形式包括：（1）有关刑事证据立法的专家建议稿，学者们通过自己的研究结合西方证据法发达国家的证据规则提出了一系列专家建议稿，无疑为刑事证据立法提供了一定的借鉴。② （2）试点与培训，一些学者与地方司法机关、律协合作对某些证据规则进行试点和培训工作。因此，从某种意义上说，我国刑事证据立法的发展是司法实践的现实需求与法学界对刑事证据立法知识多年传播与研究合力的一个结果。

第二，从纵向发展趋势来看，刑事证据立法的发展呈现出螺旋式上升态势。刑事证据立法中一个有趣的现象是：当需要通过刑事证据立法来回应社会舆论的呼应时，刑事证据规则的规范幅度和力度往往是超前的，如 2010 年的"两个刑事证据规定"和 2013 年的《防范冤假错案意见》；而当刑事证据立法回归司法理性时，刑事证据规则的规范幅度与力度往往会退缩。比如，2010 年的"两个刑事证据规定"在非法证据排除方面确立了程序优先审查原则，到了 2012 年《刑事诉讼法》修改的时候开始被淡化。2013 年最高人民法院在《防范冤假错案意见》中对非法证据排除的范围进行了扩张，但这种扩张遭遇到了来自最高人民检察院和公安部的质疑，认为应该回到 2012 年《刑事诉讼法》所确立的范围。刑事证据立法变革呈

---

① 参见张保生：《证据规则的价值基础和理论体系》，载《法学研究》2008 年第 2 期。

② 比如陈光中主编的《中华人民共和国刑事证据法专家拟制稿（条文、释义与论证）》（中国法制出版社 2004 年版）和张保生主编的《〈人民法院统一证据规定〉司法解释建议稿及论证》（中国政法大学出版社 2008 年版）。

现出这种情况,其背后的根本原因在于这种变革背后法院系统、检察系统、公安系统等这些刑事司法系统参与者之间的复杂博弈。可以说,在未来的一段时间里,只要我国的司法体系没有发生根本性变化,刑事证据法的这样一种螺旋式增长态势依然会进一步持续下去。

第三,从横向发展格局来看,刑事证据立法呈现出由点及面、先易后难逐渐扩张的发展格局。这主要表现在两个方面:一方面,由于刑事证据制度变革的一个重要需求是应对刑事冤假错案问题,因此,刑事证据立法在一开始便带有实用性很强的导向。比如在2013年出台的《防范冤假错案意见》中,第6条、第7条、第8条、第9条等与证据有关的相关规定几乎完全是针对已经发现的冤假错案中存在的问题作出的。另一方面,由于刑事证据规则制定在我国的现有立法空间比较有限,为了实现突破,制定者会借助有利的社会和舆论形势实现在一些关键点上的率先立法。其中,最为典型的是"两个刑事证据规定"的出台。2008年,制定整体性的刑事证据规则面临种种困难,冤假错案中刑讯逼供的频频出现和死刑复核收归最高人民法院行使的背景需要尽快出台相应的刑事证据规则,在这一前提下,有关机关在相关司法解释的起草方面主动作了自我限定。首先,将案件类型仅仅集中在死刑案件中。其次,将所要解决的问题集中在刑讯逼供、非法实物证据排除等少数几个问题上,对刑讯逼供问题进行较为细致严格的规定,而对其他证据问题的规定则更为简单。这种自我限定确保了"两个刑事证据规定"能够在阻力最小、社会各界支持合力最大的情况下得以顺利出台。

需要注意的是,在《死刑案件证据规定》中还埋伏着一个使其适用范围自我延伸的机制。在最高人民法院等5个机关联合颁布的《印发〈关于办理死刑案件审查判断证据若干问题的规定〉和〈关于办理刑事案件排除非法证据若干问题的规定〉的通知》中,最后一句是"另,办理其他刑事案件,参照《关于办理死刑案件审查判断证据若干问题的规定》执行"。这句话的存在为《死刑案件证据规定》的扩展性适用埋下了伏笔。也就是说,如果严格按照该通知执行,其他类型的案件也应该参照《死刑案件证据规定》执行。但这句话又没有明确写入《死刑案件证据规定》中,而仅仅是体现在印发两个证据规定的通知中。这种细节上的处理或许恰恰体现了起草者在狭小的立法空间里所面临的微妙处境。

第四,从刑事证据法的立法范围来看,其规范范围涵盖从侦查、审查起诉到审判的刑事诉讼过程。英美法系的证据法主要规范的对象是证据准入的资格,其规范的主要程序阶段是庭审之前和庭审阶段,然后通过证据规则的辐射效应实现对侦查和审查起诉阶段证据收集与审查的有效控制。[①] 而我国刑事证据立法则着眼于刑事诉讼的整体过程。以非法证据排除规则为例,非法证据排除的申请不但在审判阶段可以提起,而且在侦查和审查起诉阶段也都可以提起,而侦查机关、审查起诉机关和审判机关一样拥有对非法证据加以排除的权力和职责。从这一角度来看,我国的刑事证据法可以称为一体化的刑事证据规范体系。这样一个格局的形成大致基于两个原因。首先,与我国“各管一段”的刑事诉讼纵向诉讼构造密切相关。正如一些学者指出的,我国的刑事诉讼纵向构造更多的像接力棒或流水线模式,侦查机关、审查起诉机关和审判机关各自承担着侦查、审查起诉和审判的任务。[②] 在这种模式下,审判对于审前程序并不能进行直接有效的制约,这也将使审判机关的证据审查对侦查机关的辐射效力大大削弱。因此,在刑事诉讼中,一项证据通常要经过取证、举证、质证、认证 4 个环节,通过层层甄别和筛选,最终作为认定案件事实的根据。其次,由于我国审判机关尚缺乏足够的权威实现对侦查机关的震慑效应,因此,在侦查和审查起诉阶段通过严格的证据规则规范侦查取证行为并且排除不可采的证据会大大缓解审判机关对证据进行审查的压力。[③]

第五,从刑事证据立法条文的变迁来看,立法条文含义呈现出从模糊到清晰的渐进式状态。在我国刑事证据的立法过程中,一个常见的现象是,在一些问题的不同层次规范方面常常出现忽左忽右的现象。在法律层面上,常常会用非常严厉的禁止性术语作出规

---

① 参见[英]威廉·特文宁:《反思证据:开拓性论著》(第 2 版),吴洪淇等译,中国人民大学出版社 2015 年版,第 209 页。

② 参见陈瑞华:《刑事诉讼的前沿问题》(第 3 版),中国人民大学出版社 2011 年版,第 258 ~268 页。

③ 参见陈瑞华:《刑事诉讼的中国模式》,法律出版社 2008 年版,第 226 页。

定,但这些规范往往由于制裁措施的缺乏或者语词上的含糊而导致无法真正落实。在司法解释层面上,公检法机关在某些问题上出现重大分歧时,往往会采取模糊的术语作一个笼统的概括,甚至是选择搁置问题。笼统的概括往往会留下无限解释的空间,不同机关可以通过进一步的司法解释加以规避或者直接留待司法实践试行,从而使三方都能够接受。但当某一机关要进一步推进刑事证据立法的时候,它就会通过司法解释等方式使原来模糊的表述进一步明确化和清晰化。一个典型的例子就是对非法供述的定义。在《排非规定》和 2012 年《刑事诉讼法》中,对非法供述的表述都是"刑讯逼供等非法手段"取得的犯罪嫌疑人、被告人供述。在这里"刑讯逼供等非法手段"是一个内涵和外延都很不清晰的表述,刑事诉讼法中这样的表述很好地回避了公检法等机关在非法供述范围这一问题上的冲突。但最高人民法院、最高人民检察院和公安部在各自有关刑事诉讼法的司法解释或相关规定中则对该术语进行了范围不同的细化解释,这样就使三者在非法供述范围这一问题上的冲突立场在规范层面得以呈现出来。因此,在刑事证据立法快速发展进程中,对同一内容的规范可能在短时间内出现清晰度不同、内容不同甚至互相矛盾的多个版本。从总体趋势上看,随着立法背后力量之间的不断博弈,刑事证据法条文及相关术语的含义会不断趋于清晰化。

四、我国刑事证据制度变革路径评析

任何一套法律制度都需要在具体的社会语境中产生和运行,而刑事证据制度的发展更深地嵌入我国的刑事司法体系中。因为刑事证据制度的样式与公检法三机关以及律师的职业地位和职业利益息息相关,所以,在其制定过程中,刑事司法系统中的利益群体必然会通过各种渠道影响刑事证据制度立法的走向。这是在我国政法体制制约之下刑事证据制度发展的一种必然,不能简单用好坏进行评价。我们可以从比较的视野对我国刑事证据制度变革的这种独特模式的优缺点做一个初步的评估,以便在未来的制度变革中能够进一步地改进。

首先,我国刑事证据制度变革的这种独特性促成了刑事证据制度的不断成长并使其逐渐成为一个体系性规范,这一成长过程本身就是一个重大的成就,它展示了在中国这样一个拥有复杂国情和悠久历史的大国,刑事证据规范如何从几乎一片空白成长为一个相对完整的刑事证据规范体系。其次,这样一个成长历程还使我国的刑事证据法体系从其诞生开始便具有很强的问题意识,其产生的最初动力便是解决问题。因此,许多刑事证据规范最初都是对一线刑事司法实践经验的一种总结,其针对的对象是司法实践中亟待解决的事实认定问题。这种以解决问题为出发点的立法模式使我国的刑事证据立法一定程度上避免了立法与司法相互脱节的现象,提升了刑事证据立法的可适用性。最后,刑事证据制度的这种推进模式为证据立法模式提供了一个难得的观察样本。正如一些学者指出的,在我国证据立法过程中存在诸多的理论障碍,比如我国的大陆法系传统。[①] 我国刑事证据制度的变革实践展现出即便在我国这样一个大陆法系传统浓厚的国家,刑事证据制度同样也是可以成长为一个体系性规范的。

当然,这样一种制度变革模式也带来了一些隐患,其中主要的隐患在于以下三个方面。

首先,由于刑事证据制度发展的原动力在于应对司法实践需要,这导致其有可能专注于具体问题的解决而忽略了刑事证据立法的整体性和系统性。这体现在三个方面:(1)从立法层次来看,目前有关刑事证据的立法存在多个层次、多个部门解释,彼此之间缺乏有效的整合。[②] 上至全国人大,下至一个市甚至一个县的公检法机关都颁布了与刑事证据相关的规范性文件,这些多个层次的规范目前并未加以有效的整合。(2)从立法机关来看,即便在同一个层次,公检法之间在刑事证据立法方面也会存在一些相互冲突之处。比如,仅就非法证据的定义来说,2010 年《排非规定》、2012 年《刑事诉讼法》、公检法对《刑事诉讼法》的解释性规定、2013 年《防范冤假错案意见》乃至正在酝酿的非法证据排除实施细则之间就存在不

① 参见张保生:《证据规则的价值基础和理论体系》,载《法学研究》2008 年第 2 期。

② 参见张栋:《中国刑事证据制度体系的优化》,载《中国社会科学》2015 年第 7 期。

一样的表述。(3)从刑事证据法规范本身来说,一套严密的法律规范应该是由相对刚性的法律规则和相对灵活的法律原则组成的,前者为规范实施者提供有效的指引和预期,在适用方面必须处于优先地位;后者则具有很强的灵活性,可以为实施者提供有效的裁量空间。规则与原则之间的灵活配合才能为刑事证据立法提供一张严密而灵活的规范之网。但从我国目前的刑事证据法的规范体系来看,证据裁判原则与证据排除规则之间还需要进行有效的整合与阐释,证据裁判原则对证据排除规则还未起到应有的指引作用。我国刑事证据制度的模式因缺乏系统性和整体性,必然会给司法实践中的适用带来困扰。

未来亟须做的一件工作就是将这些不同层次、不同部门、不同规范的刑事证据规范进行有效的整合,使其成为一个整体性的刑事证据法律体系。从目前的立法来看,刑事证据法条文的内容已经非常之多,基于刑事诉讼法的基本格局,如果将这么多条文都以统一的形式吸收进刑事诉讼法中,将会导致刑事诉讼法整体格局出现失衡的状态。目前立法为了解决这一问题采取了"一总三分"的格局,也就是由刑事诉讼法规定原则性、比较重要的刑事证据法规范,而由公检法三机关的司法解释和相应规定分别进行详细立法。这一立法形式一定程度上缓解了刑事诉讼法无法容纳刑事证据法的问题,但也带来了公检法之间在刑事证据立法上可能存在"各自为政"的新问题。为了更好地解决这一问题,可以考虑对刑事证据法进行单独立法,以刑事诉讼特别法的形式进行专门立法。这样一来可以为刑事证据法的发展提供足够的空间,解决目前刑事诉讼法无法容纳刑事证据法的尴尬困境;二来也能更好地解决公检法三机关在刑事证据法层面"各自为政"的困境。

其次,从刑事证据制度改革推动的主体来看,目前主要是由公检法等机关推动刑事证据立法工作。但是由于公检法各部门对刑事证据立法存在差异化需求,这就使整体刑事证据制度改革的力度和全局性受到很大的局限。一方面,刑事证据规则从其本质上必然会对侦查阶段和审查起诉阶段产生震慑性影响,刑事证据规则的制定和实施必然要考虑来自公安机关和检察机关的影响。而如前文所述,公检法各部门对刑事证据规范的需求是存在差异的。以法院为中心、由法院所推动的刑事证据制度改革与公安机关和检察机关的需求存在差异,从而使刑事证据制度改革的效果大打折扣,刑事证据制度改革的空间受到很大限制。另一方面,法院在推动刑事证据制度改革的过程中更多地考虑的是审判的需要,难以全面协调公检法和律师等刑事司法主体。这就导致了前面所述的刑事证据立法"进两步退一步"的节奏和"由模糊到清晰"的博弈过程,容易造成司法实践中的混乱。

在域外一些国家证据立法过程中,作为立法机构的国会或议会通常起到主导性作用,比如英国 1984 年的《警察与刑事证据法》就是由议会成立的专门委员会调查研究,然后在此基础上发布相应的报告征求社会公众的意见,最后再由议会将相关的内容以法律的形式进行颁布。① 加拿大、澳大利亚等国家的证据立法也均由相对中立的立法机构主导,美国 1975 年的《联邦证据规则》尽管是由联邦最高法院主导的,但最后也是以国会立法的形式颁布的。② 因此,从各国的立法趋势来看,由于证据立法尤其是刑事证据立法涉及多个机构的协调问题,相对超然的立法机关在证据立法中往往发挥着主导作用。而从我国刑事证据立法的进程来看,作为我国立法机关的全国人大在整个刑事证据制度改革的进程中可以发挥更大的主导性作用。在未来的刑事证据立法整合中,有一个相对中立且具有权威性的机构推动是非常有必要的。

最后,从刑事证据立法的配套措施来看,由于我国刑事证据立法资源和格局的有限性,目前刑事证据的立法重心还在于刑事证据审查实体性规则,而配套的程序性环境和司法环境的建构还需要进一步强化。证据审查规则的实体性规则需要相应的程序性环境和司法环境给予落实,但是从我国目前的刑事证据立法来看,其配套程序在很大程度上还是相对滞后的。以证据排除规则为例,这些证据排除规则的落实一方面需要法官有相对独立的地位和相对自由的意志加以大胆地排除与审查,另一方面需要建构一个比较完善的

---

① See Ian Dennis, *The Law of Evidence*, at 20 (Sweet & Maxwell, 3rol revised edition, 2007).

② 参见王进喜:《澳大利亚〈1995 年证据法〉的立法技术及对普通法的变革》,载《比较法研究》2013 年第 3 期。

隔离程序,使这些被排除的证据能够与可采纳的证据隔离。这两方面的落实才能使刑事证据排除规则真正落到实处,而我国的刑事证据立法在这两方面都还需要完善。以证据排除程序来说,不可采的证据或者通过庭前的程序排除或者在庭上通过双方的异议机制加以排除,而在我国的刑事审判中,这两个程序都还无法完全发挥有效的作用。未来刑事证据立法除了着眼于证据法的实体性规则外,还需要考虑相应的程序性环境与司法环境。因此,在我国司法改革和刑事诉讼程序制度的改进过程中,对于刑事证据法运作的需求也需要做相应的回应与配合。唯有刑事证据法与相应的程序性环境和司法环境在彼此互动的过程中达到相互协调的状态,刑事证据法规范体系才能真正扎根在我国刑事司法中。

五、我国刑事证据制度改革的未来

从我国刑事证据制度改革过去的20余年来看,2010年之前我国刑事证据制度的成长步履蹒跚;2010年之后的快速发展一方面固然是前面不断努力累积的结果,但也得益于外部环境与社会环境的整体变化。因此,可以说作为刑事诉讼法律体系的一个重要组成部分,刑事证据法的变革与发展从来不曾在一个立法真空中进行,其法律体系的形成也完全不是一个立法主体进行顶层宏观设计的结果,而是在一个极度复杂的转型社会背景下由多个层次、多个部门的国家主体与民间力量之间反复博弈的一个混合产物。

从某种意义上可以说,我国刑事证据制度改革是我国转型背景下制度变迁的一个范例,其发展轨迹和成长历程带有一定的中国特色。尽管刑事证据制度的改革是缓慢的、渐进的、曲折的,甚至是"进两步退一步"的,但是随着以审判为中心的诉讼体制的逐步确立,随着公检法之间关系的不断调整,随着媒体对刑事错案介入程度的加深,我国的刑事证据制度改革总体的方向是乐观的。

总而言之,在我国当下,刑事证据的基本制度体系已经确立,尽管制度体系和具体条文还有待改进和调试,尽管它的许多规范在司法实践中有待司法一线部门逐步落实,但是作为整体的刑事证据法律体系将成为我国刑事司法系统中无法忽略的一个重要组成部分,发挥着规制刑事证据的作用。

第三章 证据法体系化的法理阐释

近年来,证据法无论是作为一个部门法还是作为一门学科,在我国都取得了长足的发展。从部门法的角度来说,随着以审判为中心的诉讼制度改革的推进和一系列冤假错案的平反,证据法特别是刑事证据规范建设得到前所未有的重视。本书第一章和第二章从纵向维度展示了我国证据和刑事诉讼证据制度的发展历程,本章和第四章则更多地从横向角度对证据法的体系化问题进行深入的探讨。

自2010年以来,刑事证据法规范不仅在数量上有大幅度的增加,而且开始以一种初步体系化的方式展开。① 从学科的角度来说,一些专门研究证据法的研究机构得以成立,证据法学的博士、硕士培养体系得以建立,专业的学术刊物也得以发行,证据法学研究成果呈现欣欣向荣之态势。② 特别是在2018年,证据法学被教育部列为法学本科专业核心

---

① 参见吴洪淇:《刑事证据制度变革的基本逻辑:以1996~2017年我国刑事证据规范为考察对象》,载《中外法学》2018年第1期。

② 根据统计,相对于1979年7月至1996年2月的刑事证据法学研究成果而言,1996年3月至2017年12月的刑事证据法学研究成果呈现出爆发式增长的态势:从刑事证据法学专著来看,已经由前期的27部增加到314部,增长率达到了惊人的1063%;就刑事证据法学教材而言,已经由前期的15部增加到129部,增长率也高达760%。参见王超:《中国刑事证据法学研究的回顾与转型升级》,载《法学评论》2019年第3期。

课程,为证据法学的学科建设奠定了坚实的基础。但是在证据法规范建设和学科建设快速发展的同时,证据法也面临一些亟待解决的现实困境。证据法规范蓬勃发展的同时也出现了一定的混乱,证据法学的理论话语来源众多却彼此杂糅、互不兼容。无论从部门法体系还是学科体系来说,证据法作为一个整体的体系化程度都亟待进一步提升。这是因为"认识和论述如果不是体系化的,那么这些理论认识和论述就只能是一堆散沙,没有体系化的理论相互之间就可能是矛盾或冲突的"。[①]

面对证据法体系化不足这样一个现实困境,需要穿透这些规范和话语的表象去追问这些法律规范和不同学术话语背后的本源性原理,将其放置于一个体系化的整体中加以理解,这也是"证据法理"的核心追求。证据法理关注的是证据法作为一个法学学科的理论维度和作为一个部门法背后的基本原理。随着证据法作为一个部门法的逐渐形成,"如果部门法学仅仅停留于注释和实证研究,将会枯竭其思想体系而退化为单纯的知识体系,同时对该部门法的完善和进步产生负面制约"。[②] 作为一个有着悠久传统的学科,证据法学在理论层面上逐渐形成了一个由若干基本问题组成的证据法理论内核。正如波斯纳所言:"许多法理学的问题都跨越了学理的、时间的和民族的界限。"[③]这些问题在不同的国家需要进行不同的表述,在不同的国家呈现出不同的面相。随着我国证据立法活动的推进和证据法学研究的深入,这些理论问题开始对我国证据法产生相应的影响。社会科学本土化的一条重要路径是"通过与(西方)现代主要学术理论的对话来建立符合中国历史实际和实践的概念和理论"。[④] 因此,本章的主要任务便是在中国语境下对证据法系统化涉及的三个基本问题进行理论上的重述,并对其在我国当前证据立法和研究中可能产生的影响进行一个初步的分析。

---

① 张卫平:《我国民事诉讼法理论的体系建构》,载《法商研究》2018 年第 5 期。

② 张文显:《法理:法理学的中心主题和法学的共同关注》,载《清华法学》2017 年第 4 期。

③ [美]理查德·A. 波斯纳:《法理学问题》,苏力译,中国政法大学出版社 2002 年版,第 1 页。

④ 黄宗智:《经验与理论:中国社会、经济与法律的实践历史研究》,中国人民大学出版社 2007 年版,第 1 页。

一、证据法的现实困境与理论出路

作为一门相对年轻的部门法学科,证据法在近年得到快速的发展,但也面临着成长中的诸多困境。这些困境主要表现为以下三个方面。

第一方面是证据法规范蓬勃发展的同时也出现了多元体系混乱问题。以刑事证据法为例,首先,从证据规范的来源来说,在全国层面既有法律层面的《刑事诉讼法》,也有最高人民法院和最高人民检察院的司法解释和规范性文件,以及公安部的部门规章;在地方层面,许多省(自治区、直辖市)、市甚至县一级的政法委和公检法等单位也都出台了与证据有关的规范性文件。其次,从证据规范的内容和范围来说,既有涵盖刑事诉讼整个范围的证据规定,比如2010年颁布的《死刑案件证据规定》;也有专门针对某一类型案件的证据规定,比如安徽、辽宁、贵州等地出台的有关毒品类案件的证据规定以及江苏有关故意杀人案的证据审查指引;还有专门针对某一类证据的规范性文件,如有关电子证据的相关规定。最后,从规范效力来说,有关证据的不同规范之间的效力差异非常大,既有非常权威的法律,也有相对低阶的部门规章;既有效力相对刚性的"规定",也有相对柔性的各类"指引""规程""意见"。这些来源不同、范围不同、效力层级各异的证据法规范性文件体现出当前我国刑事诉讼中对证据性规范的需求,但如何解决个别证据规则的离散性问题,通过规范优化将我国证据法整合成一个相对体系化的证据法将是我国未来在证据法治化道路上所要解决的问题。[①] 来源众多的刑事证据规范带来的一个弊端是规范之间常常存在彼此矛盾和互相消解的情况。针对同一个证据问题,比如非法证据排除规则,各个部门就先后出台了多个不同的规定,这些规定之间还存在冲突和矛盾。[②]

第二方面是证据法学的理论话语来源众多但彼此杂糅、互不兼

---

① 参见[美]罗纳德·J. 艾伦:《艾伦教授论证据法》(上),张保生等译,中国人民大学出版社2014年版,第434页。

② 参见吴洪淇:《非法言词证据的解释:利益格局与语词之争》,载《法学家》2016年第3期。

容。一方面，作为一个证据法方面的后发型国家，我国证据法的研究话语来源众多。在我国的证据法学研究中，既有来自苏联的一套学术话语，比如证据种类制度；也有来自大陆法系的一套学术话语，比如证据能力、证明力、主观证明责任与客观证明责任、内心确信等；还有来自英美法系的一套学术话语，比如关联性（相关性）、可采性、证据分量、举证责任与说服责任、排除合理怀疑。不仅有来自域外的学术话语，也有本土自我创造的一些学术话语，比如“定案根据”“印证”等。这些不同的学术话语不仅广泛存在于证据法学的研究中，而且常常在同一部证据法规范中被同时使用。不同传统提供的规范、术语被杂糅进证据法这个学科中，证据法的术语、规范结构变成了一种“混搭”。另一方面，证据法自身内部的一些基本范畴都没有得到有效的“清理”，一个共识性的证据法学理论体系还没有完全形成。正如一些学者所发现的，“在按照编章节的体例编写的 72 部证据法学教材中，居然存在 20 种证据法学理论体系”。[①]证据法研究的各个传统之间彼此分离甚至存在内在的张力，缺乏一个相对统一的理论框架对其加以有效的整合。

第三方面是蓬勃发展的证据法学与相对有限的学科发展空间之间的矛盾。作为一个学科而言，证据法学目前在我国处于较为尴尬的地位：证据法传统上分属于三大学科，属于三大学科的各自一部分，证据法规范立法和表述方式深深嵌入三大诉讼法中。但是随着证据规范的不断增加，三大诉讼法又似乎很难完全容纳证据法本身。以刑事诉讼法为例，最高人民法院司法解释中关于证据和法庭调查的条文将近 100 条。特别是随着审判中心主义的推进，这种趋势还会强化。从证据法教学角度来说，刑事诉讼法的教科书中很难容纳证据法的相关内容，在权威的刑事诉讼法教科书中，证据法相关的内容一般会占据两章，难以完全涵盖目前相对丰富的刑事证据法规范。从教学实践的角度来看，刑事诉讼法课程常常因为没有足够的课时容量而几乎不涉及证据这一部分。在这样的背景下，专门对证据法学内容进行讲授便成为一种必要的选择。无论是从证据

① 王超：《中国刑事证据法学研究的回顾与转型升级》，载《法学评论》2019 年第 3 期。

法还是刑事证据法学课程本身来说,都需要一部能够整合多个法律传统、体系权威的证据法教科书,而这样的教科书则需要以相对成熟、体系化的证据法理论体系为基础。

证据法所面临的这些困境是一个后发型证据法体系在应对具体实践问题过程中必然会面对的。正如一位学者所言,"证据法的未来取决于对……各种问题的研究。这些分歧不是概念争议的结果,而是在特定社会背景下,对特定社会问题这样或那样的合理解决办法"。① 面对证据法当前的困境,一个基本的解决路径是回到证据理论问题的原点,探究这些证据话语背后基础理论的基本源流,通过一般基础性理论问题的构建化解冲突,对不同源头的术语、概念与理论加以有效整合,从而形成相对协调的制度实践和理论体系。虽然各国的证据制度实践细节千差万别,但证据制度背后的基本法理和理论问题却是相对稳定的。20 世纪 60~70 年代以来,域外证据法学研究的一个重要进展就是对证据法学理论层面不断的探索与复兴,由此带动作为证据法之基础的证据与证明等相关领域的基础理论研究的兴起。② 在这场理论复兴运动中,法理学不但为证据法学提供了整体性视野和反思性功能,也为沟通证据法与其他相近学科提供了重要的理论平台。③ 但是法理学对证据法的影响不是简单地将法理学问题套用到证据法学中,而是立足证据法学本身,通过法理学的方法和视野提出对证据法学科内部具有全局性和根本性意义的理论问题。以下分析主要从三个层面展开,分别涉及证据法的本体论问题、证据法的价值体系问题和证据法的规范体系问题。

二、证据法的本体论问题

证据法学需要面对的第一个问题就是"什么是证据法"这样一

---

① [美]罗纳德·J. 艾伦:《艾伦教授论证据法》(上),张保生等译,中国人民大学出版社 2014 年版,第 438 页。

② 参见[美]罗杰·帕克、迈克尔·萨克斯:《证据法学反思:跨学科视角的转型》,吴洪淇译,中国政法大学出版社 2015 年版,第 1 页。

③ See William Twining, *Evidence and Legal Theory*, Modern Law Review, Vol. 47, No. 3, 1984.

个本体论问题。早在一百多年前,美国证据法学家塞耶便在其著作中写道:“讲英语的国家有我们称为‘证据法’的东西,但其他国家没有。只有我们创造出这样一个庞大的、精细而又复杂的法律规制体系。”①有些学者用“柴郡猫”来形容证据法:在一部文学经典《爱丽丝漫游奇境记》中,有一个角色是柴郡猫,它时隐时现、变幻不定,因而,有时人们可以看到它整个身子,有时只能看到一个头,有时只有一个模糊的轮廓,有时则什么都看不见,因此,爱丽丝从来不确定它是不是在那儿或者它是否存在。② 柴郡猫的隐喻形象地揭示了证据法的变幻特征。因此,对于证据法的本体论来说,需要解答三个核心子问题:第一个问题是,证据法在何种意义上可以构成一个相对独立的部门法?第二个问题是,证据法规制的范围是什么或者说哪些规范应该被纳入证据法的范围?与此密切相关的第三个问题是,证据法是一种什么样的基本样态?

(一)本体论问题的理论阐释

证据法在不同国家的不同时期常常呈现出不同的规范样态,因为证据法的历史就是“在不同时代对具体问题作出一系列彼此独立回应的历史”。③ 即使在英美法系,证据法作为一个相对独立的部门法也经历了从无到有、从零散到系统化的一个复杂过程。在 18 世纪之前,证据规范主要还是由一些零散的判例组成,完全称不上一个部门法。封印文书的效力规则确立在 16 世纪之前,对证人资格的限制则是确立于 16 世纪,品性证据规则形成于 17 世纪末,补强规则产生于 18 世纪 40 年代,口供规则则到 18 世纪才得以确立,而最具代表性的传闻规则到 18 世纪晚期才比较稳定地确立起来。④ 对这些规则加以整合的努力开始于英国吉尔伯特 1754 年出版的《证据法》。

---

① See James Bradley Thayer, *A Preliminary Treatise on Evidence at the Common Law*, Little Brown & Company, 1898, p. 1 – 2.

② 参见[英]威廉·特文宁:《反思证据:开拓性论著》(第 2 版),吴洪淇等译,中国人民大学出版社 2015 年版,第 218 页。

③ [英]威廉·特文宁:《证据理论:边沁与威格摩尔》,吴洪淇、杜国栋译,中国人民大学出版社 2015 年版,第 1 页。

④ 参见[美]兰博约:《对抗式刑事审判的起源》,王志强译,复旦大学出版社 2010 年版,第 189 ~ 211 页。

吉尔伯特在证据规范体系化方面做出了重要贡献,但其做法却遭到边沁的激烈批评。边沁认为吉尔伯特的证据法体系是一个有瑕疵的、僵化的、建立在错误理论上的体系。因为边沁认为证据的分量是无法用刚性的规则进行规范的,"从事务本质上来说,为证据寻找一种确保一种公正裁决的可靠规则是完全不可能的;但人类的心智太过敏感以致无法建立规则,这些规则只能提高一种坏的判决的概率"。[①] 因此,边沁认为,具有相关性的证据都应该被采纳,除非该证据将造成过度的烦扰、耗费及拖延。[②] 边沁的反规范立场改变了证据法系统化的发展路径,后世的证据法学者在对证据规范进行系统化的过程中不得不对证据规范特别是证据排除规范的存在提供一种正当性理由。

但边沁的激进立场并不能给当时的证据法规范提供一个有效的解说,证据法作为一个部门法的系统化任务并未完成。到了19世纪末,证据法这个法律分支的主要缺陷依然"在于……其内容的杂乱无章和未作区分的特征……在于其术语的含混不清;在于其规则及规则之例外的多样性和僵硬性"。[③] 塞耶在边沁基本框架的基础上提出了两个原则,对边沁的基本框架做了进一步的精致化。塞耶提出:"(1)对被要求证明的任一问题在逻辑上无证明力的证据将不可采;以及(2)因此,任何具有证明力的证据都应该进入,除非有一个明确的法律上的政策理由将其排除在外。"[④]与边沁相比,塞耶的两个原则一方面更为明确地将证据相关性作为采纳证据的前提条件,另一方面进一步扩展了将证据加以排除的基础性理由,用"法律上的政策理由"取代"过度的烦扰、耗费及拖延"这一相对狭窄的理由。

在塞耶的基础上,威格摩尔根据正当性的不同将证据规范区分

① [英]威廉·特文宁:《反思证据:开拓性论著》(第2版),吴洪淇等译,中国人民大学出版社2015年版,第46页。

② 参见[英]威廉·特文宁:《证据理论:边沁与威格摩尔》,吴洪淇、杜国栋译,中国人民大学出版社2015年版,第42页。

③ See James Bradley Thayer, *A Preliminary Treatise on Evidence at the Common Law*, Little Brown & Company, 1898, p. 527.

④ See James Bradley Thayer, *A Preliminary Treatise on Evidence at the Common Law*, Little Brown & Company, 1898, p. 530.

为证明政策规则(rules of probative policy)和外部政策规则(rules of extrinsic policy)两类规则。证明政策规则又可以区分为相关性要求和辅助性证明政策规则(rules of auxiliary probative policy),前者的目的在于保证所有具有最小相关性的证据都能获得采纳,而后者则确保将那些容易造成误导或者不可靠的证明形式(如潜在不可靠的传闻证据)排除出去。概言之,证明政策规则的目的在于促进真相价值的实现。外部政策规则的目的则是促进那些除真相之外的其他价值的实现,如特免权规则和非法证据排除规则。[①] 至此,经过前后一百多年数代证据法学者前赴后继的努力,证据法规范的体系化才在证据理论层面完成了其基本架构的论证。这个基本架构对美国《联邦证据规则》产生了非常深刻的影响。《联邦证据规则》第401条和第402条是对塞耶两条基本原则的规范表达,《联邦证据规则》的规范结构可以看成是塞耶版基本原则加上威格摩尔式证据规则的具体化,甚至连《联邦证据规则》所用的"相关性—可采性—证据分量"的一套规范话语也深受英美证据法学的影响。

证据法规范系统化的过程也是证据法对其规制范围进行不断调试的过程。英国证据法学者斯蒂芬出版于1876年的《证据法概要》一书开始有意识地将证据法规制的对象与程序法和实体法进行分割。首先,将"在具体争点下面可以证明什么"这个问题视为诉讼程序问题而不是证据法问题。其次,将大部分"推定"视为实体法的不同分支——"而且是难以理解的,除非与它们相关"。最后,认为与证人出庭相关的规则、宣誓作证的采纳、讯问以及制作某一事实之特别书面证据的法定条款均属于程序问题而不是证据法问题。[②] 通过这样的自我限定,斯蒂芬将证据法的规制范围主要限制在证据的排除规则方面,认为"证据法中的绝大部分内容是由那些宣称哪些——正如该表述所预示的——为非证据的否定性规则所构成"。[③] 塞耶继承了这

---

① See John Henry Wigmore, *Evidence in Trials at Common Law*, rev. ed. by Peter Tillers, Little Brown & Company, 1983, p. 689.

② 参见[英]威廉·特文宁:《反思证据:开拓性论著》(第2版),吴洪淇等译,中国人民大学出版社2015年版,第66~67页。

③ [英]威廉·特文宁:《反思证据:开拓性论著》(第2版),吴洪淇等译,中国人民大学出版社2015年版,第67~68页。

样一种自我限定的路径，进一步将证据法规制的范围限定在证据的可采性规范方面。威格摩尔在塞耶的基础上将证据法规制的范围作了适度的扩展。除了证据可采性规范之外，威格摩尔还将证明责任、司法认知、推定等问题也归为证据法规范的问题。[①] 美国《联邦证据规则》和当代英美证据法的主流教科书基本上遵循了威格摩尔的主张，除了证据可采性规范之外，将司法认知、推定、证明责任等都涵盖在内。

特别需要注意的是，美国存在一部权威的宪法，该宪法早在1791年的系列修正案中便确立了一系列与证据法相关的宪法原则，例如，不受无理搜查和扣押的权利（第四修正案）；不得强迫自证其罪原则（第五修正案）；对质权、请求陪审团审判的权利（第六修正案）等。1960年代，美国最高法院又通过马普诉俄亥俄州案（Mapp v. Ohio，1961）等系列案件，将非法证据排除规则从联邦层面扩展到州层面，掀起了美国法律史上著名的刑事诉讼革命。[②] 因此，非法证据排除规则从其规范渊源来说主要由宪法规定而没有在《联邦证据规则》中加以规定。与此相应的是，非法证据排除规则在美国常常被作为宪法性刑事诉讼法的一个核心部分来讲授，许多主流的证据法教科书完全不涉及或者仅仅是简要介绍。但这不意味着非法证据排除规则不是证据法的一个组成部分。在威格摩尔的规范分类框架中，非法证据排除规则是外部政策规则的最重要组成部分。在英国、澳大利亚等国家的证据法规范性文本和权威教科书中都将非法证据排除规则包含在内。

基于陪审团审判和对抗制诉讼这样独特的程序背景，英美法系衍生出体系庞大的证据可采性规则，特别是以追求案件真相为基础的内部证明规则，而欧洲大陆法系国家的证据可采性规则则相对稀少。[③] 正是因为证据法在不同国家的规范数量不同，所以在不同国

---

① 参见［英］威廉·特文宁：《反思证据：开拓性论著》（第2版），吴洪淇等译，中国人民大学出版社2015年版，第209页。

② 参见［美］克雷格·布拉德利：《刑事诉讼革命的失败》，郑旭译，北京大学出版社2009年版，第1页以下。

③ See Lisa Dufraimont, *Evidence Law and the Jury: A Reassessment*, 53 McGill Law Journal 199（2008）.

家也呈现出不同的规范样态。这些规范样态大致可以分为三种模式:第一种模式可以称为统一证据法模式,也就是存在一部可通用于刑事诉讼、民事诉讼和行政诉讼三大诉讼的统一证据法典。这种模式的典型代表是美国的《联邦证据规则》(1975 年),加拿大的《证据法典》(1985 年)和澳大利亚的《联邦证据法》(1995 年)。第二种模式可以称为分立证据法模式,也就是没有一部统一的证据法典,而是分别适用于不同诉讼的证据法。比较典型的代表包括英国的《警察与刑事证据法》(1984 年)、《民事证据法》(1995 年)、《青少年司法与刑事证据法》(1999 年),荷兰的《1988 年荷兰民事证据法》等。第三种模式则是将证据法的相关规范融入三大诉讼法中。比如德国、法国、日本等国家都不存在独立的证据法规范性文件,证据法规范都是散落在三大诉讼法法典中。

上述从证据法的系统化努力、规制范围及呈现方式三个维度勾勒出证据法作为一个部门法的基本面相。证据法以何种面相呈现并没有一种固定的模式,而是主要服务于不同国家不同时期的需要。这种需要主要考虑三个方面的因素:首先,证据规范数量的多少和证据法规范体系化的需要。证据规范是证据法存在的基础,在证据规范非常稀少的情况下,证据法就没有独立存在的空间和必要性。随着证据规范的增加,为了应对证据规范的繁多和杂乱,必然会产生证据规范体系化的需求。其次,证据法要与诉讼法进行良好的衔接,证据规范要在恰当的诉讼环境中才能有效地运作。在大陆法系中,证据规范嵌入三大诉讼法中,作为其有机组成部分。在英美法系,证据法尽管相对独立,但一方面,其发展深深植根于对抗制和陪审团的程序背景中,随着诉讼程序背景的演变而发生变化;①另一方面,证据法以“相关性—可采性—证据分量”为核心的审查结构与对抗制陪审团审判这样的诉讼流程为基础建构起来。② 最后,证据法的样态需要与本国司法职业和司法机构设置相适应。证据法常常被称为“法律人之法”,证据法设

① 参见[美]米尔建·R. 达马斯卡:《漂移的证据法》,李学军等译,何家弘审校,中国政法大学出版社 2003 年版,第 176 页。

② 参见吴洪淇:《刑事证据审查的基本制度结构》,载《中国法学》2017 年第 6 期。

置得越复杂精细,就越需要由专业人士进行操作。因此,一个相对发达的法律职业的存在是证据法有效运转的前提。证据法的系统化程度也与法律职业的利益息息相关。在美国证据法法典化的过程中,摩根在1941年草拟的《模范证据法典》就因为对证据规范过于简化而招致美国律师界的集体抵制。证据法是否分立与法律职业在法律事务处理方面的专业分化程度是密切相关的,是否存在内行人与外行人在事实认定上的权力分工、诉讼处理专业化程度等都会对证据法的样态产生影响。因此,在对我国证据法进行系统化的过程中,不能简单地将某一种模式作为样本,进行全盘地借鉴,而是要在充分考虑我国具体国情的基础上小心地甄别和建构。

(二)本体论问题在我国语境下的展开

在1996年之前,我国的证据法规范非常稀少,主要以“证据”章的形式分布在三大诉讼法中。20世纪90年代,我国开始进行庭审模式的改革,传统的职权主义模式被掺杂进更多的控辩式因素。当事人双方在庭前取证、庭审质证等方面逐渐发挥主导的作用,而法官则逐渐转为主要对法庭调查承担审查责任。在这个背景下,诉讼法中非常简单的证据法规范就远远无法满足实践的需求了。以刑事诉讼法为例,1996年修改的《刑事诉讼法》中“证据”一章中只有8个条文,涉及证据概念、证据种类、证明标准、证人出庭制度等。对于证据审查,只有证据概念条款中对证据真实性和合法性的原则进行强调,缺乏具体可操作的证据规则,无法应对司法实践中层出不穷的证据问题。① 在这个背景下,20世纪90年代末兴起了第一轮证据法立法活动,学者们纷纷提供证据立法的建议稿,各个不同层级的地方公检法机构也纷纷出台与证据相关的规范性文件。

对于中国证据法的基本样态,法学学者们提供了两种方案:第一种方案是涵盖三大诉讼的统一证据法,这种方案中又分为两种方式:第一种方式以江伟主持起草的《中国证据法草案(建议稿)及立

---

① 参见陈光中主编:《中华人民共和国刑事证据法专家拟制稿(条文、释义与论证)》,中国法制出版社2004年版,第2页。

法理由书》为代表，主张设定全国层面的统一证据法；[①]第二种方式则是张保生主持起草的《人民法院统一证据规定》建议稿。[②] 第二种方案则是分立的证据法，以陈光中主持起草的《中华人民共和国刑事证据法专家拟制稿（条文、释义与论证）》为代表。而我国立法和司法实践并未完全朝着学者们建议的方向前进。一方面，三大诉讼证据法以不同的节奏向前发展。2001 年，最高人民法院出台了《民事证据规定》，2002 年出台了《最高人民法院关于行政诉讼证据若干问题的规定》，而刑事证据方面的类似规定直到 2010 年才得以出台。因此，总体上还是呈现三大诉讼证据规定彼此分立的基本格局。另一方面，在最为人所关注的刑事证据法领域，证据立法也没有以整体应对的方式展开，而是首先突破一些重点领域，比如非法证据排除规则和死刑案件中的证据规定，然后在不同解释者之间的反复博弈中渐进式地往前推进。[③] 在这一独特背景下，我国的证据法逐渐形成三大诉讼证据法分立的基本格局。

在这一基本格局中，核心的问题是要处理好诉讼法与证据法之间的关系。诉讼法要为证据法的发展提供足够的发展空间，特别是证据法规范处于蓬勃发展阶段，势必会冲击诉讼法体系自身原来的规范格局。以刑事诉讼法和刑事证据法为例，1996 年《刑事诉讼法》中“证据”一章仅有 8 个条文，2012 年《刑事诉讼法》修改的时候这一章增加为 16 个条文，而 2012 年《刑诉法解释》证据章则有 52 个条文。2012 年以来，刑事证据规范进一步增加，比较重要的有 2016 年由“两高一部”出台的《电子数据规定》（30 条），2017 年“两高三部”出台的《严格排非规定》（42 条）等。加上原来既有的证据规定，目前在全国层面被公检法广泛适用的刑事证据规范已经多达 100 多个条文。在这个背景下，通过修改刑事诉讼法吸纳现有的证

---

① 参见江伟主编：《中国证据法草案（建议稿）及立法理由书》，中国人民大学出版社 2004 年版。

② 参见张保生主编：《〈人民法院统一证据规定〉司法解释建议稿及论证》，中国政法大学出版社 2008 年版。

③ 参见吴洪淇：《刑事证据制度变革的基本逻辑：以 1996—2017 年我国刑事证据规范为考察对象》，载《中外法学》2018 年第 1 期。

据法规范已经较为困难，未来可以考虑借鉴英国1984年《警察与刑事证据法》的模式，通过刑事证据单独立法的形式容纳刑事证据规范。

在这样一个基本格局当中，三大诉讼法对证据规范的系统化进行了初步的努力。在当前的基本格局中，刑事证据规范在证据裁判原则的基础上形成了以证据种类为横向分类、以“材料—证据—定案根据”为纵向审查步骤的基本框架结构。这个基本框架的确立表明了我国已经开始以一种体系化的思维审视刑事证据规范，这主要表现在以下三个方面：首先，将证据裁判作为基本原则，为证据的审查提供规范性基础。2012年《刑诉法解释》规定：认定案件事实，必须以证据为根据（第61条），审判人员应当依照法定程序收集、审查、核实、认定证据（第62条），证据未经当庭出示、辨认、质证等法庭调查程序查证属实，不得作为定案的根据，但法律和该解释另有规定的除外（第63条）。其次，以证据种类为基础对证据进行分门别类的审查，对物证，书证，证人证言，被害人陈述，被告人的供述与辩解，鉴定意见，勘验、检查、辨认、侦查实验等笔录，视听资料、电子数据等都设定了若干审查规范。最后，建立了以“材料—证据—定案根据”为中心的证据审查结构。以2012年《刑诉法解释》中的“证据”一章为例，这一章的52个条文中，“定案的根据”及其近义词一共出现了30次。每一个“定案的根据”及其近义词的背后都展现了制定者对证据能否作为案件“定案的根据”的基本立场。

因此，我国目前所确立的刑事证据法规范开始朝着体系化的方向努力并且已经形成了一个初步的框架。对于刑事证据法的适用者来说，这个基础框架的优点是简明易懂，通过证据种类对证据进行审查可以让一线的法律适用人员快速掌握证据审查的基本要点。但是从证据法体系化的角度审视，这一框架依然潜藏着一些风险。首先，证据分类的不周延性使证据审查规范体系本身可能存在相互冲突的潜在危险。在证据种类本身发生混淆后，以其为基础的证据审查规范同样容易发生混乱。如对以电子数据为载体的证人证言、被告人供述应该以何种规范进行审查，就容易引起混乱。[①] 其次,证据种类与证据规则之间存在错位关系。许多证据规则的适用是跨越不同证据种类的,比如非法证据排除规则可以适用于被告人供述、证人证言、物证、书证、电子数据等多种证据种类,最佳证据规则可以适用于物证和书证,证据鉴真的要求则适用于物证、书证和电子数据等。这种内在张力一定程度上会影响我国刑事证据法体系的内部协调性。因此,在基本框架形成的过程中,下一步任务是需要着力调试刑事证据规范内部的错位关系,进而有效化解这些内在张力。

三、证据法的价值论问题

在理解了证据法的本体领域后,接下来需要回答的问题是"通过对证据的法律规制可以实现什么样的社会价值?"传统上对证据法所追求的价值的理解更多的是将其与案件真相联系在一起,但案件真相并非证据法所追求的全部价值。在证据法的理性主义传统中,"与其他价值……相比,对真相的追求(即追求准确事实认定的最大化)被赋予了崇高的但并不必然压倒一切的优先地位"。[②] 这样一个问题其实彰显的是当代证据法的多元主义价值结构。

(一)价值论问题的理论阐述

边沁为证据法确立了一个基本的价值取向:证据除了追求真相之外,还要尽量避免造成过度的讼累、费用和拖延。[③] 这个价值取向甚至对美国《联邦证据规则》都产生了显著的影响。《联邦证据规则》第 102 条有关该规则的目的明确提出:"对本证据规则的解释,应当保证在每个程序中的司法公平,消除不合理的耗费与迟延,促进证据法的发展,从而实现查明真相与公正判决之宗旨。"到了 20 世纪初,威格摩尔在对英美证据法进行系统阐述的时候,开始将证

---

① 《电子数据规定》第 1 条第 3 款专门对此问题作出回应:"以数字化形式记载的证人证言、被害人陈述以及犯罪嫌疑人、被告人供述和辩解等证据,不属于电子数据。确有必要的,对相关证据的收集、提取、移送、审查,可以参照适用本规定。"但对于什么情况下"确有必要",其实留下了一个模糊的地方。

② [英]威廉·特文宁:《反思证据:开拓性论著》(第 2 版),吴洪淇等译,中国人民大学出版社 2015 年版,第 91 页。

③ 参见[英]威廉·特文宁:《证据理论:边沁与威格摩尔》,吴洪淇、杜国栋译,中国人民大学出版社 2015 年版,第 99 页。

据规则与这一价值框架进行对接。他将证据排除规则区分为两种类型:第一类被称为“证明政策规则”,用来指代那些为促进真相发现这一价值的规则;第二类则被称为“外部政策规则”,指旨在促进真相发现之外的其他价值的实现证据规则。① 这个分类方式后来被英美法学者们不断地沿用,如魏因斯坦等学者都在其教科书或著作中沿用这一分类体系。② 通过这一分类体系,证据法的价值基础与其规范之间实现了有效的对接,从而构建出一个完整的证据法规范体系。

这一规范体系追求的是多元价值。在不同的国家,该价值体系的内涵和排序各有不同,但大体都会包含以下价值:(1)真相。对真相的追求在各国证据法规范中都占据着极为重要的位置。在英美法系国家,对相关性证据的采纳和前述辅助性证明政策规则都是服务于真相这一价值的。在欧洲大陆法系,德国将发现和建立案件的实体真实作为其刑事诉讼法的指导性原则,其中的言词原则、直接证据原则则为实现这一指导性原则的重要组成部分。③ (2)公民基本权利保障。通过证据追求真相不能以侵害公民的基本权利为代价。为此,证据法设定了复杂的非法证据排除规则体系,将那些通过侵害公民基本权利方式取得的证据予以有效的排除。(3)特定社会政策。每个社会都需要保护一些特定的社会利益,如家庭和谐、特殊行业利益等。美国《联邦证据规则》第 407 ~ 411 条就是为了保护特定的社会利益,其第 407 条规定:“如果因某事件导致的伤害或损害发生后,行为人采取了如果事先采取将使得该伤害或损害更不可能发生的措施,则关于这些事后补救措施的证据不得用于证明过错、罪错行为、产品瑕疵、产品设计瑕疵、警示或指示的义务。”也就是说,事后采取的补救措施不能作为对行为人不利的证据,这是为了鼓励人们积极采取事后补救措施,以避免更大的社会损失。

---

① 参见吴洪淇:《转型的逻辑:证据法的运行环境与内部结构》,中国政法大学出版社 2013 年版,第 103 页。

② See Jack B. Weinstein, Margaret A. Berger, *Weinstein's Evidence Manual*, 6th ed., Lexis Neis, 2003, p. 3 – 5.

③ 参见《德国刑事诉讼法典》,岳礼玲、林静译,中国检察出版社 2016 年版,第 4 ~ 5 页。

类似的规定还有证人作证特免权规定,如夫妻关系特免权和律师—委托人关系特免权。夫妻关系特免权是为了保护夫妻关系的和谐,促进家庭关系的稳定。而律师—委托人关系特免权则是为了鼓励律师与委托人之间进行更好的沟通,从而能够更好地为委托人提供称职的法律服务。(4)诉讼效率。对效率的考虑一直是证据法追求的核心价值之一。早在19世纪,边沁就提出证据法的间接目的在于尽可能地避免诉讼所带来的"讼累、耗费和迟延"。在《司法程序原理》一书中,边沁将"司法讼累"概括为以下四种:时间上的耗费、空间上的限制、金钱上的耗费、内心的焦虑不安。[①] 美国《联邦证据规则》第103条明确将"消除不必要的耗费和迟延"作为该规则的核心目标之一。当然,除了上述价值之外,不同的国家还结合自身的特点将联邦制、国家安全、宗教信仰等作为证据法的核心价值。

因为证据法追求的价值是多元的,因此在具体适用证据法的过程中难免会出现多元价值之间的冲突问题。为此,各国证据法在其规范内部通常还会通过一定的机制化解多元价值之间的冲突。比如,英国1984年《警察与刑事证据法》第78条(1)规定:"在任何程序中,对于检控方准备依据的证据,如果在法院看来,基于所有情况,包括取得该证据的情况,采纳该证据将对程序的公平性造成不利影响,以至于法院不应采纳它,则法院可以拒绝允许提出该证据。"美国《联邦证据规则》第403条规定:"相关的证据,如果具有不公正偏见、混淆争议或误导陪审团的危险,或对其过分拖延、浪费时间或无须出示累积证据的考虑,在实质上超过其证明价值时,亦可被排除,不予采用。"除此之外,澳大利亚、加拿大等国家的证据法中也都有类似的权衡条款。这类条款通常都授予法官在个案中对证据采纳与否的裁量权。但是这种裁量权并非漫无边际,而是在一定的价值权衡的指导框架中。这个价值权衡框架会将证据法所追求的多元价值都吸收进去加以充分考量。以美国《联邦证据规则》第403条为例,在该条款中,对证据证明力的追求主要服务于真相

① 参见[英]威廉·特文宁:《证据理论:边沁与威格摩尔》,吴洪淇、杜国栋译,中国人民大学出版社2015年版,第136页。

价值,对不公正偏见的避免则服务于社会政策目标,避免混淆争议、误导陪审团以及无须出示累积证据等都能够保障庭审的高效有序进行。作为一个兜底性条款,第 403 条对其他证据排除规则发挥着拾遗补阙的作用。

综上所述,当代证据法体系的价值结构具有两个特点:第一个特点是,证据法一般都内含着多元主义价值追求。在这些价值中,追求真相占据崇高但并非压倒一切的重要位置。除了追求真相之外,社会所追求的许多价值都会在证据法中有所体现。第二个特点是,证据法自身内含着价值冲突的化解机制。这种冲突化解机制一般体现在证据法的价值权衡条款中,由法官根据个案情况进行灵活权衡,最终实现对冲突的有效化解。

（二）价值论问题在中国语境下的展开

在我国,传统上证据法主要将追求案件真相作为核心的价值目标,像程序正义、特殊社会政策等价值在证据法中并未得到充分的体现。随着证据法规范的逐渐增加,证据追求价值的多元化格局已经初步凸显,特别是对真相之外其他价值的追求在证据法体系中已经有所体现。对其他价值的追求主要表现在以下两个方面:一方面,保护特定社会政策的特免权规则初现端倪。比如对律师—委托人关系特免权的保护。2012 年《刑事诉讼法》第 46 条规定:“辩护律师对在执业活动中知悉的委托人的有关情况和信息,有权予以保密……”我国《律师法》第 38 条第 2 款规定:“律师对在执业活动中知悉的委托人和其他人不愿泄露的有关情况和信息,应当予以保密……”这两条规定从权利和义务两个角度对律师的保密要求进行了规定,有利于保障律师与委托人之间的秘密畅通交流,客观上发挥着与律师—委托人关系特免权相同的功效。另一方面,非法证据排除规则不断完善,证据法对保障公民基本权利这一价值的规定日趋完善。2010 年以来刑事证据法最重要的一个发展就是不断细化非法证据排除规则。从 2010 年颁布的《排非规定》到 2017 年颁布的《严格排非规定》,多个规范性文件共同致力于非法证据排除规则,尽力使其在司法实践中得到贯彻落实,推动对犯罪嫌疑人、被告人基本人权的保障。

如果从证据法多元主义价值结构这一理论问题出发,可以发现我国证据法的价值内核依然存在以下问题：第一，一些重要的政策性价值在证据法中依然缺位，对社会公共利益有效促进的一些证据规则在我国证据法中并没有体现，这些规则的缺位给社会公共道德带来了一些不利的影响。[①] 对于补救、提议和解、垫付医疗费等事后行为能否作为对实施者不利的证据需要我国证据法在未来做进一步的考虑。第二，亲属作证特免权规定存在重大缺陷，形成相反的社会效果。2012 年《刑事诉讼法》修改的过程中，在第 188 条中赋予被告人的配偶、父母、子女免于强制到庭作证的义务。该条款曾经被一些学者寄予厚望，认为是亲属作证特免权在中国的重大突破。但庭审实践证明，该条款仅仅是免除了亲属出庭作证的义务，并未免除亲属作证的义务。由于我国并未确立传闻规则，证人书面证言在我国法庭上并未被禁止，结果导致近亲属的证人证言依然能够畅通无阻地进入法庭。亲属作证特免权设立的初衷是保护亲属之间的和谐关系，但是我国目前设立的亲属作证特免权在司法实践中并没有实现这一目标。第三，缺乏有效的一般性价值冲突化解条款。现有的证据综合评价条款的价值追求过于单一，很难承担起多元价值权衡的使命。2012 年《刑诉法解释》第 104 条第 2、3 款规定："对证据的证明力，应当根据具体情况，从证据与待证事实的关联程度、证据之间的联系等方面进行审查判断。证据之间具有内在联系，共同指向同一待证事实，不存在无法排除的矛盾和无法解释的疑问的，才能作为定案的根据。"从该条款可以看出，第 2 款属于对证据证明力的综合判断标准，第 3 款在考虑证据能否作为定案根据的时候主要考虑的是证据之间的相互印证程度，其中丝毫没有对证据采纳过程中不同价值进行权衡的空间。第四，在一般性价值冲突化解条款之外还要通过提升法官司法判断的素质有效地适用这一条款。在一般性价值冲突化解条款中，法官往往被赋予裁量权来对证据排除采纳本身所涉及的不同价值要素进行有效的权衡。如果法官不能善用这一裁量权，就会导致证据恣意采纳的问题。因此，一些国家赋予了当事人在上诉中针对裁量权不当行使所导致的

---

① 参见郑飞：《拯救社会公德的证据法药方——论不得用以证明过错或责任的证据规则》，载《理论月刊》2014 年第 1 期。

后果提出异议的权利，而上诉审法官也有权在一定情况下撤销一审法官行使裁量权的裁判行为。①

四、证据法的规范论问题

如何对证据进行有效的法律规制以便其发挥最大的效用？乔纳森·科恩在审视人类司法证明的发展历程之后，意味深长地提出："证据生而自由，却无往不在枷锁之中。"②这句话包含两层意思：第一，证据天生就是自由的，这就形成了适用于证据法领域的自由证明原则；第二，证据在司法领域的适用却始终受到一定程度的规制。这两层意思共同构成当代证据法这一"硬币"的两面，尽管在不同的国家不同的时期其具体结合的方式有所差异。我国正在蓬勃发展的证据法规范需要面对的一个问题是：证据规则的形式应该是什么样的，规则应该详尽到什么程度以便对事实认定者的自由裁量权加以有效的规制？要对这一问题加以有效回答，就必须回到证据法的规范论。

（一）规范论问题的理论阐释

所谓的自由证明原则并不是说可以通过任何形式进行证明，而是说对证据的采纳和运用要做尽可能少的限制。罗纳德·艾伦这样描述"自由证明制度"："可以让当事人提出他们想要提供的一切证据，可以让事实认定者做他们想要做的一切调查，并且让事实认定者的自然推理过程引导其作出他们认为恰当的一切决定。"③如果将司法过程区分为事实认定和法律适用两个维度，那么证据法区别于其他部门法的一个重要特征就是其规范对象是案件的事实认定这一维度，其他部门法则是主要将法律适用这一维度作为规范对象的。每个案件中的事实认定和证据状况又是千差万别的，很难以一套统一的规范加以规制。如前所述，边沁反对几乎所有的证据法

---

① 参见[美]罗纳德·J. 艾伦等：《证据法：文本、问题和案例》（第3版），张保生等译，满运龙校，高等教育出版社2006年版，第190页以下。

② See L. J. Cohen, *Freedom of Proof*, inSee L. J. Cohen, *Freedom of Proof*, in Evidence and Proof, WiIliam Twining & Alex Stein eds. 1992, New York University Press, p. 1.

③ [美]罗纳德·J. 艾伦等：《证据法：文本、问题和案例》（第3版），张保生等译，满运龙校，高等教育出版社2006年版，第136页。

刚性规则的“反规范论”被视为自由证明原则的重要起点。自由证明原则主要体现在两个环节上：一是证据的准入环节，二是证据证明力的评估环节。通过证据准入和证据证明力评估的相对区分，自由证明原则实现了一种对证据的有效规制。

在证据的准入环节上，一直都存在一定程度的规范，只是这种规范在不同的国家以各自独特的形式存在。边沁其实并不反对所有的证据规则，这里需要做两个限定：其一，他不是反对所有的排除规则，如果证据是多余的或者提交该证据会造成过度的烦扰、费用和拖延，那么证据也是可以排除的；其二，他反对的是那些针对法官意志的正式的且具有约束力的规则，而主张一种相对柔性的指引性规则。① 但从边沁开始，确实确立了自由证明的理论传统：只要是相关的证据就应该加以采纳，除非有正当的理由将其排除在外。后续的许多证据制度改革也一定程度上朝着边沁主张的方向发展，证据法强制性规范的范围逐渐限缩，而许多传统的刚性规则如证人资格规则等都在不同程度上被废除。到了19世纪末期，美国证据法学家塞耶在边沁的基础上进一步明确了证据法的自由证明原则。塞耶为证据法提出了两项基本原则：(1)对逻辑上无证明价值的证据将不可采；(2)任何具有证明价值的证据都应该被采纳，除非有一个明确的法律上的政策理由将其排除在外。② 前一条是排除原则，通过相关性标准将那些不相关的证据都排除在外；后一条则是包容原则，只要是具有相关性的证据原则上都是可采的，除非被法律所设定的规则排除。这两条原则后来直接被美国《联邦证据规则》吸收，转化成为具有基础性原则地位的第402条规则。这个制度结构下，具有相关性的证据原则上应该被采纳，只有在被证据排除规则明确排除的情况下才可以排除。这样，相关证据的采纳就是一个基本原则，而相关证据的排除就成为例外。

如果说英美法系是通过证据的相关性和可采性规则这种结构对证据的准入进行规制，那么大陆法系国家则更多的是通过证据能

---

① 参见[英]威廉·特文宁：《证据理论：边沁与威格摩尔》，吴洪淇、杜国栋译，中国人民大学出版社2015年版，第99～101页。

② 转引自[英]威廉·特文宁：《反思证据：开拓性论著》(第2版)，吴洪淇等译，中国人民大学出版社2015年版，第207页。

力这样的范畴加以规范。通过证据能力规则对证据准入加以控制，只有具备证据能力的证据方能进入法庭。对证据能力的限制主要通过两个方面：一是通过法定的证据方法；二是通过法定调查程序的审查。也就是说，审判程序中关于犯罪事实的调查与证明，须在法律规定所准许的证据方法之范围内，并且依据法律规定的调查证据程序践行之，只有两者同时具备时才是经过合法调查的证据，才取得证据能力。① 但是对证据能力的规制主要限定在那些需要加以严格证明的案件事实上，比如犯罪事实和不存在违法阻却事由、责任阻却事由的事实。对被告人的量刑情节则一般采取自由证明的方式，其证据是否在法庭出示，出示以后用什么方式调查，由法院裁量，不需要遵循证据能力的法律要求。② 因此，无论是在大陆法系还是在英美法系，证据法规范的对象都是在证据准入这一阶段。而且即便是在这一阶段，也不是不加区别地严格规制，而是有针对性地对一些因为违背某一法律政策的证据加以规制。

在证据被采纳之后，证据证明力的评估则是由事实认定者自由进行评价，法律上通常不再对证据证明力的评估活动进行规制。在当代英美法系国家，"几乎不存在证据评价规则，也就是那些规范哪些类型的证据应该被赋予什么样的'分量'或者'说服力'或者'证明力'的规则……几乎不存在数量规则，也就是规定证明某一事实所要求的证人数目或者证据数量"。③ 当然，没有规则不意味完全放任自流，法官依然可以通过对陪审团指示这一相对柔性的方式指引证据证明力的评估。在欧洲大陆法系，法国大革命之后便在1808年的《重罪法典》中确立了绝对的自由心证原则。但随着历史的发展，这种绝对意义上的自由心证原则也开始受到一定程度的限制。④ 在德国，法官虽然可以自由评价证据之证明力，但仍应受伦理法则

① 参见［德］克劳思·罗科信：《刑事诉讼法》（第24版），吴丽琪译，法律出版社2003年版，第212～214页。

② 参见［日］田口守一：《刑事诉讼法》，刘迪等译，法律出版社2000年版，第219～221页。

③ ［英］威廉·特文宁：《反思证据：开拓性论著》（第2版），吴洪淇等译，中国人民大学出版社2015年版，第216页。

④ 参见施鹏鹏：《刑事裁判中的自由心证——论中国刑事证明体系的变革》，载《政法论坛》2018年第4期。

与经验法则的约束。[1] 在日本,自由心证原则的内容是指“在成熟的市民意识的基础之上,通过法官的知识和经验做出合理的、与经验规律和逻辑规律不相矛盾的判断”。[2] 因此,除了极少数口供补强规则之外,对证据证明力的评价都不再以相对刚性的规则进行规范,转而以相对柔性的手段加以规制。

(二)证据规范论问题在我国的展开

随着证据在我国社会中整体地位的提升,证据的规范论问题在我国也日益得到重视。改革开放以来,我国一直在探索对证据的合理规制方式,特别是在刑事司法中。经过多年的积累,我国初步形成了一套独具中国特色的证据法规范体系。以刑事证据规范为例,这体现在三个方面。

第一,证据裁判原则初步确立。我国在《死刑案件证据规定》中确立了证据裁判的基本原则。根据起草者的解释,证据裁判原则的内涵包括以下三项基本要求:一是裁判的形成必须以证据为依据,没有证据不得认定犯罪事实;二是作为认定犯罪事实基础的证据必须具有证据资格,即证据不被法律禁止,并经过法定的调查程序;三是据以作出裁判的证据必须达到相应的标准和要求。[3] 换言之,证据裁判原则不但强调必须以证据作为裁判的依据,而且强调用于认定犯罪事实基础的证据必须达到相应的标准而且经过法定的调查程序之后才能获得相应的资格。这就从整体上确立了法官对刑事审判中所运用证据进行审查的基本职责。

第二,建立了以证据能力和证明力为核心范畴的证据规范体系。证据裁判原则仅仅建立一种整体性的审查框架,而具体的证据审查标准则需要具体的证据规则来完成。与其他国家不同的是,我国对证据准入的规范不仅涵盖了证据的证据能力方面,还存在一些对证据证明力提出要求的证据规范。在证据能力方面,通过物证、书证、证人证言、被告人的供述与辩解、鉴定意见、侦查笔录、视听资

① 参见林钰雄:《严格证明与刑事证据》,法律出版社 2008 年版,第 96 页。

② [日]松尾浩也:《日本刑事诉讼法》(下)(新版),张凌译,金光旭校,中国人民大学出版社 2005 年版,第 6 页。

③ 参见吕广伦等:《〈关于办理死刑案件审查判断证据若干问题的规定〉理解与适用》,载《人民检察》2010 年第 16 期。

料与电子数据等证据种类分别构建了证据审查的基本标准。其中，尤为详细的是非法证据排除规则。2010 年颁布的《排非规定》对非法证据的范围、排除的程序、证明责任、证明标准等进行了较为细致的规定。2012 年《刑诉法解释》中对该规范进行了吸收。经过几年的运行之后，2017 年颁布的《严格排非规定》，进一步强化和细化了对非法证据的规制。除了对证据能力进行规制之外，我国还对证据证明力评价做了一定的规范。比如 2012 年《刑诉法解释》第 109 条规定，对生理上、精神上有缺陷，对案件事实的认知和表达存在一定困难的被害人、证人或被告人所做的陈述、证言和供述，需要其他证据加以印证才能采信。除此之外，对证人翻证的印证要求、对被告人翻供的印证要求等都是当前证据法中对证明力明确的规制。这种对证据证明力加以规范的现象被称为"新法定证据主义"。[①] 但是新法定证据主义更多的只是描述了证据法对证据证明力加以规范的现象，而事实上我国刑事证据法涵盖的范围不仅包括证据的证明力，而且更多的在于证据的证据能力方面。从这一角度来说，我国的刑事证据法其实更多的是对证据能力和证明力规制范围的全覆盖。

第三，从法律渊源来看，建立了从中央到地方不同层次的刑事证据规范体系。其中大致包括 4 个层次：第一个层次是《刑事诉讼法》中有关证据的相关规定。第二个层次是由多个机构联合颁布的证据规定，如 2017 年颁布的《严格排非规定》以及 2016 年颁布的《电子数据规定》。这类规范性文件的适用范围覆盖颁布这些规范性文件的机构的执法过程中。第三个层次则是由中央某一机构独自颁布的规范性文件，比如最高人民法院在 2017 年 11 月颁布的关于人民法院办理刑事案件的"三项规程"。由于这类规范仅由某一机构独自颁布，其适用效力常常会受到其他相关机构的挑战。第四个层次则是地方性证据法规范性文件。这类规范既有针对某一类案件的，比如安徽省高级人民法院、安徽省人民检察院和安徽省公安厅在 2014 年联合颁布的《毒品案件证据收集审查判断规则》，也

---

① 陈瑞华：《以限制证据证明力为核心的新法定证据主义》，载《法学研究》2012 年第 6 期。

有针对所有刑事案件的规范，比如贵州省高级人民法院、贵州省人民检察院和贵州省公安厅在 2016 年联合颁布的《刑事案件基本证据要求》。

从前述三个方面可以看出，我国对刑事证据的规制已经从先前的规范供给不足逐渐转向规范供给较为充分——目前已经确立了证据裁判原则，建构了法庭对证据审查的基本职责，实现了证据裁判原则与证据规则的基本对接。但是从证据规范体系系统性的角度来看，目前我国刑事证据规范依然存在以下问题：第一，证据裁判原则与证据审查的标准之间出现错位。尽管我国在刑事证据法中已经确立了证据裁判原则，但该原则仅规定在最高人民法院对《刑事诉讼法》的解释中，而未规定在《刑事诉讼法》中，其作为法律基本原则的法律效力存在"名实不符"的尴尬困境。这个尴尬困境，使证据裁判原则与证据审查标准对接起来存在某种程度上的错位。证据裁判原则是一个基础性原则，其核心内容是用来对定罪量刑的证据进行审查，但该原则主要体现在法律解释层面，而证据审查的标准也就是证据的相关性、真实性、合法性要求则主要体现在法律效力层次更高的《刑事诉讼法》中，这样就出现证据审查的要求与证据审查标准之间的错位问题。第二，证据法规范之间缺乏有效的整合。从一个法律体系的标准审视，证据法规范还存在彼此冲突、层次错杂的问题。以刑事证据制度为例，由于多个部门都会出台有关证据的文件，基于部门利益和其他原因的考虑，不同规范性文件之间常常存在冲突和重复，特别是在对非法证据范围等关键问题的解释上。从法律出台的机构层次来说，不同地方分别出台了适用于本地区的证据性规范性文件。这些文件规范的内容范围不一，或针对主要的刑事案件，或针对某一类犯罪案件，其内容的丰富程度远远超过《刑事诉讼法》及最高人民法院等机构颁布的相关规范性文件。如前所述，目前在全国性规范性文件层面已经存在一个初步的整体框架，可以在这一基本框架的基础上对现有的刑事证据法规范进行有效的整合。

五、法理学对证据法的整合性功能

前述从本体、价值和规范三个层面对证据法的三个基本理论问题进行了阐释并对其在当前中国语境下的展开进行了初步的理论反思。在这一阐释中,可以清晰地看到证据法这些经典理论问题不仅在证据法思想演变过程中源远流长,更重要的是已经融入或者深刻影响了证据法规范体系的整体架构。在我们采取这一视角审视证据法的时候,其实已经不是站在证据法体系的内部,而是站在法学理论的立场上以一种整体性的宏大视角审视证据法。罗纳德·艾伦曾建议中国证据法学界在未来的研究中要"超越个别证据规则的离散性问题,阐明证据法的'宏观'问题,或者对证据法影响更大、意义更为深远的问题"。[①] 毫无疑问,这些经典的理论问题本身就是艾伦所指的证据法宏观问题的一部分。对于证据法的这样一种现状,法理学可以发挥理论法学的整合性功能。这一功能具体表现在以下三个方面。

第一,有助于实现从证据法理论问题到证据法规范架构的跳跃。前述三个经典理论问题其实是证据法理论传统的一个集中体现,代表着证据法理论传统对证据法在作用范围、价值结构和规制方式三个方面的理论体系化上的努力。正如张卫平所言,理论的体系化能够"将理论按照特定的框架结构组织起来,形成一个有机的整体,彼此之间依据一定的基本原理予以连接,从而使得人们的实践活动能够在体系化的理论指导下实施,以保证实践活动的协调和统一"。[②] 在证据法这些经典理论问题逐渐展开之后,一方面,将为证据法提供一个体系化的整体框架结构,为我国当前分散化的证据法规范提供一种可能的借鉴;另一方面,更为重要的是这些理论问题是历代证据法学人对传统证据法实践进行理论反思的结果,反映的是证据法这一部门法存在状态背后的基本原理。这些基本原理为证据法的规范架构提供了基本的学理依据和可能的建构模板,这在我国证据法规范创制过程中发挥着非常重要的指引性作用。以2010年《死刑案件证据规定》这一突破性证据法规范为例,规范起草者们坦陈在起草过程中"一是借鉴国内外关于刑事证据的立法

---

① [美]罗纳德·J. 艾伦:《艾伦教授论证据法》(上),张保生等译,中国人民大学出版社2014年版,第434页。

② 张卫平:《我国民事诉讼法理论的体系建构》,载《法商研究》2018年第5期。

例，二是借鉴国内著名专家在刑事证据制度上的最新研究成果和地方法院起草的证据规则”。[①] 因此，阐释证据制度背后的基本法理特别是这些经典的理论问题对于我国证据制度规范架构的形成具有至关重要的作用。

第二，法理学可以为证据法规范正当性的追问提供一种反思方法。这些证据法理的理论问题仅仅是法理学与证据法两个学科交叉的一个集中体现。如前所述，法理学对部门法学的一个重要功能就是以一种反思性立场追问法律规定背后的终极性和本源性问题，通过不断的反思和追问为具体的部门法规范提供一个合法性基础。作为证据法后发的国家，我国在证据法发展过程中在立足中国需求的基础上广泛借鉴和吸收各国先进的立法例，但由此也带来前述证据法规范来源众多，彼此不相协调甚至互相冲突的问题。比如，就证据法的准入范畴来说，在立法和理论中，就有“采纳”“作为定案根据”“证据能力”等不同的术语来指称。“采纳”来自英美法系，“证据能力”则来自大陆法系，而“作为定案根据”则是中国特色的本土概念。这种规范术语的多元化恰恰反映出我国当前证据法规范体系的内在张力。从这样一种困境中解脱出来的一条路径是在中国现实基础上用功能主义的视角对这些不同的术语进行重新审视，然后在我国证据法规范体系中进行重新整合。比如，无论是“采纳”“证据能力”，还是“作为定案根据”，这些术语表达的其实都是证据准入门槛的问题，尽管不同国家的门槛设置高低不同、细节差异比较大，但是如果用一种结构性视角来看，这些不同的术语其实都是服务于证据准入门槛这一功能的。在这种审视之下，重要的不是争论这些术语之间的差异，而是探讨术语背后的实质功能以及在我国的运作空间问题。以此为例，有理由认为在借助法理学的反思性机制的基础上，可以对目前的证据法规范进行理论层面的反思，然后在反思的基础上加以有效的整合。无论是来自大陆法系还是英美法系的证据法规范，都需要进行价值论（规范具有什么样的价值）、规范论（规范如何有效对证据进行规制）层面的追问和改造，

---

① 吕广伦等：《〈关于办理死刑案件审查判断证据若干问题的规定〉理解与适用》，载《人民检察》2010年第16期。

然后才能融入既有的证据法规范体系中。

第三，法理学可以为证据法学科整合提供一个基本的理论平台。作为一个正在形成的远未成熟的学科，证据法学科缺乏成熟的理论范畴、系统的理论问题、完整的理论框架以及共通的研究范式。民事诉讼法、刑事诉讼法和行政诉讼法各自拥有对证据法进行研究的学术力量和学术范式，彼此之间缺乏整合与沟通的动力与平台。结果是证据法的研究力量分散，证据法研究重复劳动明显，证据法的学术研究投入缺乏显著的知识增量。在这一背景下，法理学作为法学共同的理论维度可以为证据法学提供一个学科的基本标准和理想图景。

首先，在证据法学形成的过程中，法理学在基础范畴的提炼、基本问题的提出、规范结构的建构等方面都可以为证据法学提供很好的启示。借助于法理学的整体性视野，证据法学可以立足于学科整体建构自己学科的理论体系。从证据的意义、规制模式、价值论、认识论这样一些基础理论出发，为证据法学提供一些原创性的理论问题。

其次，证据法学的学理阐释是其“安身立命”的基础。作为证据法适用的程序性空间，三大诉讼法与证据法之间存在“剪不断，理还乱”的关系。从司法实践来看，证据法很显然无法完全脱离程序法发挥作用，证据法的运作必须在特定的程序空间展开。但从学科角度来看，证据法如果完全依附在三大诉讼法中，其发展空间确实会受到一定的限制。证据法学如果要相对独立于三大诉讼法，就必须建构独属于自身学科的学理基础，必须站在证据法自身的角度进行体系性建构。从目前来看，我国证据法规范建设似乎已经走在了证据法学科的前面，证据法学科并未对证据法规范系统化建设提供足够的指引，这才导致证据法规范在一定程度上处于“野蛮生长”的状态。在证据法规范体系的重整与建构上，法理学特别是分析法学的规范研究可以为证据法学提供非常重要的借鉴。

最后，为证据法吸收相邻学科的学术资源提供一个学术空间。证据法区别于程序法的一个重要方面在于其面向认识论维度。正因为如此，证据法规范与具有认知面向的相邻学科存在密切的关系，比如与心理学、法庭科学、认识论、概率论甚至经济学等都存在密切的关系。在优化证据法规范使其能够更好地服务于真相发现这一目标,这些相邻学科可以提供许多富有洞见的成果。[①] 但是要对这些跨学科成果进行有效地吸收,就需要将其纳入一个完整的理论框架中。法理学的宏大视野能够有效帮助证据法提出这样一个理论框架。英国法理学家威廉·特文宁就曾经做过这样的尝试,提出"诉讼中信息"的一个宏大框架,可以为我们提供一定的借鉴。[②]

六、结语

以证据法理的基本问题为切入点,本章尝试对证据法传统上一些比较成熟的证据法理论问题加以总结概括,然后反过来审视我国证据法的体系化问题。这种阐释本身就是从法理学视角审视证据法的一种结果,是证据法与法理学学科交叉结合的产物。证据法的本体论、价值论和规范论分别从宏观、中观和微观三个视角审视我国的证据法,展现了我国证据法特别是刑事证据法在三个维度上所取得的进展以及可能面临的一些困境。当然,这不意味着这三个基本问题就穷尽了证据法理的基本问题,只是说这是目前证据法传统上形成的三个比较稳定的基本问题而已。前述三个基本理论问题之下,还有诸多二级、三级问题需要进一步展开。证据法这三个基本理论问题及其下一级的二级、三级问题将形成证据法理的问题群,为证据法规范及司法实践提供理论上的指引。

通过对证据法思想传统中这些基本问题的梳理,可以发现当代证据法理论演进过程中已经形成了相对成熟的论域。尽管不同国家在不同时间段会就这些证据法基本问题的不同侧面产生分化,但其基本的问题指向是相对稳定的。与此同时,这也从某一方面论证了在证据法学科形成和规范体系建构过程中,法理学有可能提供什么样的借鉴意义。基本问题这样一种视角是相对宏观的,因此无法过多关注证据法的许多细节,更多的只是为证据法的发展提供一种

---

① 参见[美]罗杰·帕克、迈克尔·萨克斯:《证据法学反思:跨学科视角的转型》,吴洪淇译,中国政法大学出版社 2015 年版,第 2 页。

② 参见[英]威廉·特文宁:《反思证据:开拓性论著》(第 2 版),吴洪淇等译,中国人民大学出版社 2015 年版,第 251 ~259 页。

理论想象上的基本格局。但正如前述所论证的，法理学对证据法的借鉴意义显然并不局限于此。从理论的层次性来说，未来的证据法研究还可以从中观和微观视角做进一步探讨。概言之，证据法的规范展开与话语体系的建构需要法理学的理论滋养，而法学理论只有与具体的法律规范和法律实践结合起来，才能发挥其真正的效用。在未来的证据法研究中，一系列亟待解决的问题都需要法理学和证据法学的合力。从这一意义上说，法理学与证据法的学科交叉研究在我国当下依然任重而道远。

第四章　刑事证据制度的体系化塑造及其隐忧

规范的体系化是一个部门法成熟的重要标志之一，这一点恰恰是证据法所面临的一大困境。作为一个相当年轻的部门法，“直到十八世纪晚期，证据规范还几乎完全是一个由一些毫无关联、零散的先例所组成的大杂烩”。[①] 因此，证据法在不同国家都面临着部门法规范体系化的任务。在美国，传统散落在判例中的证据规则在学理上的系统化是由威格摩尔在其出版于1904年的《普通法审判中的英美证据制度专论》一书中完成的。[②] 美国证据规则在全国制定法层面上的体系化则到1975年的美国《联邦证据规则》才得以完成。[③] 英国证据法的体系化则走向了民刑分立的格局：在民事证据法领域，1968年、1972年和1995年先后颁布了三部《民事证据法》；而在刑事证据法领域，则以1984年的《警察与刑事证据法》为代表。[④] 我国自2010年“两

---

① ［英］威廉·特文宁：《证据理论：边沁与威格摩尔》，吴洪淇、杜国栋译，中国人民大学出版社2015年版，第1页。

② 参见［英］威廉·特文宁：《反思证据：开拓性论著》（第2版），吴洪淇等译，中国人民大学出版社2015年版，第73页。

③ 关于美国证据法体系化过程，参见Ronald L. Carlson et al.，*Evidence：Teaching Materials for an Age of Science and Statutes*，6th ed.，Lexis Nexis，2007，p. 18－23。

④ 参见［英］克里斯托弗·艾伦：《英国证据法实务指南》（第4版），王进喜译，中国法制出版社2012年版，第37～43页。

个刑事证据规定”颁布以来,不同部门先后颁布了多个刑事方面的证据规范,构成了一个来源多元、体系庞杂的刑事证据“规范群”。正如对中国证据制度改革有长期观察的美国学者艾伦所提醒的,“中国证据法学要超越个别证据规则的离散性问题”,“在全国范围内讨论并就真正统一的证据规定达成一致”。[①] 因此,如何对这个刑事证据“规范群”进行体系化是我国当前面临的一个重要任务。本书第三章从理论层面对证据法体系化可能面临的问题进行了法理阐释,本章将在此基础上结合我国刑事证据制度的最新进展对相关问题进行探讨。

2021 年《刑诉法解释》针对 2018 年修改的《刑事诉讼法》的相关适用问题进行了解释。该解释的颁布为我们观察中国刑事证据制度的体系化提供了一个很好的契机。在 2021 年《刑诉法解释》中,“证据”一章充分吸收了 2010 年以来刑事证据制度领域的改革成果,取得了重大进展。因此,2021 年《刑诉法解释》“证据”一章(以下简称“新刑诉解释证据规定”)可以被视为我国刑事证据制度改革的一个阶段性成果,这也是我国在刑事证据制度体系化塑造方面的一个重要体现。本章主要从宏观方面对“新刑诉解释证据规定”在证据法规范体系化方面所做的努力进行分析,从历时性和共时性两个维度阐述其在体系化方面的具体表现,并在此基础上探讨其可能存在的内在隐患以及未来可能的发展路径。

一、“新刑诉解释证据规定”的纵向维度

作为最高人民法院司法解释的一个组成部分,“新刑诉解释证据规定”并非横空出世,而是我国近 10 多年来刑事证据制度改革不断演进的一个必然产物。要理解“新刑诉解释证据规定”在体系化方面所做的努力就需要将其放置在一个相当长的历史时段加以审视。从历史发展的视角来看,可以用来审视“新刑诉解释证据规定”的参照物有两组。第一组参照物是改革开放以来最高人民法院颁布的 4 部《刑诉法解释》中“证据”一章的变化(见表

---

① [美]罗纳德·J. 艾伦:《艾伦教授论证据法》(上),张保生等译,中国人民大学出版社 2014 年版,第 434 页。

4－1）。

表4－1　4部最高人民法院《刑诉法解释》“证据”章的内容比较

规范名称	条文数	条文顺序	节数
1996年《刑诉法解释》	10	第50～59条	不分节
1998年《刑诉法解释》	11	第52～62条	不分节
2012年《刑诉法解释》	52	第61～112条	9节
2021年《刑诉法解释》	78	第69～146条	10节

第二组参照物是2010年以来出台的刑事诉讼证据方面的一些重要规定。如表4－2所示，自2010年以来，最高人民法院与相关机构以联合颁布或独立颁布的方式先后出台了多个与刑事证据相关的规定。这些规定构成了2021年《刑诉法解释》的重要基础。如果将“新刑诉解释证据规定”与之前颁布的刑事证据相关规定做一个比较，可以发现它们之间存在以下四种情形。

表4－2　2010年以来出台的代表性刑事证据规范

颁布时间	规范名称	颁布机构	条文数
2010年	《死刑案件证据规定》	最高人民法院、最高人民检察院、公安部、国家安全部、司法部	41
2010年	《排非规定》	最高人民法院、最高人民检察院、公安部、国家安全部、司法部	15
2012年	2012年《刑诉法解释》	最高人民法院	52
2013年	《防范冤假错案意见》	最高人民法院	27
2016年	《电子数据规定》	最高人民法院、最高人民检察院、公安部	30
2017年	《严格排非规定》	最高人民法院、最高人民检察院、公安部、国家安全部、司法部	42
2017年	《排非规程（试行）》	最高人民法院	36

续表

颁布时间	规范名称	颁布机构	条文数
2019 年	《人民检察院刑事诉讼规则》	最高人民检察院	20
2021 年	2021 年《刑诉法解释》	最高人民法院	78

第一种是直接吸收,也就是 2021 年《刑诉法解释》将之前的规定直接吸收作为自身的组成部分。比如,有关电子数据的审查和认定规则主要吸收了 2016 年“两高一部”联合颁布的《电子数据规定》中的相关内容。其中第 110 ~ 114 条中有关电子数据真实性、完整性、合法性规则,电子数据瑕疵补正规则,以及排除规则都是直接吸收了《电子数据规定》的相关规定。非法证据排除规定主要吸收了 2017 年由“两高三部”联合颁布的《严格排非规定》中的相关内容。其中,第 123 ~ 126 条中有关非法供述的范围、重复供述的排除规则、非法收集的证人证言、被害人陈述的排除,以及非法取得的物证、书证的排除等内容都是直接吸收《严格排非规定》和《刑事诉讼法》的相关规定。这些被直接吸收的条款有一个共同特征,就是先前都已在多个部门联合颁布的规定中被明确,换言之,多个部门已经就这些条款内容达成了共识。

第二种是“新刑诉解释证据规定”新规定的一些规范。比较有代表性的是对技术调查、侦查证据的审查与认定规则部分。2012 年《刑诉法解释》对技术侦查证据只有一条相应的规定,也就是第 107 条。“新刑诉解释证据规定”专设一节对技术调查、侦查证据的审查与认定规则进行了大幅度扩充。其在原有规定的基础上,增加了技术调查、侦查措施取得材料的证据资格(第 116 条),技术调查、侦查证据庭审调查的保护措施(第 117 条),移送技术调查、侦查证据材料的具体要求(第 118 条),对移送技术调查、侦查证据材料的双重审查要求(第 119 条),裁判文书中对技术调查、侦查证据的表述要求(第 121 条),技术调查、侦查证据材料应当移送而未移送的处理(第 122 条)等规定。这些规定在之前的相关司法解释或其他规定中都未曾出现过,属于本次“新刑诉解释证据规定”的一次创造性规定。

第三种是在原有的规定上进行修改，也就是说先前的规定中曾经出现过相关内容，但“新刑诉解释证据规定”进行了修改。比较典型的有以下两个条款：(1)2012 年《刑诉法解释》第 87 条第 1 款规定：“对案件中的专门性问题需要鉴定，但没有法定司法鉴定机构，或者法律、司法解释规定可以进行检验的，可以指派、聘请有专门知识的人进行检验，检验报告可以作为定罪量刑的参考。”本次“新刑诉解释证据规定”将这些“有专门知识的人”所出具的报告从“可以作为定罪量刑的参考”修改为“可以作为证据使用”，即对此类证据材料的法律定位进行了修改。(2)关于事故调查报告能否作为证据使用的问题，应急管理部、公安部、最高人民法院、最高人民检察院在 2019 年联合颁布的《安全生产行政执法与刑事司法衔接工作办法》第 25 条第 1 款曾对此问题进行了规定：“在查处违法行为或者事故调查的过程中依法收集制作的物证、书证、视听资料、电子数据、检验报告、鉴定意见、勘验笔录、检查笔录等证据材料以及经依法批复的事故调查报告，在刑事诉讼中可以作为证据使用。”2021 年《刑诉法解释》在第 101 条中不仅进一步明确了事故调查报告在刑事诉讼中可以作为证据使用，而且还进一步规定“报告中涉及专门性问题的意见，经法庭查证属实，且调查程序符合法律、有关规定的，可以作为定案的根据”。

第四种是原有的相关规定中曾经出现过，但“新刑诉解释证据规定”没有将其包含在内。最高人民法院 2017 年颁布的《排非规程》中有相当多的内容在“新刑诉解释证据规定”中都没有体现。比如，在非法供述排除范围上，《排非规程》第 26 条曾明确规定下列两种情形应当予以排除：(1)应当对讯问过程录音录像的案件没有提供讯问录音录像，或者讯问录音录像存在选择性录制、剪接、删改等情形，现有证据不能排除以非法方法收集证据的；(2)侦查机关除紧急情况外没有在规定的办案场所讯问，现有证据不能排除以非法方法收集证据的。这两种取证程序的违法事由无疑是对非法供述排除范围的扩大，但这种扩大并未在“新刑诉解释证据规定”中予以明确。

上述四种情形反映了“新刑诉解释证据规定”与先前相关刑事

证据规定之间错综复杂的关系。正如2021年《刑诉法解释》起草小组所说,“《解释》充分吸收相关成果和经验,在证据审查判断、非法证据排除……诸多方面,有针对性地作出具体规定”。[①] 这种吸收并不是随意的,而是有所选择的,展现了起草者总体上非常审慎的态度,力求在多种利益和多元价值之间保持适度的平衡。这主要体现在两个方面:第一,在原有的相关规定中,被吸收到“新刑诉解释证据规定”中的主要是那些多个机构业已达成共识的条款。比如由“两高一部”联合颁布的《电子数据规定》中的一些条款以及由“两高三部”联合颁布的《严格排非规定》中的一些条款都直接被吸收进“新刑诉解释证据规定”。这些条款经过多个相关利益部门会签颁布,代表多个部门在某一特定问题上达成共识。相反,那些主要由法院一家主导的、对其他机构可能构成更多制约的条款则未能被吸收到“新刑诉解释证据规定”中。比如有关非法供述的范围,2013年最高人民法院颁布的《防范冤假错案意见》第8条第2款规定:“除情况紧急必须现场讯问以外,在规定的办案场所外讯问取得的供述,未依法对讯问进行全程录音录像取得的供述,以及不能排除以非法方法取得的供述,应当排除。”该条款在2017年最高人民法院发布的《排非规程》中得到进一步强调,但在“新刑诉解释证据规定”中没有相关内容的规定。其原因就在于该条款扩大了非法供述的范围而一直未获得多个相关机构的认可。[②] 第二,在对一些既有规定的修改上,起草者即便力图有所推进,也会尽可能兼顾各种利益之间的平衡。例如,2021年《刑诉法解释》第74条规定了人民法院可以通知检察院移送讯问录音录像,但这种移送的范围主要被限定在那些“依法应当对讯问过程录音录像的案件”,而且被限定在法官认为“必要时”。又如,为了解决证据全面移送特别是有利于被告方证据的移送问题,2021年《刑诉法解释》在律师对有利于被告方但未被移送的证据可以申请法院调取(2012年《刑

---

① 起草小组:《起草小组解读:〈刑事诉讼法解释〉理解与适用》(上),载中国法院网,https://www.chinacourt.org/article/detail/2021/02/id/5796152.shtml,最后访问时间:2021年6月4日。

② 关于多部门在非法供述排除范围上的博弈,参见吴洪淇:《非法言词证据的解释:利益格局与语词之争》,载《法学家》2016年第3期。

诉法解释》第57条)的基础上,进一步强化了法院需要对证据全面移送情况进行主动审查的义务(2021年《刑诉法解释》第73条)。但法院对这种证据移送要求的强化是相当谨慎的,主要体现在当检察院接到移送证据的通知而未移送时,法院并没有施加任何积极的制裁性措施,而是"应当根据在案证据对案件事实作出认定"(2021年《刑诉法解释》第73条)。综上所述,2021年《刑诉法解释》是在对2012年以来颁布的一系列刑事证据相关规定进行选择性吸收和审慎修改补充的基础上形成的,它与之前颁布的一系列刑事证据规定共同构成了我国刑事证据制度的"规范群"。

二、"新刑诉解释证据规定"的体系性结构

法律体系的体系性体现在两个方面:从法律体系的内部来说,主要表现在法律规范内部的融贯性上。法律体系融贯性的核心特征在于法律体系的各个部分(主要是规范)之间建立起的积极关联。这种积极关联一方面意味着法律规范之间要相互支持而不是相互冲突,彼此之间要形成相对独立的规范关系,共同服务于整体规范体系;另一方面则意味着体系内部的规范间发生冲突时能够形成有序的优先关系。[①] 从法律体系的外部来说,主要表现为规范体系自身要有一定的自洽性。这种自洽性一方面意味着该法律体系之下的法律规范在规范对象、规范特点等方面要有区别于其他法律体系的独特性;另一方面则意味着该法律体系要形成一个相对完整的规范结构,不同规范要形成合理的类型和层次。在之前所颁布的一系列刑事证据规定的基础上,"新刑诉解释证据规定"在规范体系化塑造方面继续巩固和推进。在整个刑诉法解释中,"新刑诉解释证据规定"形成了一个相对融贯、相对自洽的规范体系。"新刑诉解释证据规定"形成了一个初步的体系性结构,该体系性结构的核心体现是一个基础性原则、一个基本布局和一个分类标准。以下将对此予以详细阐述。

(一)作为基础性原则的证据裁判原则

当代证据法规范形成的历史就是"在不同时代对具体问题作出

---

① 参见雷磊:《融贯性与法律体系的建构——兼论当代中国法律体系的融贯化》,载《法学家》2012年第2期。

的一系列基本上彼此独立之回应的历史”。[①] 对证人资格的限制确立于16世纪,品性规则、补强规则和口供规则则形成于18世纪早期的判例,而传闻规则则是在18世纪80年代以后才得以在判例中稳定下来。[②] 如何将这些松散的证据规则以一种有效的方式整合在一起一直是证据法学者们努力的方向。从1754年出版的第一部英美证据法专论《证据法》开始,吉尔伯特就一直将寻找能够将松散的证据规则整合在一起的统领性原则作为其核心目标。吉尔伯特首先对不同的证据形式进行了排序,然后规定证据的使用必须遵循这样一条规则:“只有在其他证据无法获得的情况下才允许次一级证据的准入。”[③]吉尔伯特力图通过最佳证据规则统领整个证据法规则的努力后来遭到了边沁的猛烈批判。边沁之后,英国证据法学者斯蒂芬提出用相关性规则取代最佳证据规则作为证据规则的统领性原则。[④] 这一努力并未获得成功,因为相关性是一个逻辑问题而非法律问题,很难用相关性规则统合证据法规则。这一任务最后是由美国学者詹姆斯·塞耶完成的。塞耶提出两个原则作为证据规则的基础:(1)对被要求证明的任一问题在逻辑上无证明力的证据将不可采;以及(2)因此,任何具有证明力的都应该进入,除非有一个明确的法律上的政策理由将其排除在外。[⑤] 第一个原则是排除性原则,旨在将那些无相关性的证据排除在司法证明之外;第二个原则是包容性原则,它规定了证据的采纳应该以对待证事实的证明价值为前提,并且受到法律所规定的例外规范的规制。包含品性规则、传闻规则等在内的证据排除规则就属于法律所规定的例外规范。排除性原则和包容性原则犹如证据规则体系的两块基石,一方面将不相关

---

① [英]威廉·特文宁:《证据理论:边沁与威格摩尔》,吴洪淇、杜国栋译,中国人民大学出版社2015年版,第1页。

② 关于品性规则、补强规则和口供规则的起源,参见[美]兰博约:《对抗式刑事审判的起源》,王志强译,复旦大学出版社2010年版,第181页。关于传闻证据的起源考证,参见[美]T. P. 加兰尼斯:《现代证据法的兴起》,吴洪淇译,载《证据科学》2008年第1期。

③ [英]威廉·特文宁:《反思证据:开拓性论著》(第2版),吴洪淇等译,中国人民大学出版社2015年版,第40页。

④ 参见[英]威廉·特文宁:《反思证据:开拓性论著》(第2版),吴洪淇等译,中国人民大学出版社2015年版,第69页。

⑤ 参见[英]威廉·特文宁:《反思证据:开拓性论著》(第2版),吴洪淇等译,中国人民大学出版社2015年版,第207页。

的证据排除在外,另一方面为分散的证据规则提供了一个整合性基础,即把它们都视为相关性证据采纳原则的例外情形。这个独特的规范结构后来被美国《联邦证据规则》吸收,并作了进一步的修正,构成了《联邦证据规则》的基础性原则。《联邦证据规则》第 401 条对证据的相关性定义进行了阐释;第 402 条则将塞耶的两个原则整合在一起,其中,第 402 条第 1 款属于包容性原则,第 402 条第 2 款属于排除性原则。[①] 从上述历程可见,寻求恰当的、具有整合性作用的基础性原则是英美证据法实现体系化的一个关键步骤。

我国刑事证据法体系性塑造的第一步是确立了证据裁判原则这个可以贯穿整个刑事证据规则的基本原则。证据裁判是现代证据法的一个核心原则,其核心含义就是依据证据认定案件事实。[②] 该原则的核心要义在于两个方面:第一,确立了对案件事实进行认定必须以证据作为基础,这是现代证据制度区别于古代神示证据制度和法定证据制度的一个核心特征。用塞耶的一句话概括就是:"先前通过暴力方法或对形式的机械遵从所进行的审判而今已经被理性方法审判所取代了。"[③]第二,证据裁判原则的规范性意义,也就是说认定事实所依据的证据必须是具有证据能力的证据,而且只有经过调查之后才能认定构成犯罪核心内容的事实。[④] 这样,证据裁判原则就为证据审查提出了最基本的要求:一方面,证据必须具有证据能力才能具有案件证据的基本资格,而是否具备证据能力的审查根据之一就是不同类型的证据规则;另一方面,从程序角度来看,证据必须经过法庭查证属实之后才能用于认定案件的核心事实,不同类型的证据规则是法庭查证的重要依据。

我国在 1996 年《刑诉法解释》和 1998 年《刑诉法解释》中就已规定了"证据必须经过当庭出示、辨认、质证等法庭调查程序查证属

---

① 参见[美]罗纳德 · J. 艾伦等:《证据法:文本、问题和案例》(第 3 版),张保生等译,满运龙校,高等教育出版社 2006 年版,第 147 ~ 149 页。

② 参见[日]田口守一:《刑事诉讼法》(第 7 版),张凌、于秀峰译,法律出版社 2019 年版,第 437 页。

③ [英]威廉 · 特文宁:《反思证据:开拓性论著》(第 2 版),吴洪淇等译,中国人民大学出版社 2015 年版,第 36 页。

④ 参见[日]田口守一:《刑事诉讼法》(第 7 版),张凌、于秀峰译,法律出版社 2019 年版,第 437 页。

实,否则不能作为定案的根据”。值得注意的是,在这两部司法解释中,该条款都是被放置在“证据”一章的中间,并且和证人出庭作证问题放在同一条款中。2010 年《死刑案件证据规定》第 2 ~ 4 条分别规定了“认定案件事实,必须以证据为根据”;“侦查人员、检察人员、审判人员应当严格遵守法定程序,全面、客观地收集、审查、核实和认定证据”;“经过当庭出示、辨认、质证等法庭调查程序查证属实的证据,才能作为定罪量刑的根据”。2012 年《刑诉法解释》在“证据”一章第一节“一般规定”中完全吸收了前述三条规定。一个微小但很重要的变化是,在“证据未经当庭出示、辨认、质证等法庭调查程序查证属实,不得作为定案的根据”这个条款中增加了一个例外即“但法律和本解释另有规定的除外”(第 63 条)。

与之前的相关司法解释相比,2012 年《刑诉法解释》更为明确地提出了证据裁判这一基本原则。这主要体现在两个方面:第一,从内容上看,更为鲜明、完整地体现了证据裁判原则的基本内涵。第 61 条直接规定证据裁判原则的核心内容;第 62 条从裁判主体义务的角度正面规定依据法定程序收集、审查、核实和认定证据的基本要求;第 63 条则从反面强化未经法庭调查程序查证属实的证据不能作为定案的根据。前述三个条款从核心内容、主体义务和反向排除要求三个角度对证据裁判原则进行了充分的规定。第二,从形式上看,前述三个条款被规定在“证据”这一章下第一节“一般规定”的前三个条款中。就第 63 条来说,相比于 1996 年和 1998 年的两个司法解释,一个显著的变化是其在规范中的位置大大提前了,另一个变化是条款被独立出来,不再与证人出庭作证条款放在一起。从形式上看,前述三个条款在整个“证据”章中占据了一个基础性地位。2021 年《刑诉法解释》除了完全保留 2012 年《刑诉法解释》第 61 条和第 62 条内容外,还对其第 63 条作了进一步的修改,将“但法律和本解释另有规定的除外”这一例外条款去掉,进一步强化了证据裁判原则作为基础性原则的重要地位。

(二)刑事证据规则的基本架构

证据裁判原则虽然为刑事证据规范的体系化塑造奠定了基石,但是数量众多的证据法规范还需要以一种有序的方式加以呈现。在“新刑诉解释证据规定”中,这些证据法规范的基本架构主要体现在两个方面：从整体上说，刑事证据法规范形成了总—分—总的规范分布格局，这样的布局是按照证据审查的基本流程展开的。在证据法分论部分，形成了以证据种类为基本架构的分类证据审查规则，按照物证、书证、证人证言、被害人陈述、被告人供述与辩解、鉴定意见、各种侦查笔录、电子数据和视听资料、技术侦查、调查证据、非法证据排除规则等组织不同类型的刑事证据规范。

1. 刑事证据规范的分布格局

在证据法体系化过程中，如何将零散的证据法规范整合成一个紧凑有序的规范体系曾经困扰着许多证据法学者。斯蒂芬在其《证据法概要》一书中曾抱怨道："这些规则总是看起来像是形成了一团令人绝望的乱麻一般，绞尽脑汁或许可以将它们记住，但却无法将它们作为一个整体来加以理解或者将它们压缩成一个系统。"① 因此，他将其著作的目标界定为："将证据法主题从它所通常混杂在一起的法律之其他分支那里分离出来；将它缩小成一个紧凑的体系形式并根据该主题问题的自然区划来分布；并且压缩成精确的、明晰的规则。"②威格摩尔在其《普通法审判中的英美证据制度专论》第一版前言中也将其目标界定为："第一，将英美证据法阐述成一个由理性原则和规则构成的系统；第二，将那些明显相互对立的司法先例乱麻整合成由这些原则和规则构成的协调一致的产物。"③因此，核心问题还是如何对现有的证据法规范加以有效归类从而形成层次分明的规范体系。

在 2010 年以前，我国适用于全国范围的刑事证据规范数量仅有 10 多个条文，将其直接放在《刑事诉讼法》司法解释"证据"一章即可，无须考虑分布格局和分类问题。在证据规范数量迅速增加到 78 个条款之后，刑事证据规范的分布格局和分类标准就成为一个必须直面的问题。从 2012 年《刑诉法解释》开始，我国刑事证据规

---

① ［英］威廉·特文宁：《反思证据：开拓性论著》（第 2 版），吴洪淇等译，中国人民大学出版社 2015 年版，第 68 页。

② ［英］威廉·特文宁：《反思证据：开拓性论著》（第 2 版），吴洪淇等译，中国人民大学出版社 2015 年版，第 66 页。

③ ［英］威廉·特文宁：《反思证据：开拓性论著》（第 2 版），吴洪淇等译，中国人民大学出版社 2015 年版，第 73 页。

范就形成了“总—分—总”的基本分布格局，“新刑诉解释”进一步延续了这个基本格局。具体如表4－3所示。

表4－3　“新刑诉解释证据规定”的证据规范分布格局

分布	“新刑诉解释证据规定”
总	第一节 一般规定。主要包括证据裁判主义原则（第69～71条），证明对象（第72条），证据移送（第73条、第74条），行政证据、监察证据与刑事证据的衔接（第75条、第76条），域外证据（第77条、第78条），法院调查核实证据（第79条），见证人资格（第80条），庭审中不宜公开证据的处理（第81条）
分	第二节　物证、书证的审查与认定 第三节　证人证言、被害人陈述的审查与认定 第四节　被告人供述和辩解的审查与认定 第五节　鉴定意见的审查与认定 第六节　勘验、检查、辨认、侦查实验等笔录的审查与认定 第七节　视听资料、电子数据的审查与认定 第八节　技术调查、侦查证据的审查与认定 第九节　非法证据排除
总	第十节 证据的综合审查与运用。主要包括证据综合审查规则（第139条）、无直接证据案件的定罪标准（第140条）、隐蔽证据规则（第141条）、情况说明（第142条）、瑕疵证据补强要求（第143条）、量刑证据（第144～145条）、法定责任年龄证据（第146条）

从表4－3中可以看出，第一部分“一般规定”主要侧重对证据供给和准入等宏观问题的规范。除了规定证据裁判主义原则、证明对象这样具有全局性的规范之外，还包括一些特殊证据类型（监察证据、行政证据以及域外证据）的处理和一些与证据紧密相关的程序问题（如证据移送、证据调查核实等）。第二部分则是按照不同的证据种类对证据审查规则进行归类，外加非法证据和技术调查、侦查两类特殊的证据规则。第三部分则侧重证据的认证问题，包括证据认证规则、证明力规则及量刑证据问题等。

上述证据分布格局体现出我国刑事证据法规范在过去的20多年里实现了以下两个转型：首先，刑事证据法规范层级从平面化结构走向立体化结构。从规范体系的形式上看，1996年和1998年的司法解释中，“证据”一章之下的条文分布呈现一种平面化状态，没有明显的层次划分。随着规范数量的不断增加，平面化的结构已经无法满足证据法体系化的需要了。“证据”章之下开始设节，节与节之间按照“总—分—总”的基本格局进行排列，形成了一种立体化的形式结构。从规范体系的内容上看，1996 年和 1998 年的司法解释主要还是以规则为主，没有明显的证据法基本原则。① 如前所述，2010 年之后形成了证据裁判这一基本原则，从而使刑事证据法规范出现了原则与规则并存、原则统领规则的立体格局。其次，刑事证据法规范初步实现了功能分化。从规范类型来说，大致可以区分为证据排除规则、证据瑕疵补正规则、证明力规则、量刑证据规则以及证据审查的程序性保障规则等。从规范的诉讼阶段来说，可以区分为证据提供阶段的规则、证据审查阶段的规则和证据认证阶段的规则三种类型。

2. 以证据种类为基本架构的分类证据审查规则

为相对松散的证据规则寻找一个恰当的分类标准一直是证据法学研究的一个重要任务。在塞耶提出证据的排除性原则和包容性原则之后，判例法中存在的证据排除规则都被视为包容性原则的例外情形。这些例外情形从排除理由的角度大致可以区分为两大类：第一类为内在规则，即那些旨在促进真相发现的证据规则，比如传闻规则、品性规则、意见规则等；第二类为外在规则，即那些服务于真相之外其他社会政策的证据规则，比如特免权规则、不能用于证明过错的规则、非法证据排除规则等。② 这种证据规则分类方式将证据规则都视为“具有相关性的证据原则上应该采纳”这一包容性原则的例外，然后根据例外的不同理由来加以分类。这种分类方法的一个隐患是分类规则被整合在一起仅仅因为它们都是某一原则的例外情形，而它们彼此之间缺乏一个非常融贯的基础，从而带来了离散性的问题。③ 为了回应这一离散性问题，后续的证据法研究者一方面主张对现有规范进行重新分块，另一方

---

① 证据法中原则与规则的区分，参见吴洪淇：《转型的逻辑：证据法的运行环境与内部结构》，中国政法大学出版社 2013 年版，第 151 页。

② See Jack B. Weinstein, Margaret A. Berger, *Weinstein's Evidence Manual*, Student Edition, 6th ed., LexisNexis, 2003, p. 3 – 5.

③ 参见［英］威廉·特文宁：《反思证据：开拓性论著》（第 2 版），吴洪淇等译，中国人民大学出版社 2015 年版，第 217 ~ 218 页。

面则从不同的角度为现有的证据分类规范探索一个更为融贯的基础。[①]

我国自2010年《死刑案件证据规定》发布以来逐步形成了按照证据种类对证据进行分类审查的基本格局，与此相对应的是，证据分类审查规则也是以证据种类为核心架构组织的。由此，证据种类在我国刑事证据制度中承担着双重任务：第一重任务是对刑事诉讼中可以使用的证据进行框定和塑造。2018年《刑事诉讼法》第50条第2款规定："证据包括：（一）物证；（二）书证；（三）证人证言；（四）被害人陈述；（五）犯罪嫌疑人、被告人供述和辩解；（六）鉴定意见；（七）勘验、检查、辨认、侦查实验等笔录；（八）视听资料、电子数据。"证据种类的这一规定因其封闭性而对诉讼中的证据材料具有一定的筛选功能，相当一部分证据材料由于无法归入任何一个证据种类中而受到排除或者质疑。[②] 随着证据规范的增加，证据种类逐渐被赋予了第二重任务，就是作为证据审查规则的分类标准。以证据种类为标准对不同种类证据的审查设置相应的证据规则。当然，证据种类与证据规则的分类标准不是完全一一对应的。一些在证据审查标准上比较相近的证据种类被放在一起加以规范，比如物证和书证、证人证言与被害人陈述就被放在同一类证据审查规则中予以规范。与此同时，一些证据规则涵盖了多个证据种类，则被单独拿出来作为一种独立的证据规则。比如非法证据排除规则，同时涵盖了犯罪嫌疑人、被告人供述、证人证言、物证、书证、电子数据、视听资料等多种证据类型，因此在"新刑诉解释证据规定"中被独立出来与其他证据种类规则并列。技术侦查、调查证据也存在类似的问题，而且技术侦查、调查证据在审查方面有很多独特的要求，因此也被独立出来。

三、体系化塑造过程中的隐忧及其克服路径

前文从纵向历史发展进程和横向体系化结构两个维度阐释了

---

① 有关证据规范融贯性原理的探索，参见[美]亚历克斯·斯坦：《证据法的根基》，樊传明、郑飞等译，中国人民大学出版社2018年版，第1~3页。

② 参见龙宗智：《证据分类制度及其改革》，载《法学研究》2005年第5期。

我国刑事证据制度在体系化塑造方面所进行的努力。这种体系化努力是在不断往前推进的,而且对刑事证据法治的实现也是有价值的。一个清晰、融贯而自洽的刑事证据规范体系无论对司法实践还是执法实践都是非常有意义的。美国学者布拉德利反思美国刑事诉讼革命之所以会失败时提出,其中的一个重要原因在于这些程序和证据规则是以零碎的、一案一判的方式发展起来,这种零散、复杂的规则很难为美国警察提供有效遵循。[①] 但是我国刑事证据制度在体系化塑造的过程中还存在诸多问题,如果这些问题得不到有效解决,则10多年以来刑事证据规范体系化塑造的成果将受到影响。

第一,以司法解释为中心推进刑事证据制度体系化的合法性空间已经基本耗尽,亟待从立法层面上进行提升和赋权。从前述分析可看出,刑事证据制度改革的推进源自最高人民法院、最高人民检察院及相关部门的合力推动,其表现形式主要以司法解释或各部门联合颁布的规定为主。相比之下,2018年《刑事诉讼法》修改过程中基于种种原因在"证据"一章中并未作出任何修改。在《刑事诉讼法》未作修改的情况下,针对该法的"新刑诉解释证据规定"却进行了大幅度的修改。这样一种吊诡的现象本身就说明刑事证据制度体系化塑造空间的有限性。一方面,仅仅依靠最高人民法院一家推进刑事证据制度体系化存在正当性不足的问题。与其他程序性规则不同,刑事证据制度特别是证据审查规则在刑事诉讼中天然具有"辐射性",对证据审查规则的创制和改动必然会对位于刑事诉讼前端的刑事侦查机关和刑事起诉机关产生实质性的影响。因此,刑事证据制度的推进仅仅依靠最末端的法院系统会导致正当性不足的问题,推动起来必然会遇到各种阻力。正因为如此,才能理解2021年《刑诉法解释》起草小组在相关规定的吸收和修正方面的谨慎态度。另一方面,目前在《刑事诉讼法》未作修改的情况下,仅仅通过最高人民法院司法解释这样一种形式推进刑事证据制度体系化必然存在空间有限的问题。比如,"新刑诉解释证据规定"将专

---

① 参见[美]克雷格·布拉德利:《刑事诉讼革命的失败》,郑旭译,北京大学出版社2009年版,第45页。

家报告和事故调查报告纳入证据的范围,一定程度上突破了《刑事诉讼法》有关证据种类的规定,引发了学界的争议。美国《联邦证据规则》在制定的过程中尽管是由美国最高法院主导的,但其颁布得到了美国国会的授权和批准。美国国会还要求美国最高法院提出对《联邦证据规则》的修正案,但该修正案要生效就要获得国会的批准。①

因此,要解决刑事证据制度体系化不足的问题,就需要全国人民代表大会这一权威立法机关的合法授权。这种授权可以以两种方式展开:一种方式是由全国人民代表大会及其常委会以"刑事证据法"这一特别法的方式展开专门性立法活动;②另一种方式是通过《刑事诉讼法》相关部分特别是"证据"章的修改来为相关司法解释提供足够的正当性根据,将刑事证据制度改革的成果以相对整体的方式吸收到"证据"一章中。

第二,刑事证据制度规范体系内部还存在结构扭曲的问题,应逐渐实现证据种类与证据规则分类之间的适度分离。目前我国的刑事证据规则主要是按照刑事证据种类组织架构起来的,这种分类方式的好处是比较简明,但其缺点也是不可忽略的。尽管目前已经对证据规则分类作了一些调整,但依然存在结构上的隐患。这种隐患的原因有两个方面:一方面,证据种类本身就是不周延的,一些新型证据出现后就会出现归类上的难题。比如同步录音录像,从其内容来说是对犯罪嫌疑人供述过程的记录,显然应该归入被告人供述;但从其证据载体来看,它又属于视听资料,这样就可能带来归类上的困难。伴随着归类困难的另一个问题就是规则分类上的困难,对同步录音录像的审查规则的归类就会变成一个难题。另一方面,证据种类与证据规则的分类并不完全遵循同一个逻辑,证据种类大致按照证据的载体和生成证据的主体加以区分,而证据规则则主要依照证据排除的不同理由加以分类。这就导致以证据种类划分和

① See Ronald L. Carlson et al., *Evidence: Teaching Materials for an Age of Science and Statutes*, 6th ed., Lexis Nexis, 2007, p. 20.

② 先后有多位人大代表在两会上呼吁制定专门的"刑事证据法"。相关新闻参见黎虹:《汪利民代表呼吁制定〈刑事证据法〉》,载中国法院网,https://www.chinacourt.org/article/detail/2004/03/id/108393.shtml,最后访问时间:2021年6月15日。

架构证据规则必然会带来两个难题：(1)证据规则相互重复的问题，比如书证和物证都要受最佳证据规则和鉴真规则的规制，实物证据和言词证据都要受非法证据排除规则的规制。而物证既要受非法证据排除规则规制，也要受到最佳证据规则和鉴真规则的规制。(2)规范对象相互重叠的问题，比如以被告人供述作为证据审查规则的一类，但对被告人供述最为重要的非法证据排除规则又自成一节，这就导致被告人供述之下的规则几乎被抽空，仅剩下程序性规则和瑕疵补正规则两个具有实质规范意义的条文。要从根本上解决这一问题还得对证据种类和证据规则分类这两个性质不同的范畴重新加以审视，厘清两者之间的关系，对证据规范重新进行架构，从而逐渐实现证据种类与证据规则分类之间的适度分离。

如前所述，证据种类的分类逻辑与证据规则的分类逻辑是不同的，用证据种类区分证据规则必然带来规则重复和混杂的问题。从证据法法典化较为成功的一些国家的经验来看，证据规则的组织可以有多种模式，但完全以证据种类架构证据规则分类确实罕见。① 即便要用证据种类组织证据规则，也不能完全套用目前已经备受批评、内部不周延的证据种类。反之，可以在现有证据种类的基础上加以整合，考虑按照言词证据、实物证据和衍生证据三大类对证据规则进行重新归类。因为这三大类证据生成的路径存在较大差异，同一类型所适用的证据规则具有较大的共性。

第三，刑事证据制度体系化还存在内部规范体系融贯性不足的问题，应从整体上重新整合或通过法律解释或司法判例指引等方式加以缓和。要被称为"融贯的法律体系"，最低限度的要求是在这个体系中不能存在过多有明显冲突的法律规范，一个逻辑上无法自洽的体系无法满足形式正义的要求。② 这种相互冲突体现在两个方面：(1)上下之间的冲突。这方面突出表现在"新刑诉解释证据规定"将专家报告和事故调查报告纳入证据的范围，但这两

① 参见熊秋红：《人工智能在刑事证明中的应用》，载《当代法学》2020年第3期。

② 参见雷磊：《融贯性与法律体系的建构——兼论当代中国法律体系的融贯化》，载《法学家》2012年第2期。

类证据因为不属于当前法定的证据种类，可能会出现新证据类型与《刑事诉讼法》中所规定的证据种类之间该如何协调的问题；（2）前后之间规定不一。“新刑诉解释证据规定”实施之后，先前的相关刑事证据规定还处于生效状态。在非法证据排除范围、技术侦查证据审查等方面，“新刑诉解释证据规定”与最高人民法院颁布的“三项规程”存在不一致的问题。《排非规程》已将应在法定场所讯问而未在法定场所讯问获得的供述以及应该同步录音录像而未同步录音录像的讯问获得的供述都视为不能定案的“非法证据”，但在“新刑诉解释证据规定”中，有关非法证据排除的规则没有提及前述两个方面。

要解决类似这些内部融贯性不足的问题，需要从两个方面入手：一方面，在纵向上要解决不同时期出台的刑事证据规则不相一致的问题，如针对非法证据排除问题，先后出台的几个相关规定在非法证据排除范围、非法证据排除程序等问题上存在明显差异，需要相关机关进一步加以整合；另一方面，在横向上要解决公检法不同机关就同一问题不同规定的问题，如针对同一问题如电子证据、非法证据、技侦证据审查、同步录音录像移送等公检法先后出台的不同规定，需要通过协商或统一立法来弥合分歧。在具体解决形式上，一方面需要通过法律或者司法解释修订的方式予以理顺，对既有的多个刑事证据规范从整体上予以重新整合；另一方面在法律修订还未实现的情况下，可以通过司法解释或者司法判例指引等方式加以缓和。

四、结语

从更宏大的视野来看，刑事证据制度的体系化塑造其实是中国特色社会主义法律体系建构的一个组成部分。党的十八届四中全会决议提出，“全面贯彻证据裁判规则，严格依法收集、固定、保存、审查、运用证据，完善证人、鉴定人出庭制度，保证庭审在查明事实、认定证据、保护诉权、公正裁判中发挥决定性作用”，“健全落实罪刑法定、疑罪从无、非法证据排除等法律原则的法律制度”。正是在这个背景下，我国刑事证据制度的体系化塑造得到了实质性的提升。但与此同时，我们也应该看到，在刑事证据改革快速推进的同时,也给刑事证据制度体系化带来了非常重大的困难。一方面,这种困难源于证据法面对的是整个中国法律体系有限的时间和空间。正如法理学者所观察到的,当代中国法律体系的各个因素在时间与空间上的张力,使法律体系的融贯化显得尤为困难,而不断转型的动态变化,也使这种融贯化活动在历时和共时两个方面显现出突出的裂痕。[①] 另一方面,刑事证据制度体系化的困难也是证据法这一部门法本身与生俱来的特性所导致的,这一点在前面已经进行了充分的论述。

尽管面对这样的双重困难,我国刑事证据制度在过去的 10 多年里仍然在体系化塑造方面取得了很大的成就,初步建立起了具有中国特色的刑事证据制度体系。这一证据制度体系不仅容纳了不断涌现的刑事证据法规范,而且为证据制度特别是刑事证据制度的体系化探索了一种不同于英美法系国家的中国方案。这一方案在基础原则、分布格局和基本架构上都具有很强的中国特色,展现了对刑事证据规范加以组织重构的另一种可能性。尽管这一方案还存在诸多的隐患,但随着刑事证据制度改革的推进,随着刑事证据规范在既有法律体系中的不断磨合,我国的刑事证据制度体系也必然会不断地优化。

---

① 参见雷磊:《融贯性与法律体系的建构——兼论当代中国法律体系的融贯化》,载《法学家》2012 年第 2 期。

下编：
刑事证据制度改革前沿问题

第五章　刑事诉讼专家辅助人制度的变革与优化

一、一个条款和两个案件

2012年在修正我国《刑事诉讼法》时，立法者在第192条增加了1款新规定："公诉人、当事人和辩护人、诉讼代理人可以申请法庭通知有专门知识的人出庭，就鉴定人作出的鉴定意见提出意见。"这个新条款赋予了控辩双方申请"有专门知识的人"出庭对鉴定意见"提出意见"的权利，这一修改仅仅是众多辩方权利扩张的一个例子而已。这一条款很快便因为在一系列具有重大影响的案件中被频频适用引起了各方的关注。

这一系列案件中，令人尤为关注的是福建念斌案和上海林森浩案。2014年8月22日，广为社会关注的福建念斌案由福建省高级人民法院作出终审判决，福建省高级人民法院撤销了福州市中级人民法院的有罪判决，判决上诉人念斌无罪。在该案漫长的办理过程中，一个重要的转机就是辩方律师邀请了多位专家加入辩护团队，对控方有关中毒过程相关证据的鉴定提出重要疑问，动摇了控方的证据基础。[①] 由此可见，法庭科学专家在该案的事实认定和法庭辩护中发挥了重要的作用，而这些专家在

---

① 相关情况的介绍参见刘长：《念斌案"神鉴定"，香港专家惊呆了》，载新浪博客，http://blog. sina. com. cn/s/blog _ 52f113450101cyai. html，最后访问时间：2017年6月15日。

诉讼过程中所扮演的角色就是2012年《刑事诉讼法》第192条规定的“有专门知识的人”,也被称为“专家辅助人”。[①] 作为一个具有重大影响的案件,福建念斌案充分展现了专家辅助人在刑事审判中的重要作用。几乎在同一时间,上海复旦大学研究生林森浩因为涉嫌投毒致室友死亡而引发国内外关注。对于林森浩的投毒行为与被害人的死亡之间是否存在因果关系,控辩双方存在重大争议。针对控方的结论,辩方的专家辅助人在二审中提出了与鉴定意见完全不同的颠覆性意见,认为死者致死原因并非投毒,而是爆发性乙型病毒性肝炎致急性肝坏死,对被害人的死亡原因提出了全新的解释,引起了社会的广泛关注。[②]

同一条款、同一制度在两个几乎同时进行的影响性案件中引发了截然不同的反响,在一个案件中被认为有力地协助法官查明案件事实,在另一案件中却被认为引发了多重鉴定,这其中的反差耐人寻味。之所以会出现这样的反差,从根本上说与专家辅助人制度在刑事诉讼中的定位模糊有着非常重要的关系。作为一项在刑事诉讼法中确立的新制度,专家辅助人制度在现有的刑事诉讼制度中是怎样的定位?专家辅助人制度在司法实践中的运行状况如何?这一制度与原来的刑事诉讼制度体系之间如何更好地衔接才能在司法实践中最大限度实现立法者的良好意图?这一系列问题是本章所关注的核心问题。从刑事证据制度的成长规律来看,新制度的创设仅仅是第一步,其需要在司法实践中不断地激活、磨合、调试才能长成参天大树。[③] 因为语词的内涵与外延只有在个案中才能得以显现,制度的实效只有在实际运行中才能得以显现,制度的实际样态只有在司法实践的磨砺中才能最终长成;为此,本章将从制度背景、制度体系以及制度改进三个维度对新确立的专家辅助人制度进行

---

① 专家辅助人这一概念并非一个法定概念,而是学术界和鉴定界的一个常用称谓。专家辅助人既非我国传统意义上的鉴定人,也与英美国家一般意义上的专家证人有所区别。关于该术语来源的一个讨论,参见李学军、朱梦妮:《专家辅助人制度研析》,载《法学家》2015年第1期。

② 相关报道参见《复旦投毒案二审,死因成控辩焦点》,载中青在线,http://www.qianhuaweb.com/content/2014-12/09/content_5457393.htm。

③ 参见陈瑞华:《刑事诉讼的前沿问题》(第5版),中国人民大学出版社2016年版,第110~111页。

审视,希望借此厘清这项制度的内涵与基本运行状况。

二、专家辅助人制度引入的背景与动力

从我国刑事诉讼制度发展演变的历程来看,专家辅助人制度能为立法所确立,其实是经历漫长制度变革之后的一个结果。1979年之后,我国在公检法系统恢复和重建了司法鉴定系统,逐渐形成了公检法内设为主、院校为辅的司法鉴定队伍结构。①

(一)刑事专业问题判断传统格局的三个特征

第一,公检法三机关事实上主导了刑事案件鉴定的启动权。1996年《刑事诉讼法》第119条规定:“为了查明案情,需要解决案件中某些专门性问题的时候,应当指派、聘请有专门知识的人进行鉴定。”这条明确了鉴定的启动方式和启动条件。该条尽管没有指明主语,但“查明”“指派”等词隐含的一个意思无疑是将其主体局限于公检法等具有查明案件义务的机构。第121条规定:“侦查机关应当将用作证据的鉴定结论告知犯罪嫌疑人、被害人。如果犯罪嫌疑人、被害人提出申请,可以补充鉴定或者重新鉴定。”第159条规定:“法庭审理过程中,当事人和辩护人、诉讼代理人有权申请通知新的证人到庭,调取新的物证,申请重新鉴定或者勘验。法庭对于上述申请,应当作出是否同意的决定。”这就意味着,在刑事诉讼过程中,当事人如果要启动鉴定,只能向公检法机关提出申请。其后果就是在一些个案中会导致办案机关忽视当事人一方申请启动鉴定的诉求。2006年陕西邱兴华案中,因法院拒绝被告人家属的启动精神病鉴定申请而引发了社会舆论的轩然大波。② 2007年黑龙江代义因为质疑侦查机关出具的死亡鉴定报告甚至不惜“以身试药”。之所以会发生这些案件,其中一个重要原因就是办案机关垄断了刑事诉讼过程中的鉴定启动权,这些事件的发生及其引发的广泛关注也在一定程度上对现有规则

---

① 相关历史参见常林:《司法鉴定专家辅助人制度研究》,中国政法大学出版社2012年版,第1~10页。

② 相关报道参见柴会群:《专家:应为邱兴华做司法鉴定避免酿成错案》,载南方报业网,http://news.163.com/06/1130/09/315TH88700011SM9_4.html,最后访问时间:2016年10月24日。

提出了疑问和挑战。

第二,司法鉴定的质量控制主要依赖于公检法之间的内部制约机制。在刑事诉讼过程中,对侦查机关出具的鉴定意见,检察院、法院可以自行启动鉴定程序,让自己机关里的鉴定人员进行审查。法院内设司法鉴定机构变更原鉴定意见的,公安、司法人员和原鉴定人有异议时,可以提交上级公检法部门进行重新鉴定,必要时可以组织全国同行或同地区专家进行鉴定。由此,公检法的鉴定人员之间以及同一系统的上下级鉴定机构之间形成了内部的相互制约关系,对鉴定意见的质量形成了监控体系。因此,司法鉴定的基本体制与我国流水线的纵向刑事诉讼构造相一致,司法鉴定的质量审查主要依赖于公检法内部的制约作用。[①] 司法人员对司法鉴定意见的"守门人"职责完全让渡给鉴定人员,依赖司法鉴定制度的自发性调节。[②] 但是,随着司法鉴定体制改革的推进,法院与检察院附属的司法鉴定队伍被剥离出来,法院无法再依赖自己的鉴定人员对侦查机关的鉴定意见进行实质性审查。[③] 这场改革的初衷是增强司法鉴定的中立性和独立性;但由于侦查机关的司法鉴定队伍并未实现社会化改革,占鉴定人员队伍总数的80%以上的人员依然附属于公安机关。这种变革的不彻底性带来的一个负面结果是,法院无法再依赖法院系统的鉴定人员对侦查机关出具的鉴定意见进行审查,导致传统上法院对侦查机关司法鉴定的制约被大大削弱了。虽然法院在撤销内设鉴定机构之后仍然可以通过委托社会鉴定机构重新鉴定,但在委托频率上必然受到很大限制,这就意味着传统上对司法鉴定质量进行控制的制约机制已经失去了平衡。

第三,当事人一方影响专业问题判断的途径受到很大的限制。首先,由于鉴定的启动权主要掌控在公检法三机关的手里,当事人尤其是被告人一方如果质疑鉴定结论,就需要求助于其他专家。在司法实践中,许多司法鉴定机构往往不愿意受理由辩方提出的鉴定

---

① 参见陈瑞华:《刑事证据法学》,北京大学出版社2012年版,第152~153页。

② 参见常林:《司法鉴定专家辅助人制度研究》,中国政法大学出版社2012年版,第47页。

③ 《全国人民代表大会常务委员会关于司法鉴定管理问题的决定》第2条。

委托。[①] 其次，由于律师介入刑事诉讼过程一般都是侦查机关取证完毕之后，我国较高的审前羁押率导致检材或者鉴定对象往往都控制在侦控方手里，辩方缺乏进行鉴定的基本条件。[②] 最后，即便具备鉴定条件，而且也进行了鉴定，辩方所邀请的专家更多也只能是在庭外提供咨询意见，无法出庭对鉴定意见进行质证，这种庭外提供的咨询意见往往在庭上得不到重视与采纳。在种种约束条件下，在司法鉴定问题上，控辩双方的力量是失衡的，辩护方对专门问题的鉴定判断几乎毫无制约作用。在司法鉴定体制改革转型的大背景下，检法对侦查机关司法鉴定的制约作用被大大削弱，辩方在司法鉴定上的话语权又受到种种制约，其结果便是侦查方的鉴定意见“一家独大”。因此，出现了一种转型困境。引入新制本是为了抑制旧制的弊端，但新制无从良好地运作，旧有的秩序却已遭到破坏，结果是新旧两方面的弊端都集中呈现出来。

（二）刑事专业问题判断基本格局的变革

1. 专业问题判断频频失误对传统格局的冲击

首先冲击传统公权力垄断专业问题判断格局的是司法实践中出现的刑事错案。在这些刑事错案中，检控方的专家鉴定意见成为错案形成的“源头”，从而引发了刑事诉讼中专业问题判断的制度变革。司法鉴定传统的质量控制机制正逐步失去作用，而控辩方式对司法鉴定却未能达成有效的质量控制，带来的一个直接后果就是侦查方在鉴定环节上出现失误并导致刑事错案的发生。在目前已经曝光的刑事错案中，有许多错案与鉴定环节出现的问题密切相关。这些专业问题大致可以分为以下几类：一是应作鉴定而未作鉴定。在许多错案中本来应该进行鉴定的证据材料由于种种原因未予鉴定。这有的是因为当地技术条件限制，比如在内蒙古的呼格吉勒图案件中，作为关键证据的精液因为当地技术条件限制而未予鉴定；也有的是公检法机关有意的不作为，比如安徽的于英生

---

① 参见张军、姜伟、田文昌：《新控辩审三人谈》，北京大学出版社 2014 年版，第 85～95 页。

② 参见左卫民等：《中国刑事诉讼运行机制实证研究》，法律出版社 2007 年版，第 88 页。

涉嫌杀妻案中,没有对真凶在犯罪现场遗留的两枚重要指纹进行鉴定。[①] 二是证据保管链条的缺失。在侦查阶段证据收集与保管过程中忽略证据保管链条的完整性,保管链条断裂甚至证据丢失。比如在福建念斌案中,作为关键证据的水壶提取过程完全不清楚,现场勘验提取的大量证据都未出现在后续的证据清单中。[②] 三是鉴定过程发生错误。这既有可能是操作规程的错误,比如福建念斌案中同一质谱图被用于多种用途,严重违反了毒物鉴定中的操作规程;还有的是技术方法运用不当导致的错误,比如在姜自然案、蔡金森案、马廷新案等多个案件中反复用到的足迹鉴定就是一种错误概率很高的鉴定方法。四是鉴定结果的错误评估和错误使用。像血型鉴定结果尽管可以作为证据使用,但其本身具有一定的盖然性幅度,这一幅度在内蒙古的呼格吉勒图案和河北承德的陈国清案中都未能得到准确的评估,以至于最终酿成错案。

2. 科技证据时代对法官的挑战

在当前的刑事审判中,作为裁判者的法官在科学问题的判断上正面临巨大的挑战。检控方所提供的鉴定意见的可靠性越来越被法官质疑。刑事诉讼过程中鉴定环节出现问题的原因极为复杂:既有体制上公检法之间的协调问题,也有设备经费等基础设施问题,还有技术本身的局限性以及操作规程、主体适格性等原因。无论其错误原因如何,这些错案本身表明司法鉴定的可靠性正在遭受严峻的挑战。司法鉴定环节的频频失误促使法官和检察官的观念发生深刻的变化——不再把侦查机关的司法鉴定结论视为权威的、理所当然的既定结论。[③] 在这一背景下,2012 年《刑事诉讼法》修改时,将作为证据种类的"鉴定结论"修改为"鉴定意见",以凸显对司法鉴定环节进行审查的必要性。在证据规则上也进一步强化了对侦

---

① 相关报道参见贾鹏安:《于英生,17 年洗出的清白》,载《新京报》2014 年 5 月 29 日,A24 版。

② 相关报道参见罗洁琪:《念斌案第三次二审,警察承认违法取证》,载财新网,http://china. caixin. com/2013 - 07 - 09/100553529_all. html。

③ 参见张军、姜伟、田文昌:《新控辩审三人谈》,北京大学出版社 2014 年版,第 254 ~ 255 页。

查机关鉴定意见的审查。2010 年最高人民法院等五机构颁布的《死刑案件证据规定》中第 23 条规定，应该从鉴定主体的适格性、鉴定程序的合法性、检材保管的完整性、鉴定方法的科学性、鉴定意见的形式合法性等多个方面对鉴定过程进行审查。第 24 条确立了违反上述规定的鉴定意见的排除规则。这就从实体层面完善了鉴定意见的审查规则。

刑事审判面临科技时代的挑战，越来越多的刑事案件涉及大量的专业性问题。比如，在 2016 年审理的快播传播淫秽物品牟利案中，涉及大量的电子证据、网络证据知识，对公诉人、法官等都提出了巨大的挑战。在司法鉴定体制改革的背景下，更多的希望只能寄托于辩方对控方提供的司法鉴定意见的质疑与审查，通过控辩之间的对抗强化对鉴定意见的审查。在这样的背景下，专家辅助人制度“登堂入室”，进入刑事审判成为正式的制度。因此，可以说我国刑事诉讼中专家辅助人的确立有其独特的背景，是司法鉴定体制变革与诉讼模式转型背景下不得已而进行的一种制度变革，其制度样式和运行也深深嵌入这个背景中。

三、嵌入制度系统的专家辅助人制度：定位与特征

2012 年《刑事诉讼法》的修改，进一步从程序上引入“有专门知识的人”对鉴定意见本身提出意见。但是，专家辅助人这一新制度还存在许多问题，比如具有专门知识的人是指什么样的人？是否需要相应的准入资格？他们在刑事司法程序中如何定位？这一系列问题在学理层面出现了许多争议。[①] 但是目前的研究基本上都忽略了这个制度在我国刑事司法语境中的历史延续性问题，将其看成一个全新的制度，以英美法系的专家证人制度为参照对我国的专家辅助人制度进行对比式批判。如果将该制度放置于历史演进的视角来看，就会发现该制度目前的许多特征其实恰恰是其在制度演进过程中的必然产物。

---

① 参见陈心歌：《论刑事诉讼中专家辅助人制度——以实践功效、理论争鸣与立法完善展开》，载《中国司法鉴定》2015 年第 2 期；郭华：《刑事诉讼专家辅助人出庭的观点争议及其解决思路》，载《证据科学》2013 年第 4 期。

(一)规范体系中的"有专门知识的人"

"有专门知识的人"是一个比较含糊的表述,首先需要将其置于刑事诉讼法的整个法律体系中加以理解。早在1979年《刑事诉讼法》中就出现了这一表述。1979年《刑事诉讼法》第71条规定:"侦查人员对于与犯罪有关的场所、物品、人身、尸体应当进行勘验或者检查。在必要的时候,可以指派或者聘请具有专门知识的人,在侦查人员的主持下进行勘验、检查。"第88条规定:"为了查明案情,需要解决案件中某些专门性问题的时候,应当指派、聘请有专门知识的人进行鉴定。"这样两个条文在1996年和2012年《刑事诉讼法》两次修正中都被完整保留,在2012年分别成了《刑事诉讼法》第126条和第144条。在2012年《刑事诉讼法》修改中,仅增加了第192条第2款。这些是2012年《刑事诉讼法》中出现"有专门知识的人"这一表述仅有的三个条款。

因此,从《刑事诉讼法》发展的历史及其整体规范体系来看,可以说明三点。

第一,"有专门知识的人"的外延要广于传统中的鉴定人。以2012年《刑事诉讼法》第126条为例,根据该条款规定,侦查人员"在必要的时候,可以指派或者聘请具有专门知识的人,在侦查人员的主持下进行勘验、检查"。这里的"有专门知识的人"包含两种人:一种是侦查机关可以指派的,这是指附属于侦查机关的鉴定人员;另一种是需要聘请的,这里就是指侦查机关以外的社会上或其他机关的专业人员。所以,至少从文义解释来看,"有专门知识的人"应该包含鉴定人和专家辅助人两类。

第二,从《刑事诉讼法》的发展历程来看,侦查机关和检察机关、审判机关原来就有权在勘验、检查或鉴定活动中指派或聘请"有专门知识的人"就专业问题提供意见。2012年《刑事诉讼法》修改最大的一个突破是将这个权力主体的范围扩大至公诉人、当事人和辩护人、诉讼代理人,赋予他们申请法庭通知有专门知识的人出庭作证的权利。同时对这些有专门知识的人的作用范围进行限制,要求他们只能就鉴定人的鉴定意见提出意见。

第三,"有专门知识的人"在刑事诉讼不同阶段的作用范围不同。在侦查阶段,侦查机关可以在勘验、检查或鉴定过程中指派或聘请有专门知识的人。在审判阶段，案件中的专门性问题需要鉴定，但没有法定司法鉴定机构，或者法律、司法解释规定可以进行检验的，法院可以指派、聘请有专门知识的人进行检验，检验报告可以作为定罪量刑的参考。[①] 对于控辩双方而言，申请“有专门知识的人”出庭就只能是对鉴定意见本身提出意见。

因此，之所以对“有专门知识的人”的定位出现各种争议，与其本身在我国刑事诉讼法体系中的这种变动性有很大的关系，其定位随着不同的诉讼阶段、不同的指派或不同的委托主体以及不同的时间段而有所差异。在我们谈及刑事司法系统中的“有专门知识的人”时，只有事先对诉讼阶段和委派主体进行界定，才能作一个比较清晰的定位。基于前述原因，可以根据 2012 年《刑事诉讼法》第 192 条第 2 款的规定，将本章讨论的专家辅助人界定为审判阶段由控辩双方委托的“有专门知识的人”。

（二）在引入与限制之间的立法控制

2012 年《刑事诉讼法》第 192 条体现了立法者对将专家辅助人引入刑事审判阶段持一种谨慎态度。这主要体现在四个方面：第一，本条款仅仅赋予控辩双方申请专家辅助人出庭的权利，但最后是否允许出庭则是由法庭作出是否批准的决定。这样的权力配置结构赋予了法庭最后的判断权和控制权，避免了一些法官所担心的因为专家辅助人的出庭带来的审查负担剧增等负效应。专家辅助人的新制度引入刑事审判的效果如何，无论是立法者还是司法者都还不甚清楚。第二，可以申请的专家辅助人人数。2012 年《刑诉法解释》给予了明确的限定，该解释第 217 条第 2 款规定：“申请有专门知识的人出庭，不得超过二人。有多种类鉴定意见的，可以相应增加人数。”第三，对于出庭的专家辅助人的作用范围，《刑事诉讼法》也进行了明确的限定。2012 年《刑事诉讼法》第 192 条规定专家辅助人在这个阶段出庭的作用范围是“就鉴定人作出的鉴定意见提出意见”。换言之，专家辅助人出庭的目的是针对既有的鉴定意见提出意见，而非重新提出一份独立的专家意见。第四，专家辅助人作出的专家意见不属于法定的证据种类，其证据地位不甚明确。

---

① 参见 2012 年《刑诉法解释》第 87 条。

对专家辅助人在审判阶段的诸多限制反映出立法者的谨慎态度与矛盾心态。从前述的立法背景和演进过程来看，我们不难理解这种立法上的模糊态度。一方面，控方证据在鉴定环节不断出错的现象使得立法者不得不对控方鉴定意见进行严格的审查，逐步强化法庭对鉴定意见的“看门人”职责。但是司法鉴定体制改革又使得法官无法借助本系统的鉴定人员对鉴定意见进行审查，而只能借助辩方的力量实现对控方鉴定意见的有效制衡。因此，立法上就必须向辩方开启申请专家辅助人出庭的“大门”，以便通过辩方的专家辅助人实现对控方鉴定意见的有效质证，最终使案件质量得到有效的控制。① 但另一方面，如果对辩方的专家辅助人作用范围与证据地位不做限定，使其与控方的鉴定意见处在完全相同的地位，又有可能带来多头鉴定、重复鉴定等一系列问题。多头鉴定、重复鉴定问题恰恰是近些年来在司法实践中不断引发鉴定纷争的一个源头。② 一些调研报告发现，“法官希望获得的是一个权威而公正的结论性鉴定意见，而一般不希望通过专家辅助人的介入来增加审查负担”。③ 因此，制度设计者小心翼翼地界定专家辅助人的作用范围，避免因为引入专家辅助人制度而带来的多头鉴定问题。

立法上的这种谨慎态度也是源于对刑事诉讼中专业问题判断的“党派性”（partisanship）与“公正性”之间的一种微妙平衡。这里所谓的“党派性”，是指控辩双方基于其自身不同的立场对专业问题判断可能产生的偏见性影响。刑事审判阶段的专家辅助人是由控辩双方申请提出的，费用由申请方承担，因此其专家意见必然带有一定的“党派性”，必然会产生类似于英美法系专家证人所具有的“党派性”偏见。④ 比如，在澳大利亚的一份调查报告中，88% 的

---

① 在英国刑事审判历史上，法官曾经为了抑制错案的发生，而让辩护律师进入审判领域。这一段历史可以参见［美］兰博约：《对抗式刑事审判的起源》，王志强译，复旦大学出版社 2010 年版，第 134 ~ 148 页。

② 在湖南黄静案、湖北邓玉娇案和黑龙江代义案等一系列引起社会广泛关注的案件中都出现了重复鉴定的问题。

③ 常林：《司法鉴定专家辅助人制度研究》，中国政法大学出版社 2012 年版，第 296 页。

④ See Jennifer Mnookin, *Expert Evidence, Partisanship, and Epistemic Competence*, Brooklyn Law Review, Vol. 73. 2, 587.

法官和69%的基层司法工作者认为专家偏私当事人的现象频发。[①] 在美国的刑事错案中，检察官对专家意见有意无意地“误导性”使用也是刑事错案的一个重要成因。[②] 在我国，由于刑事审判中的鉴定意见主要是由控方提供的，所以这一制度最大的受益者就是辩方。辩方影响专业问题判断的途径非常有限，专家辅助人制度的引入客观上使辩方具备了质疑控方鉴定意见、影响专业问题的重要方式。因此，法庭一方面要防范控方提交的鉴定意见可能存在的诸多问题，另一方面也须避免专家辅助人可能产生的偏见性影响。特别是在司法鉴定体制改革的转型阶段，专家辅助人提供的证据可能良莠不齐。立法上对专家辅助人制度的首要期待是其辅助法官对案件专业问题进行判断，通过对鉴定意见提出意见使法官能够更好地履行对鉴定意见的审查把关职责。在满足这一前提功能的情况下，才能实现对控辩双方特别是辩方诉讼权利的保障。这两者之间尽管很多时候是相互重合且相互促进的，但是在两者出现冲突时，立法上的这种功能期待前后顺序就会显现出来。

（三）审判阶段专家辅助人制度的基本特征与潜在风险

这个基本定位对专家辅助人具体的制度特征产生了深刻的影响。诚然，作为一项新的制度，专家辅助人制度在立法体系下的内涵和外延上尚不完全清晰。但是从现有规定来看，我国的专家辅助人在刑事诉讼中的角色既不等同于欧洲大陆法系的鉴定人，也与英美法系的专家证人存在种种差异，带有很强的中国特色。2012 年《刑事诉讼法》第 192 条第 4 款规定，第 2 款规定的有专门知识的人出庭，适用鉴定人的有关规定。这种相对含糊的表述，使得专家辅助人制度呈现一系列独特的“面向”。其基本特征体现在以下三个方面：

首先，从准入标准来说，哪些主体可以作为“有专门知识的人”来进入刑事审判，法律缺乏明确的规定和相应的标准。目前法律仅针对鉴定意见的主体准入作了一些限定，而对这些专家辅助人的主

① 参见［澳］布鲁斯·托马斯·兰德尔：《澳大利亚联邦法院对专家证据的采纳》，汪诸豪译，载《证据科学》2014 年第 5 期。

② See Paul C. Giannelli & Kevin C. McMunigal, *Prosecutors, Ethics and Expert Witness*, 1494 Fordham Law Review, Vol. 76.

体资格和准入标准没有明确的规定。尽管2012年《刑事诉讼法》第192条第4款规定要适用鉴定人的有关规定，但在专家辅助人的主体资格上，目前的主流观点是这些专家辅助人不需要具备鉴定人资格，其应该有别于鉴定人，是对鉴定人知识的一种补充，过于限定专家辅助人的资格将会把许多具有实际专业知识的人排除在外。[①] 在专业知识的准入标准上，目前并无明确的标准。[②] 我国《刑事诉讼法》及其司法解释仅对鉴定意见的审查提出一些要求，2012年《刑诉法解释》第85条主要从鉴定人、鉴定机构资质、送检材料瑕疵、鉴定程序、鉴定过程和方法、鉴定文书等方面进行了限定。对于鉴定人从事鉴定活动所依赖的知识，法律没有明确的要求；对于专家辅助人运用知识的要求更是缺乏规定。相比而言，无论是在弗赖伊案件中确立的普遍接受标准还是在多伯特案中确立的可靠性标准，美国在专家证人准入方面确立了相对明确的标准。[③] 美国对专家证人并不要求其具有形式上的资质，更多是由法官对出庭的专家证人和专业知识是否具备基本的科学性和可靠性作出判断。《澳大利亚证据法典》第79条对专家证人可采性的基本门槛提出要求："如果某人基于其训练、学习或经验，掌握有专门知识，那么对全部或主要基于该专业知识的该人意见证据不适用本法的意见规则。"专家辅助人资格和知识准入门槛的模糊带来的潜在风险是大量良莠不齐的专业性信息可能会涌向法庭，使法庭在信息的甄别方面存在巨大压力。

其次，从引入的程序来说，这些专家辅助人出庭的准入受到法院的严格控制。这主要表现在三个方面：(1)专家辅助人的出庭控

---

① 全国人大常委会法制工作委员会刑法室在相应解释中认为不需要做出限定。参见全国人大常委会法制工作委员会刑法室编：《关于修改中华人民共和国刑事诉讼法的决定：条文说明、立法理由及相关规定》，北京大学出版社2012年版，第228页。实务部门的一些同志也同意这一观点，比如，最高人民法院原副院长张军就认为不需要做出限定，参见张军、姜伟、田文昌：《新控辩审三人谈》，北京大学出版社2014年版，第68、267页。

② 全国人大常委会法制工作委员会的解读仅仅提出，只要对相关鉴定事项具有相当的专业知识即可。参见全国人大常委会法制工作委员会刑法室编：《关于修改中华人民共和国刑事诉讼法的决定：条文说明、立法理由及相关规定》，北京大学出版社2012年版，第228页。

③ 关于这两个标准的详细讨论，参见[美]罗纳德·J.艾伦等：《证据法：文本、问题和案例》(第3版)，张保生等译，满运龙校，高等教育出版社2006年版，第727～748页。

辩双方只有申请权,批准权在法院。控辩双方都可以向法院提出申请专家辅助人出庭的请求,并且要说明申请的理由。法院审查后认为有必要的,应当通知有专门知识的人出庭。因此,专家辅助人是否能够出庭完全取决于法官的审查。(2)对准入与否的审查标准相对比较模糊。对专家辅助人出庭的申请是否批准,法官审查的标准是“认为有必要”。哪些情形属于“有必要”,法律上有些语焉不详。这种标准的含糊性实际上赋予法官较大的裁量权;控辩双方只能提出申请权,一旦被驳回,缺乏相应的救济途径。(3)如前所述,对专家辅助人的数量,原则上也限制在 2 个。从某种意义上来说,对专家辅助人从程序上进行严格控制其实是对前述专家辅助人资格和知识低门槛的一个有效补充。正因为没有对专家资格和知识进行限定,所以为了避免可能存在的风险,立法者将程序的最后控制权赋予法官,让法官裁量决定是否批准专家辅助人出庭。这种设置带来的一个潜在危险是法院拥有较大的裁量权力,却没有必要的标准或原则指引其如何行使这一权力,其结局可能导致法院滥用裁量权。

最后,从专家辅助人的作用范围与效力来看,专家辅助人也受到了一定的限定:(1)从专家辅助人的作用范围来看,专家辅助人出庭只能就鉴定意见提出意见。2012 年《刑事诉讼法》第 192 条第 2 款将专家辅助人出庭的任务限定于“就鉴定人作出的鉴定意见提出意见”。这一条款一方面允许专家辅助人出庭对鉴定意见提出质证意见,帮助法官审查专业性的鉴定意见,从而避免鉴定意见可能存在的错误;但另一方面它也限制专家辅助人作出一个与既有鉴定意见完全独立的专业判断。(2)从专家辅助人意见的效力来说,专家辅助人意见属于辅助证据而不是实质证据。所谓实质证据,是指能够用于证明案件待证事实的证据;所谓辅助证据,是指用于加强或弹劾某一实质证据之可信性的证据。① 由于专家辅助人主要针对鉴定意见提出意见,因此,专家辅助人的意见不属于实质证据,而是作为法官甄别实质证据的参考。这种意见如果能够被法官采

---

① 关于实质证据与弹劾证据的区分,参见陈瑞华:《刑事证据法学》,北京大学出版社 2012 年版,第 389 页。

纳，其后果就是使其所针对的鉴定意见本身受到法官质疑甚至不能被采信，该鉴定意见将不能作为定案的根据。因此，专家辅助人出庭后所出具的意见实际上主要起到一种“弹劾”的作用，也就是从主体资格、鉴定过程、检材、鉴定意见形式等多个角度弹劾鉴定意见，动摇其可信性。(3)专家辅助人意见从证据类型来看并不清楚。在立法层面上，我国2012年《刑事诉讼法》第48条在罗列法定证据种类时并没有专家辅助人意见，而专家辅助人意见也不属于传统上“知道案件情况”的“证人证言”。因此，可以说我国目前的法律体系中，专家辅助人意见作为一类独立证据的法律地位尚不明确。

四、专家辅助人制度的改进路径

在律师的执业活动中，申请专业人士对控方鉴定意见进行质证这种实践在2012年《刑事诉讼法》修改之前已经存在。一批富有经验的刑事辩护律师在其执业活动中申请过专业人士出庭协助辩方律师对控方鉴定意见进行质证。[①] 从2012年《刑事诉讼法》实施开始算起，审判阶段专家辅助人出庭制度已经运行了一段时间。在这几年中，一些辩护律师积极运用这一制度，在许多案件中通过申请专家辅助人出庭协助质证，不断激活着该制度的运转。在这些案件当中，比较有代表性的包括黄山警察职务犯罪案(2012年)、福建念斌案(2014年)、上海林森浩案(2014年)等几个具有社会重大影响的案件。一项制度的具体效果只有在其运转的过程中才能显现出来，而这些具有重大社会影响的案件恰恰为我们提供了一些难得的观察样本。在这一系列案件中，专家辅助人制度显示出制度优势，初步实现了运用该制度辅助法官实现对控方鉴定意见进行质证的改革初衷。立法者在制度设计过程中遗留的模糊与缺陷也只有通过具体的制度运行才能不断地被发现。针对目前专家辅助人制度在实践中的问题，可以从以下四个方面提出改进路径：

---

① 参见田文昌、陈瑞华：《刑事辩护的中国经验》，北京大学出版社2012年版，第227～229页。

(一)专家辅助人的基本定位应进行适度扩张

在当前的司法实践中,专家辅助人至少发挥三重作用:首先,专家辅助人的庭外意见与出庭活动可以有效地质疑控方鉴定意见,防止鉴定意见中出现问题。这是2012年《刑事诉讼法》第192条设定的最重要作用,在实践中得到了较好的发挥。以福建念斌案为例,我国香港特别行政区资深毒理专家莫景权对警方提供的质谱图进行审查时发现了警方鉴定中的重大纰漏:同一份质谱图,既被充当心血样本,又被充当尿液样本;另一份质谱图,原本是实验室毒物的样本图,却被拷贝成为死者检验物的检测图。像这种专业领域的错误,假如没有专家辅助人的有效质疑,仅依靠法官和辩护律师的专业知识恐怕很难发现。其次,除了对鉴定意见进行质疑之外,在一些案件中,专家辅助人在某种意义上还承担着为法官提供专业知识辅助的作用。以黄山警察职务犯罪案件为例,该案的一个关键争议点在于被害人是否因刑讯逼供而死。开庭时,法医给法庭提供了一个文字版意见。出庭之后,专家辅助人主要回答四个问题:被害人是不是被冻死的?被害人是不是被饿死的?被害人是不是被刑讯逼供致死的?被害人的死亡原因究竟是什么?[①] 从此案可以看出,专家辅助人并不仅局限于对鉴定意见进行质证,他还对此案中的一些疑难专业问题提出意见。在这个案件中,专家辅助人扮演的角色类似于欧洲大陆法系国家(如德国、瑞士等)服务于中立法官的"专业的法庭科学顾问"。[②] 最后,专家辅助人还可以应控方要求就指控中的某一个专业问题提供专业意见。比如在笔者调研的某一起食品安全的犯罪中,控方就邀请某位食品科学专家以专家辅助人身份出庭对食品犯罪行为的危害性提供专业判断意见,取得了很好的庭审效果。

很显然,上述三种作用中只有第一种角色与2012年《刑事诉讼法》第192条第2款设定的角色要求相符合,第二种、第三种则超出了立法所设计的角色要求。从司法实践效果来看,第二种、第三种

---

① 参见朱明勇:《无罪辩护》,清华大学出版社2015年版,第168页。

② Andrew W. Jurs, *Balancing Legal Process with Scientific Expertise: Expert Witness Methodology in Five Nations and Suggestions for Reform of Post-Daubert U. S. Reliability Determinations*, 1387 Marquette Law Review, Vol. 95.

角色尽管突破了立法要求,但并没有带来法庭的失控,而是更多地服务于公检法查明案情的需要。可以说,立法者最初担心专家辅助人的过度介入而产生的诸多问题似乎并没有发生。从比较法的视野来看,无论是英美法系的美国、大陆法系的德国还是混合法系的日本,在其立法中都为相对中立的专家角色预留了一席之地。在这种背景下,在我国刑事诉讼中保留相对中立的专家辅助人角色也是非常必要的,特别是在控辩双方就某一专业问题有争执时。在一些地方法院的试点中,已经有意识地将专家辅助人角色扩展到这一层面。比如,温州市中级人民法院发布的《关于刑事案件专家证人出庭若干问题的纪要》第 3 条明确规定,“需要专家证人出庭就案件涉及的其他专门性问题提出意见的”,也可以指派或聘请专家证人出庭。这一规定一定程度上反映了司法实践的实际需求。因此,有必要适度扩大 2012 年《刑事诉讼法》第 192 条第 2 款对专家辅助人基本定位的限制,不再将专家辅助人角色的作用局限在对鉴定意见提出意见方面,也可以就相关专业问题向法官提供专业意见。

(二)应进一步完善专家辅助人庭前准备的相关权利义务

首先,专家辅助人应被赋予获得有关鉴定意见基础性资料的权利。基础性资料是鉴定过程中生成的相关资料,体现了鉴定过程的推理过程,比如福建念斌案的血样检验过程中所生成的质谱图。为了更好地针对鉴定意见提出意见,专家辅助人需要进行充分的准备,其中最重要的是针对鉴定意见及其基础性材料进行研究。无论在黄山警察职务犯罪案还是在福建念斌案中,辩方的专家辅助人事前都进行了充分的准备,这是对控方鉴定意见进行有效质证的前提条件。现实状况却是侦查机关经常以侦查工作需要或者以保密为由拒绝专家辅助人查阅相关材料。[①] 正如福建念斌案所显示的,如果专家无法获得与鉴定意见相应的基础性材料,专家辅助人对鉴定意见的质疑往往会大打折扣。因为许多值得质疑的材料均隐藏在案件鉴定文书的原始档案中,只查看鉴定报告是不能深入发现问题

---

① 参见常林:《司法鉴定专家辅助人制度研究》,中国政法大学出版社 2012 年版,第 293 页。

的。如果在出庭之前无法获得针对鉴定意见的基础性材料，那么在准备不足的情况下仓促出庭，效果不会太理想。因此，一个需要明确的问题就是赋予辩方在开庭前获得有关鉴定意见及其基础性资料的权利，这样才能最大限度发挥专家辅助人的专业判断作用。前述《关于刑事案件专家证人出庭若干问题的纪要》第9条明确赋予专家辅助人“查阅鉴定意见或者其他涉及专门性问题的案卷材料”的权利，显然也是认识到赋予专家辅助人这一权利的重要性。与此同时，基于对等原则，专家辅助人也应该承担必要的披露义务，比如身份，资质，为形成意见所需的事实、数据、文件等。双方信息的适度披露，让鉴定人与专家辅助人都可以为庭审进行更充分的准备，以有效发挥庭审审查的作用。

（三）专家辅助人的准入标准应进一步明确

由于准入标准不清楚，而准入程序的启动又完全取决于法官对专家辅助人出庭必要性这一含糊标准的判断，这样辩方所提交的鉴定意见和专家辅助人能否被法庭所准入便处于一种不确定的状态。正如福建念斌案所显示的，面对这种不确定状态辩方只能再尽可能补充新的、更权威的专家鉴定意见，而这些条件在绝大多数案件中是不可能存在的。这就意味着，目前对于辩方来说，要利用好专家辅助人制度还需要构筑更为良好的制度空间。最高人民检察院正在起草的“关于指派或者聘请有专门知识的人参与诉讼的若干规定”第二章中对可以担任有专门知识的人的职称、任职年限、技能要求等都作了较为明确的规定。前述《关于刑事案件专家证人出庭若干问题的纪要》第4条第2款就规定“专家证人出庭申请书应附专家证人的个人信息以及能够证明该专家证人具有相关知识的证明材料，如职业资格、专业职称、从业经验等”。尽管这些规定依然比较模糊，但至少给法官和双方当事人以相对明确的准入要求，在这一方面迈出了重要的一步。

（四）专家辅助人在法庭中的程序细节应进一步明确

目前法律对专家辅助人出庭后应该以何种方式进行作证还没有明确的规定。在黄山警察职务犯罪案中，即便像刘良这样富有经验的法医，出庭担任专家辅助人时还是觉得“没有章法”，因为不清楚出庭之后的程序该如何展开。[①] 面对这些问题，目前在立法上还是比较模糊，实践中则是各行其是，很大程度上制约了专家辅助人制度效用的进一步发挥。在这一方面，地方的一些法院做出了有益的尝试。概括起来，目前有几个实验性规定在以下问题上基本作出了相同的规定：首先，在专家辅助人的申请与通知出庭程序上，都规定应该由控辩双方申请并提交具有固定格式的申请书，由法院进行审查批准。法院审查后如果不予批准，则赋予申请者进行复议的权利。其次，对出庭专家辅助人的权利义务进行了明确，赋予其对鉴定人进行询问并且发表意见的权利，同时也要求其遵守客观、独立的义务和保密义务。再次，对专家辅助人被询问的范围进行限定，主要限定在相关的专业问题上，不得就专业问题之外的其他问题进行询问。最后，基本上都规定了专家辅助人在接受询问之后必须退庭，不得旁听本案的其他审判环节，以免对其判断产生不必要的影响。不过，由于这些规定都只是实验性的，因此还存在一些冲突之处。比如，对专家辅助人能否进行诱导性询问，最高人民检察院的规定予以禁止，而成都市中级人民法院的规定是可以，温州市中级人民法院的规定则语焉不详。类似的冲突和模糊之处需要从全国层面做出统一性要求。

作为一项新的制度，《刑事诉讼法》的相关规定仅界定了这项制度的基本轮廓，其具体运行样态如何则取决于实际运行过程中相关主体之间的磨合。将专家辅助人制度引入刑事诉讼尤其是刑事审判中，与其说是对英美专家证人制度借鉴的结果，毋宁说是在传统公检法垄断专业问题判决基本格局备受冲击以及刑事诉讼中专业问题屡屡出现失误这双重压力下的一个必然选择。如果从比较法视野的角度来看，在刑事错案冲击下，如何调适刑事诉讼中专业问题的判断格局是许多国家都要应对的难题，共同的回应基本上都是在现有制度体系下进行谨慎的适度改革。新制度在运行之初难免会受到一些传统制度惯性的阻力，制度所涉各方之间的关系需要进一步磨合和理顺，许多制度细节还需要进一步完善。对于许多专

① 参见李蒙：《新刑诉法下专家辅助人首次出庭》，载《民主与法制》2013 年第 15 期。

业人士而言,以专家辅助人这一新角色参与到刑事诉讼中,无论是在职业观念还是在职业习惯上都需要一个调适的过程。正如前述黄山警察职务犯罪案、福建念斌案等一系列个案所展示的,控辩双方都是这一制度的积极使用者和推动者,他们的努力不断激活这一制度并且产生了积极的示范效应。当下应该做的则是从推动庭前获得鉴定相关材料、完善准入标准和出庭程序等方面构筑一个更为良好的制度环境。

第六章 刑事诉讼专门性证据的扩张与规制

在现代刑事诉讼中，裁判者主要借助自身的经验知识对案件所涉及的证据加以审查评估并在此基础上对案件事实问题作出判断。[①] 但随着社会分工的细化和科学技术的发展，裁判过程中经常会遇到一些超出办案者知识范围的专门性问题需要解决，比如毛发比对、血迹比对、被害人死因或伤残等级确定、被告人精神状况等问题。正如达马斯卡在20世纪末所预言的，“随着人类感官察觉的事实与用来发掘感官所不能及的世界的辅助工具所揭示的真相之间鸿沟的扩大，人类感官在事实认定中的重要性已经开始下降”。[②] 为了跨越这一专业鸿沟，在刑事诉讼中需要引入具有专门知识的专家提供相应的专门性意见以弥补裁判者对专门性问题认识能力的不足。[③] 由于专业鸿沟的存在，专家在专门性问题判断上的权威性地位与裁判者对案件事实认定的司法权力之间形成一种潜在的张力，对各

---

① 参见张保生：《证据法的理念》，法律出版社2021年版，第14页。

② [美]米尔建·R. 达马斯卡：《漂移的证据法》，李学军等译，中国政法大学出版社2003年版，第200页。

③ 参见汪建成、孙远：《刑事鉴定结论研究》，载《中国刑事法杂志》2001年第2期。

国司法裁判体系都构成了"根本性的挑战"。[①] 本书第五章所讨论的专家辅助人制度就是回应这种根本性挑战、辅助裁判者克服这种专业鸿沟的一种制度变革;本章将在第五章讨论的基础上对我国回应这种根本性挑战的另一种方式,也就是在司法解释层面扩张专门性证据范围进行探讨。

我国刑事诉讼中传统上主要通过引入司法鉴定解决专门性问题。我国2012年《刑事诉讼法》在侦查一章专门规定鉴定作为一种侦查手段,办案人员在需要解决专门性问题的时候,应当指派、聘请有专门知识的人进行鉴定;在证据一章中,将鉴定意见作为八种基本证据种类之一并在最高人民法院刑事诉讼法司法解释中对鉴定意见的审查判断标准、程序与方法作了详尽的规定。2021年《刑诉法解释》一定程度上打破了由鉴定意见垄断专门性问题判断的基本格局。2021年《刑诉法解释》第100条规定在一定情况下可以将"有专门知识的人就案件的专门性问题出具的报告"(以下简称"专门性问题报告")作为证据使用,第101条规定"有关部门对事故进行调查形成的报告"(以下简称"事故调查报告"),在刑事诉讼中可以作为证据使用。"事故调查报告"中涉及专门性问题的意见,经法庭查证属实,且调查程序符合法律和有关规定的,可以作为定案的根据。这就意味着,在传统的鉴定意见之外,在一定的条件下,"专门性问题报告"和"事故调查报告"也可以成为专门性问题判断的证据进入刑事诉讼中。这两条规定尽管内容指向不同,但都共同涉及刑事诉讼中专门性问题的解决,是我国刑事诉讼中专门性问题证据类型上的重大突破。

对这两项制度改革,已经有学者从证据种类角度质疑相关新证据类型的合法性和证据类型归属;[②]还有学者对新证据类型的审查判断提出具体的建议。[③] 这些讨论一定程度上推进了我们对新证据

---

① 参见[美]罗纳德·J. 艾伦:《专家证言的概念性挑战》,汪诸豪译,载《证据科学》2014年第1期。

② 参见龙宗智:《立法原意何处寻:评2021年最高人民法院适用刑事诉讼法司法解释》,载《中国法学》2021年第4期。

③ 比如冯俊伟、王玉荣:《论事故调查报告证据能力问题——以新〈刑诉法解释〉第101条为中心》,载《上海政法学院学报(法治论丛)》2023年第1期;纵博:《事故调查报告在刑事诉讼中的运用》,载《法律科学(西北政法大学学报)》2022年第4期。

类型的理解和适用；但如果从刑事诉讼过程的知识应用这一视角来看，无论是“专门性问题报告”还是“事故调查报告”其实都是专门性知识的载体形式而已，这两种证据类型的增加更为根本性的影响在于其拓宽了我国刑事诉讼中引入专门性知识的路径。增加两种证据类型是为了解决刑事诉讼中的专门性问题：“专门性问题报告”是“有专门知识的人就案件的专门性问题出具的报告”，“事故调查报告”中能够作为定案根据的主要是指“报告中涉及专门性问题的意见”。那么，在刑事诉讼中，哪些问题属于需要解决的“专门性问题”就需要认真辨别。从这一意义上说，要对这两项改革的意义及其可能带来的影响加以理解和评估需要回到问题的原点，也就是现代刑事诉讼中专门性问题与一般性问题界分的基本框架。在此基础上，在我国司法鉴定体制改革和我国刑事诉讼专门性问题解决格局变迁的大背景下对我国专门性证据类型扩张这一现象进行整体的理解，以澄清刑事诉讼中“专门性问题”的解决之道及其潜在风险。

为此，本章第一部分主要对现代刑事诉讼专门性问题与一般性问题的界分框架进行阐释，从三个角度建构这两类问题的区别；在界定两者区别的基础上，第二部分主要对我国传统专门性问题解决的基本格局及其规制模式进行探讨，对鉴定意见的二元质量控制机制进行阐述，在此基础上探讨了传统格局及其规制机制存在的困境；第三部分主要探讨专门性证据类型扩张之后的多元化格局对现有以鉴定意见为中心的传统审查框架的挑战；第四部分则提出了通过重构我国专门性证据审查框架对鉴定意见和新证据类型进行整体性规制，从而在刑事诉讼中实现裁判者对专门性证据的实质性审查。

一、专门性问题与一般性问题的界分框架

现代刑事诉讼中的事实认定活动是建立在理性主义认识论基础上的。[①] 自 17 世纪欧洲启蒙运动以来，法律制度的认识论基础发

① 参见[英]威廉·特文宁：《反思证据：开拓性论著》(第 2 版)，吴洪淇等译，中国人民大学出版社 2015 年版，第 90 ~ 92 页。

生了重要的变革，经验性知识逐渐取代了教条性知识，知识不再仅仅被认为是关于宗教和政治权威的学说，人类是可以通过证据获取知识的。[①] 英国学者杰克逊将这一认识过程总结为："对外在世界的认识首先通过归纳方法来阐明原则，然后通过从该原则演绎出来的结论与事实相吻合的程度来验证这些原则的有效性。"[②]以这种认识论为基础，人类在刑事诉讼中可以通过观察来获取证据，并且借助于自身在日常生活中累积下来的知识库（stock of knowledge）对证据进行归纳推理从而对相应事实加以认定。[③] 这种基于知识库的自然推理能力被视为现代理性人与生俱来的一种基本能力。但是随着科学技术的不断发展，刑事诉讼中不断出现一些超出裁判者知识范围的专门性问题，传统上主要由社会常识（common sense）构成的知识库逐渐无法应对这些新的专门性问题，而需要借助专家的专门性知识才能加以解决。在这一认识论体系中，无论是常人所能理解的一般性知识（也可以称为"常识"）还是属于专家共同体所共享的专门性知识都可以被用来解决刑事诉讼中的事实认定问题，都作为知识库组成部分在一个共同的宏观认识框架中发挥基础性作用。但也应该看到，由于专门性知识与一般性知识作用于事实认定过程的不同方式，在刑事诉讼中逐渐形成了专门性事实问题与一般性事实问题的界分，这种界分包括以下三个方面：

（一）认知结构存在重大差异

一般性事实问题的认定只需要由具有正常认知能力的普通人借助感官即可完成。比如对于"李四被杀害时张三是否在犯罪现场"这一问题，有目击证人王五作证其在犯罪现场看见了张三。这时王五就是通过视觉看到了张三来获得"张三曾经在犯罪现场出现"这一知识。当裁判者需要对前述问题加以判定时，其只需要通过听觉听取王五的证言，通过视觉观察王五作证时的表现，进而判

---

① 参见［美］罗纳德·J. 艾伦：《艾伦教授论证据法》（上），张保生等译，中国人民大学出版社2014年版，第348页。

② See J. D. Jackson, *Two Methods of Proof in Criminal Procedure*, Modern Law Review, Vol. 51, No. 5, 1988.

③ 参见［英］威廉·特文宁：《证据理论：边沁与威格摩尔》，吴洪淇、杜国栋译，中国人民大学出版社2015年版，第20页。

定王五的证言是否具有可信性。在这一过程中，裁判者可以调动自己的感官对证据进行观察认知，同时调动日常生活中积累的常识性概括（generalization）对该证言进行推论，进而实现对某一案件事实的认定。这里的“概括”主要是指证据在进行推论过程中所需要的背景性信息。从特定证据到特定结论的每一个推论步骤都需要通过参照至少一个背景信息获得证成。[①] 在理性主义传统中，包括陪审团成员在内的事实裁判者被假定已经具备了广泛共享的“知识库”，这些“知识库”就是由有关社会生活中各种类型的概括组成，是在有关事实问题论证中进行推论的主要保障来源。[②] 有关生活常识的概括就是这个“知识库”的重要组成部分。对于王五的证言，裁判者只需要运用自己的生活常识就能加以判断（见图6-1）。

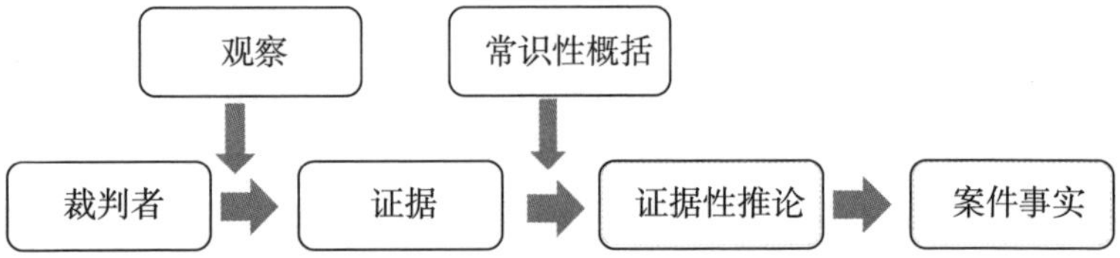

图6-1　一般性事实问题的认知结构

假如案发时没有目击证人，但侦查人员从死者的8个手指甲中发现有第三人留存的皮肤碎屑，专家对这些皮肤碎屑进行DNA检测，发现其与李四的DNA图谱高度吻合。这时候“李四被杀害时张三是否在犯罪现场”这一问题变成了一个无法通过目击证人来回答的问题，需要将该问题转化为“死者手里残存的皮肤碎屑是何人所留”这一问题。后一问题的回答就超出了一般裁判者的知识范围，裁判者无法借助自身的一般性知识回答该问题。这时，就需要引入具有DNA检测知识的专家借助专业仪器对皮肤碎屑进行检测，进而对检测结果加以比对，从而来判断该皮肤碎屑可能为何人所留。这种情形下，裁判者需要借助专门性证据才能对案件事实问

① 参见[英]威廉·特文宁：《反思证据：开拓性论著》（第2版），吴洪淇等译，中国人民大学出版社2015年版，第339页。

② 参见[美]特仑斯·安德森等：《证据分析》（第2版），张保生等译，中国人民大学出版社2012年版，第354~355页。

题进行认定,而这些专门性证据需要具备专业技能的专业人士借助专门性知识通过司法鉴定过程才能获得。形成这些专门性证据所需要的专门性知识和专业技能恰恰是作为普通人的裁判者所不具备的。与一般性事实问题的认定相比,裁判者对专门性事实问题的认定无法通过自身的一般性知识完成,需要借助专业人士的专门性知识才能够完成。因此借助专门性证据对“李四被杀害时张三是否在犯罪现场”这一问题进行回答的过程包含两个步骤:第一个步骤是专业人士对“死者手里残存的皮肤碎屑是何人所留”这一专门性问题进行回答,并提出相应的专门性证据;第二个步骤则是由裁判者在专门性证据的基础上对相关案件事实加以认定。

在第一个步骤中,专业人士通过司法鉴定获得专门性证据的过程也是由专业人士将专门性知识应用于个案的具体情境的演绎性的推理过程。这个演绎推理的大前提是专门性知识;这些专门性知识通常是某一专门性知识共同体共享的一些知识,也就是“据以进行推演的东西”,由归纳性科学技术产生的某种原理、程序或者解释性理论。[①] 美国最高法院在多伯特案件的判决中曾经提出:“在确定一项理论和技术是否属于……科学知识时……关键问题是,它是否能被(并且已被)检验……今天的科学方法,基于形成假设并检验它们,来看它们是否能被证伪;确实,恰是这一方法将科学与其他领域的人类探究活动区别开来。”[②]将专门性知识与一般性知识区别的关键就在于知识的可检验性和错误的可验证性。[③] 当然,这并不意味着司法实践中实际运用的专门性知识不会出错,事实上这些专门性知识依不同类型而具有不同的可靠性。有些知识是绝对可靠的科学定理,有些知识则具有相当高的准确性(如 DNA 学科知识),有些知识也许在其所处时代较为可靠但事后发现并没有那么可靠(如咬痕比对学等现在被视为“垃圾科学”的学科)。这个演绎推理的小前提是个案情境中的相关对象,这些对象可能

---

① 参见[美]爱德华·J. 伊姆温克尔里德:《科学证据的秘密与审查》,王进喜等译,中国人民大学出版社 2020 年版,第 5 页。

② Daubert v. Merrell Dow Pharm. ,Inc. ,509 U. S. 593.

③ 参见[美]肯尼斯·R. 福斯特、[美]彼得·W. 休伯:《对科学证据的认定——科学知识与联邦法院》,王增森译,法律出版社 2001 年版,第 43 ~ 44 页。

是某一检材及取得检材的背景性知识，也可能是（如在司法精神病鉴定中）某一具体人员的表现。在第二个步骤中，裁判者需要对专门性证据加以审查从而对相关案件事实进行认定。由于专门性证据本身就是专业人士通过第一个步骤的产物，而第一个步骤恰恰超出裁判者知识范围，这就给裁判者的审查带来相当的挑战（见图 6－2）。

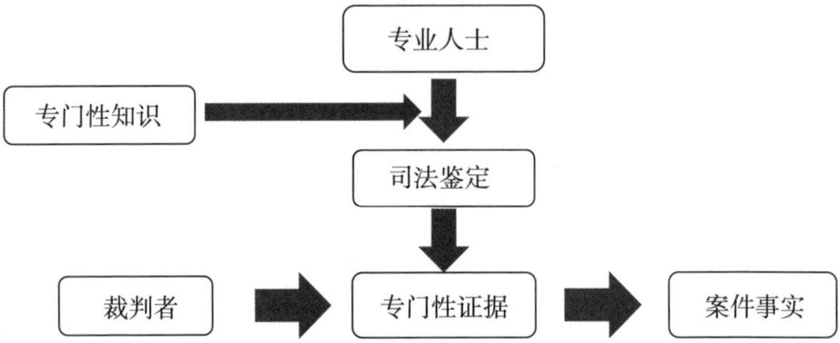

图 6－2　专门性事实问题的认知结构

（二）认知权力分配格局存在较大差异

正是因为专门性事实问题与一般性事实问题的认知结构存在较大差异，所以在案件事实认定过程中，不同问题的判断主体也存在较大的不同。在一般性事实问题上，由于对这些问题的认知主要借助一般性知识通过对证据进行推论获得相关的事实，所以对这些问题的判断只需要裁判者具有理性人的经验和逻辑推理能力即可。1808 年《法国刑事诉讼法典》要求法官在陪审团评议案情之前作出如下告知："法律不要求陪审官报告他们建立确信的方法，法律不给他们预定一些规则，使他们必须按照这些规则来决定证据是不是完全和充分，法律所规定的是要他们集中精神，在自己良心的深处探求对于所提出的反对被告人的证据和被告人的辩护手段在自己的理性里发生了什么印象。"①正因为如此，没有受过法律训练的外行人只要达到一定的条件就可以担任陪审员，进而对案件中的事实认

① 《法国刑事诉讼法典》，余叔通、谢朝华译，中国政法大学出版社 1997 年版，第 131 页。

定问题进行裁判。[1] 不仅如此,在部分具有重大社会影响的案件中,我国还特别强调要由陪审员组成的合议庭进行审判。[2] 陪审员也是对一般性事实问题进行判断的适格主体,具备对一般性事实问题进行裁判的能力。但是由于陪审员的生活经验相对单一,在对一般性事实问题的判断中可能存在偏颇乃至导致错案的风险。[3]

对专门性问题来说,由于对专业性知识的要求,专业人士和职业法官在相关问题的判断上承担着更大的责任。专业人士可以说是专门性事实问题的第一顺位的判断主体;其将自身的专业知识结合个案情境,对具体个案中的专门性问题作出判断从而形成相应的专门性证据。专业人士对专门性问题的这种判断权主要来源于专业人士自身所具有的知识优势;这种知识优势来源于专业人士受到的长期训练,同时也来源于专业人士所处职业群体的"管辖权要求"。[4] 这种知识优势建构了一种天然的门槛,使得专业外的其他人员不得不在专门性问题上依赖于专业人士的判断。这种依赖甚至可能导致法官放弃自身对专门性证据的审查权力,而以一种遵从的姿态对专业人士的判断给予高度的信任。这里的"遵从"是指采纳他人的意见时并非因为对该意见表示理解或赞同,而仅仅是由于将事实的决定权移交给了别人。[5] 法官对专门性证据放弃了审查的责任使相当一部分存在问题的专门性证据得以畅通无阻地进入法庭,甚至可能导致刑事错案的发生。在美国,有学者统计,在通过DNA 被洗冤的无辜者案件中,有 61% 的案件中的法医鉴定人员为

---

① 《中华人民共和国人民陪审员法》第 5 条规定:"公民担任人民陪审员,应当具备下列条件:(一)拥护中华人民共和国宪法;(二)年满二十八周岁;(三)遵纪守法、品行良好、公道正派;(四)具有正常履行职责的身体条件。担任人民陪审员,一般应当具有高中以上文化程度。"

② 参见《中华人民共和国人民陪审员法》第 15 条、第 16 条。

③ 参见[日]秋山贤三:《法官因何错判》,曾玉婷译,魏磊杰校,法律出版社 2019 年版,第 11 页。

④ 这里的管辖权要求是职业社会学的一个概念,不同于刑事诉讼中的管辖权。其含义是指一个职业要求社会承认其认知结构,赋予其在相关专业问题上的排他性权力。参见[美]安德鲁·阿伯特:《职业系统:论专业技能的劳动分工》,李荣山译,刘思达校,商务印书馆 2016 年版,第 95 页。

⑤ 参见[美]罗纳德·J. 艾伦:《艾伦教授论证据法》(上),张保生等译,中国人民大学出版社 2014 年版,第 354 页。

控方出庭提供了无效的证词。[①] 在英格兰和威尔士，有学者统计了2010～2016年上诉申请获得成功的218个案件，发现其中有32%的案件有误导性的法庭科学证据。[②]

这些问题促使立法者和司法者反思对专门性证据的高度遵从所带来的问题。正如温斯坦法官所说的，“专家证据可能既有威力又有相当的误导性，因为对它进行评价难度很大。由于这种风险，法官在权衡目前规则所可能产生的规则403偏见与证明力的时候，对专家比外行证人施以更加严格的控制”。[③] 各个国家和地区开始强调法官对专门性证据的审查职责。在多伯特案件的判决中，美国最高法院特别强调“根据《联邦证据规则》，审判法官必须确保所采纳的任何科学证言或者证据不但相关，而且可靠”。[④] 这就意味着法官需要对应用于案件事实认定过程的专门性证据进行审查和评估，对这些专门性证据能否进入司法审判承担着“看门人”的把关责任。[⑤] 在英国，英国下议院2011年通过的一份有关科学证据的专项报告提出的第1项建议就是：“应该颁布一项法定的可采性标准要求，在刑事程序中只有当某一专家证言足够可靠(sufficiently reliable)的时候才能被采纳。”[⑥]加拿大在发现诸多由于法医证据存在问题而导致刑事错案之后，法院同样以可靠性程度为基础对国家提供的法医证据的可采性加强审查。[⑦] 在德国，鉴定人被定位为“法院的助手”，法院对鉴定人所完成之鉴定结论必须自己再加以

---

① 参见[美]布兰登·L.加勒特：《误判：刑事指控错在哪了》，李奋飞等译，中国政法大学出版社2015年版，第76页。

② See Nadine M. Smit, Ruth M. Morgan & David A. Lagnado, *A Systematic Analysis of Misleading Evidence in Unsafe Rulings in England and Wales*, Science & Justice 58 (2018) 128－137.

③ [美]罗纳德·J.艾伦等：《证据法：文本、问题和案例》(第3版)，张保生等译，高等教育出版社2006年版，第734页。

④ 王进喜编译：《证据科学读本：美国“Daubert”三部曲》，中国政法大学出版社2015年版，第41页。

⑤ 参见[美]罗纳德·J.艾伦等：《证据法：文本、问题和案例》(第3版)，张保生等译，高等教育出版社2006年版，第737页。

⑥ The Law Commission, *Expert Evidence in Criminal Proceedings in England and Wales*, The Stationery Office, 2011, p. 137.

⑦ 参见[加]肯特·罗奇：《错案问题比较研究》，蒋娜译，中国检察出版社2015年版，第152页。

独立的判断、确信,不得任由鉴定人的鉴定结论不经检验即用于判决中。① 因此,从各国的发展趋势来看,在专门性问题的判断上逐渐形成了新的权力格局:专业人士拥有专业判断的权力,而职业法官则对专门性证据承担审查评估的司法权力。

(三)相关证据适用的规则不同

由于专门性事实问题与一般性事实问题的认知结构和认知权力分配格局存在重大差异,两类问题所需要的证据及其相关规范也存在差别。以鉴定人意见和一般证人证言这两类证据为例,两类证据在解决专门性事实问题和一般性事实问题上有着各自不同的机理。根据德国学者罗科信的区分,证人乃在从事事实之认定,而鉴定人则在做推论;证人主要对以前的并且在诉讼程序之外的经验加以陈述,而鉴定人则是在诉讼程序中并且是在为法院完成认定之事项;鉴定人有专业知识,证人则没有;鉴定人可以交换及替代,证人则往往不行。② 正是因为这些差异,针对两类证据所适用的规则也是有所区别的。

针对一般性事实问题,往往借助一般证人的一般性知识即可以解决。针对一般证人证言,主要强调其要准确观察、记忆、描述其所感知到的信息即可,所有的证据规范和程序规范也是以此为核心目的建构起来的。为了确保证人的亲历性,避免证人感知的信息因为增加传播环节而发生信息失真,大陆法系国家确立了直接言词原则促进裁判者尽可能直接接触证人证言,而英美法系则是通过传闻证据规则将那些非亲历性的证人证言排除出法庭。为了确保证人忠实地描述其所感知到的信息,英美法系确立的意见证据规则是将那些属于证人的"意见"区别于亲身经历到的"事实"信息,原则上会将这些意见排除出法庭。但是这些适用于一般证人证言的规则并不能适用于专家证人。专家证人并非基于亲身感知的知识进行作证,其作证的基础是其基于所受的专业训练和专门性知识。由于作证基础的不同,对专家证人并没有亲历性的要求;专家证人对专门

---

① 参见[德]克劳思·罗科信:《刑事诉讼法》(第 24 版),吴丽琪译,法律出版社 2003 年版,第 261 页。

② 参见[德]克劳思·罗科信:《刑事诉讼法》(第 24 版),吴丽琪译,法律出版社 2003 年版,第 262 页。

性问题提出专业上的判断意见尽管形式上属于意见,却不适用意见证据排除规则。比如,美国《联邦证据规则》703 就明确规定:“如果特定领域的专家就某事项形成意见时将合理地依赖那些事实或者数据,则该事实或者数据不需要具有证据可采性。”

对专门性证据的规范是以专门性证据的认知结构为基础的,专门性证据则是专门人士根据专门性知识对个案中专门性问题加以判断的结果。因此,对其规范主要着眼于以下四个要素:(1)专门性知识是否科学。专门性知识是专门人士用来对个案专门性问题进行判断的大前提,这一前提是否科学决定着整个专门性问题判断的走向。(2)专门人士的适格性。专业人士是否具备相应的专业资格是专门性证据的主体性要求。在判断专门人士的适格性方面各国有不同的路径和方法:大陆法系主要侧重通过名册制度实现对鉴定人资格的管理和审查,英美法系则采用相对灵活的审查标准。(3)鉴定过程的审查。鉴定过程是专门人士将专门性知识适用于个案情境的过程,着重审查在这一过程中司法鉴定人员是否遵循相应的操作规程、检材来源是否保管得当、推理过程是否周延、推理步骤是否严密等。(4)专门性证据的审查。专门性证据是专门性问题解决的最终结果,对这一结果要审查其表述是否严谨、形式要件是否合法、是否回应了相应的专门性问题等。

(四)小结

专门性事实问题与一般性事实问题正是因为前述认知结构、认知权力分配格局以及证据适用规范上存在根本性差异,所以在刑事诉讼中对专门性事实问题的解决总体上采用了与一般性事实问题不同的一种规制路径。针对专门性事实问题的解决,逐渐形成了由专门人士进行专业判断和裁判者对这一专业判断加以审查的基本格局。随着科学技术的快速发展和社会分工的不断细化,刑事案件中涉及的专门性事实问题越来越多,所涉及的专门性问题类型也越来越多。在这一背景下,我国刑事司法系统如何对这些专门性问题进行有效的回应,司法裁判者如何对引入刑事司法中的专门性证据进行有效的审查等都是亟待探讨的问题。一定程度上可以说,我国鉴定体制改革和刑事诉讼中专门性证据制度的改革是为了适应新形势下专门性问题解决而对既有体制和制度加以不断调适的结果。

二、专门性问题解决的传统格局与规制模式

在2012年《刑事诉讼法》修改之前，我国刑事诉讼中专门性问题主要通过鉴定方式加以解决，由此形成了以鉴定意见为主的专门性证据类型格局。针对鉴定意见的质量控制方面，也逐渐形成了“行政—司法”二元控制的规制模式。

（一）我国刑事诉讼专门性问题解决的传统格局

在我国刑事诉讼中，对专门性事实问题传统上主要通过鉴定加以解决。其中，根据司法裁判对鉴定意见的不同审查立场，又可以区分为两个阶段。

第一阶段是完全依赖鉴定结论的阶段。1979年《刑事诉讼法》主要在两种情形下涉及专门性知识的引入。第一种情形是在侦查阶段如果有必要，可以指派或聘请有专门知识的人在侦查人员的主持下进行勘验检查。第二种情形是为了查明案情，需要解决案件中涉及的一些专门性问题时，可以指派、聘请有专门知识的人进行鉴定，由此生成的证据主要是鉴定结论。也就是说，无论是在侦查阶段还是在其他阶段，只要涉及一些专门性问题都是通过鉴定这一方式解决的。这一基本格局在1996年《刑事诉讼法》修改中得以维持，只是在鉴定的相关方面增加了一些细化规定。

第二阶段是以鉴定意见为主，适度引入其他专家意见加以制衡的阶段。2012年《刑事诉讼法》修改时对以往由鉴定结论垄断专门性问题判断的基本格局进行了微调。这种微调主要体现在三个方面。第一，进一步强化对鉴定结论的审查，表现在三个方面：（1）在证据种类规定中，将“鉴定结论”修改为“鉴定意见”，强调“鉴定的结果仍然要经过司法机关结合全案情况和其他证据进行审查判断”。① （2）建立了鉴定人出庭作证制度，以便法庭对有争议的鉴定意见做进一步的审查。（3）对鉴定意见的审查规则做了进一步的细化。2010年的《死刑案件证据规定》第23条和第24条分别从鉴定主体资质、鉴定程序、鉴定材料、鉴定标准、鉴定意见的关联性等

---

① 全国人大常委会法制工作委员会刑法室编：《关于修改中华人民共和国刑事诉讼法的决定：条文说明、立法理由及相关规定》，北京大学出版社2012年版，第41页。

方面为鉴定意见的审查提供了指引。第二,允许控辩双方在庭审中申请专家辅助人出庭协助对鉴定意见进行质证。2012 年《刑事诉讼法》第 192 条第 2 款一方面允许控辩双方申请法庭通知有专门知识的人出庭,另一方面该条款将专家辅助人的作用主要界定为"就鉴定人作出的鉴定提出意见",也就是说其主要发挥了"弹劾证人"的作用,专门对公诉方的鉴定意见发表质证和反驳意见。[①] 专家辅助人提出的意见本身并不能成为证明案件事实的证据,只是作为法官甄别证据的参考。[②] 第三,一定程度上允许引入检验报告。2012 年《刑诉法解释》第 87 条规定审慎地为非鉴定人员之外的专家(有专门知识的人)提供了一个进入刑事诉讼的途径:首先,引入这些专家的前提条件是对案件中涉及的专门性问题现有法定司法鉴定机构无法鉴定或者法律、司法解释规定可以进行检验,这就将这些专家作为相对于鉴定人的次优选择来考虑;其次,不能将这些专家对专门性问题解决的过程称为"鉴定"而只能称为"检验",所形成的工作成果也不能称为"鉴定意见"而只能称为"检验报告";最后,在效力上与鉴定意见不同的是,这些"检验报告"不能直接作为证据使用,而只能作为定罪量刑的参考。

综上所述,2012 年《刑事诉讼法》及相关司法解释在一定程度上对由鉴定结论垄断的专门性问题判断格局进行了微调:一方面强化了对鉴定结论的审查,弱化了其作为专门性问题判断的权威色彩,而将其置于与其他证据种类类似的定位;另一方面通过专家辅助人出庭制度和检验报告制度两项制度将鉴定意见之外的其他专门性知识引入法庭,对鉴定意见起到了补充和制衡的作用。这些改革是非常审慎的,无论是专家辅助人出庭提供的意见还是检验报告,2012 年《刑事诉讼法》及相关司法解释都设定了相应的前提条件,其工作成果的效力也受到一定的限制,都不能独立作为证明案件事实的证据来使用。

(二)"行政—司法"二元控制的规制模式

我国传统上针对鉴定意见这一类证据已经形成一套比较成熟

---

① 参见陈瑞华:《刑事证据法》(第 3 版),北京大学出版社 2018 年版,第 307 页。

② 参见全国人大常委会法制工作委员会刑法室编:《关于修改中华人民共和国刑事诉讼法的决定:条文说明、立法理由及相关规定》,北京大学出版社 2012 年版,第 228 页。

的审查框架,该审查框架建立在“行政—司法”二元控制模式的基础上。如前所述,专门性证据是由专门人士运用专门性知识解决专门性事实问题的一个产物;要对专门性证据的质量进行控制,就需要对专门性证据的基础性要素进行有效的控制。

在我国,行政机关通过对鉴定行业的行政管理实现对鉴定意见前端生成环节的控制。

第一,对从事鉴定的机构和人员的规制,国家行政机关通过颁发司法鉴定许可证和司法鉴定资格证书对相应的机构和人员加以规制。2005 年全国人大常委会发布的《关于司法鉴定管理问题的决定》(以下简称“二二八”决定)在第 4 条和第 5 条中对可以从事司法鉴定业务的人员和机构条件都进行了明确的规定。公安机关对鉴定人和鉴定机构也规定了相应的登记管理办法,对鉴定人和鉴定机构的资格条件作出明确的规定。第二,通过登记制对可以鉴定的专业领域进行控制,“二二八”决定将国家实行登记管理的鉴定领域限定在法医类鉴定、物证类鉴定、声像资料类鉴定和环境损害鉴定 4 个领域。在前述 4 个专业领域之外,司法行政机关还对一部分专业机构和人员进行登记,这些领域主要是知识产权鉴定、司法会计鉴定、建设工程鉴定、产品质量鉴定、价格鉴定等。公安机关的鉴定涉及的专业领域也很庞杂,公安系统的刑事科学机构涵盖法医、痕迹、理化检验、文件检验、影像技术、声纹检验、电子物证检验、心理测试、警犬技术 9 个专业。[①] 第三,提供鉴定所使用的技术标准并进行持续更新。全国刑事技术标准化技术委员会是我国法庭科学、司法鉴定领域唯一的全国性标准化组织,由公安部联合多个机关组建。截至目前,该委员会已发布国家标准 41 项,行业标准 541 项。第四,对鉴定机构持续认证认可。持续认证认可对鉴定机构提高鉴定质量、规范管理水平具有重要作用。[②] 公安部在 2006 年、2008 年、2009 年先后三次部署组织大规模刑事技术室鉴定质量能

① 参见翟永太:《让利剑更锋利——全国公安刑事科学技术工作综述》,载《人民公安报》2006 年 9 月 26 日,第 1 版。

② 参见沈敏:《我国司法鉴定认证认可制度的构建和实践》,载《中国司法鉴定》2020 年第 5 期。

力验证工作。[①] 司法部也在2018年和国家市场监管总局联合发文，要求“四大类”鉴定机构于2019年12月31日前通过资质认定或者实验室认可，到期未达到要求的司法鉴定机构限期整改；限期整改后仍不符合要求的，依法注销其相应的业务资格。[②] 第五，通过对鉴定违规行为的惩戒和行业整顿保障不合格鉴定主体的淘汰制度的运行。司法部定期通过清理整顿或教育警示对司法鉴定行业中的违法违规行为进行查处并发布典型案例。

司法机关是鉴定意见的使用者，拥有对哪些鉴定意见可以作为定案根据的审查判断的权力。在我国刑事诉讼法和相关司法解释或文件中，司法机关主要从程序审查和实体审查两个维度对鉴定意见进行审查。相关的制度主要包括四项：第一项是鉴定人出庭作证制度，主要规定在2018年《刑事诉讼法》第192条和2021年《刑诉法解释》第99条。第二项是专家辅助人出庭质证制度，主要规定在2018年《刑事诉讼法》第197条和2021年《刑诉法解释》第250条。第三项制度是鉴定意见的审查与排除规则，主要体现在2021年《刑诉法解释》第97条和第98条。其中第97条是建议性条款，主要罗列了鉴定意见的审查重点，对法官审查鉴定意见起到参考作用，没有刚性要求。第98条是对存在严重问题的鉴定意见进行排除的刚性规则。第四项制度是鉴定意见认证规则，主要体现在最高人民法院发布的《人民法院办理刑事案件第一审普通程序法庭调查规程（试行）》第49条。该条款确立了鉴定意见采信的印证规则。前两项制度是程序性规则，主要从程序角度对鉴定意见加以规制；后两项制度是对鉴定意见的实体性审查标准，分别从证据能力和证明力角度对鉴定意见进行规制。

（三）司法鉴定传统规制模式的检视

第一，对司法鉴定的基础性要素的宏观行政控制虽然可以在一定程度上改善我国司法鉴定的规范化程度进而保障整体质量，但并

---

① 参见公安部：《完善司法鉴定标准　规范检验鉴定工作》，载公安部官网，https://www.mps.gov.cn/n7944517/n7944597/n7945893/n7956617/c7430804/content.html，最后访问时间：2021年12月8日。

② 司法部、国家市场监管总局发布的《关于规范和推进司法鉴定认证认可工作的通知》（司发通〔2018〕89号）。

不足以完全防范错误鉴定意见的产生。对司法鉴定行业宏观的行政管理主要还是侧重于对司法鉴定机构和人员行业准入的管理;而对具体的司法鉴定过程,司法行政机构带有天然的信息不对称和专业“壁垒”,无法进行有效的管控。正因为如此,司法鉴定实践中依然存在司法鉴定不规范等问题。[①] 对这些问题,司法和行政机关主要通过行业整顿和行政处罚加以回应;这些整顿和处罚都属于事后回应,并不能对司法鉴定错误予以有效的预防。

第二,针对鉴定意见的司法审查尽管已经有所强化,但依然主要是一种对表象上的审查。[②] 所谓表象上的审查,指司法人员主要根据鉴定人员资格、鉴定意见形式、专门性知识在专业内的接受程度等这些外在形式推测专门性意见的可靠程度。[③] 这可以从以下三个方面表现出来:首先,注重对鉴定机构与鉴定人法定资质的审查。2021 年《刑诉法解释》第 97 条和第 98 条都将鉴定机构和鉴定人的法定资质作为审查的重点,规定鉴定机构或鉴定人不具备法定资质的鉴定意见不能作为定案的根据使用。所谓的法定资质主要是限制在司法行政部门、公安机关、国家安全机关等法定有权部门认定的资质。其次,鉴定意见所依赖的技术都是相对成熟的技术,鉴定意见主要在一些相对成熟的领域展开,其所应用的技术标准也需要通过全国刑事技术标准化技术委员会发布才能合法应用于鉴定领域。这一机制可以确保应用于鉴定领域的技术标准获得行业的认可,但一些新兴的、不在该委员会视野范围的理论和技术则可能无法获得合法的地位。最后,对鉴定意见的辩方制约力量依然还很薄弱。尽管 2012 年《刑事诉讼法》确立了专家辅助人制度,但是在司法实践中,专家辅助人适用率极低、地位依然模糊,专家辅助人辅助辩方质证的效果还比较有限。[④]

---

① 相关报道参见谢小丹、李海洋:《司法鉴定行业急需破解“黄牛”难题》,载中国商报网,https://legal.zgswcn.com/article/201906/20190613122313l053.html。

② 参见陈永生:《论刑事司法对鉴定的迷信与制度防范》,载《中国法学》2021 年第 6 期。

③ 参见[美]Edward J. Imwinkelried:《论表象时代的终结》,王进喜译,载《证据科学》2011 年第 4 期。

④ 参见李晨蕾:《刑事庭审专家辅助人适用情况实证研究——以中国裁判文书网相关裁判为例》,载《山西警察学院学报》2017 年第 2 期。

第三,传统规制模式不足以满足司法中对专门性事实问题的解决需要。传统上司法中专门性问题主要通过鉴定活动予以解决,而鉴定行业的准入和管理是由公安机关和司法行政机关的行政管理控制的。一方面,司法鉴定登记的范围受到严格的控制。按照“二二八”决定的要求,目前进行登记的司法鉴定类型只有法医类、物证类、声像类和环境损害鉴定类四大类。但在司法鉴定服务市场上,鉴定种类却远远不止这四大类。根据中央全面深化改革领导小组发布的《关于健全统一司法鉴定管理体制的实施意见》和司法部发布的《关于严格准入　严格监管　提高司法鉴定质量和公信力的意见》的相关规定,开展“四大类”外机构的清理工作,没有法律依据的机构,一律不得准入登记。因此,从2017年开始,“四大类”之外其他类型的司法鉴定机构逐步被调整压缩。① 另一方面,随着社会生活的快速发展,裁判者常常会碰到超出前述“四大类”鉴定的需要解决的专门性问题。通过对《刑事审判参考》等指导性案例的梳理,在2021年之前的司法案例中,至少用到以下几种类型的专门性问题证据:(1)价格鉴定,在盗窃、职务犯罪、侵害商业秘密等案件中都会用到价格鉴定;②(2)文物鉴定,在涉及文物犯罪的案件中常常用到文物保护单位出具的文物鉴定意见;③(3)珍贵、濒危动植物鉴定,在涉及珍贵、濒危野生动植物犯罪案件中常常要用到林业部门、渔业部门等相关机构出具的相应鉴定意见;④(4)会计鉴定,在许多经济类犯罪中常常要用到由注册会计师出具的司法会计鉴定;⑤(5)名胜古迹毁损鉴定、商品真伪等其他类型的鉴定。这就造成了行政管理准入的司法鉴定类型的有限性与

---

①　参见蔡长春:《司法鉴定工作八大领域成效显著》,载法制网,http://www.legaldaily.com.cn/index/content/2019-01/09/content_7740657.htm。

②　参见顾永忠:《涉案财产价格认定的应然属性及其管理体制》,载《法治研究》2021年第2期。

③　比如囊口义则走私文物案,参见中华人民共和国最高人民法院刑事审判第一、二、三、四、五庭主办:《刑事审判参考》总第53集,法律出版社2007年版。

④　参见张长征、叶林秀:《破坏野生动物资源类犯罪若干疑难问题研究》,载《犯罪研究》2021年第1期。

⑤　参见章宣静、张倩:《司法会计鉴定意见审查研究——以法院不采信鉴定意见为例》,载《中国注册会计师》2019年第4期。

司法实践中专门性问题范围的无限性之间的矛盾。这种矛盾的存在也导致了专门性证据类型在立法和司法中出现了扩张性的趋势。

三、专门性证据类型的多元化格局及其面临的挑战

在解决专门性事实问题方面，2012 年《刑事诉讼法》及相关司法解释为鉴定意见之外其他证据类型的引入打开了一个通道，但没有赋予检验报告和专家辅助人意见证据资格。2012 年以来，在相关司法解释中，检验报告的证据效力得到显著的提升，同时也对"事故调查报告"的证据资格予以认可。刑事诉讼中专门性证据类型的多元化格局拓宽了专门性问题的解决途径，但与此同时也给专门性证据的司法审查带来巨大的挑战。

（一）专门性问题解决的多元证据格局

从检验报告来看，2013 年 5 月由最高人民法院和最高人民检察院联合颁布的《关于办理危害食品安全刑事案件适用法律若干问题的解释》第 21 条规定，食品安全刑事案件中所涉及的一些专门性问题可以根据检验报告并结合专家意见等相关材料进行认定。这在一定程度上确认了检验报告的证据地位。2021 年《刑诉法解释》第 100 条则直接对检验报告的证据地位给予了明确。第 100 条第 1 款规定："因无鉴定机构，或者根据法律、司法解释的规定，指派、聘请有专门知识的人就案件的专门性问题出具的报告，可以作为证据使用。"由此，一方面，专家出具的"检验报告"在名称上逐渐变成更为广泛的"有专门知识的人就案件的专门性问题出具的报告"，不再刻意强调"检验报告"，在范围上做了扩展；另一方面，这些"专门性问题报告"在刑事诉讼中的证据地位得以确立，不再仅仅作为"定罪量刑的参考"，而是成为鉴定意见之外对专门性问题加以判断的另一类证据。

在专门性问题的判断上，2021 年《刑诉法解释》还增加了一种证据类型"事故调查报告"。在办理安全生产事故、交通肇事、纵火等相关犯罪案件的过程中，"事故调查报告"是较为常见的一种证据材料。此类报告的证据地位过去在立法和司法解释中一直不甚明确。2019 年 4 月由应急管理部、公安部、最高人民法院、最高人民

检察院联合颁布的《安全生产行政执法与刑事司法衔接工作办法》对“事故调查报告”的证据地位有了较为明确的规定。该办法第25条不仅明确了事故调查中所收集的实物类证据可以在刑事诉讼中使用，而且进一步提出“经依法批复的‘事故调查报告’”在刑事诉讼中也可以作为证据使用。2021年《刑诉法解释》对此作了进一步明确的规定，其第101条规定：“有关部门对事故进行调查形成的报告，在刑事诉讼中可以作为证据使用；报告中涉及专门性问题的意见，经法庭查证属实，且调查程序符合法律、有关规定的，可以作为定案的根据。”该条不仅进一步确认了“事故调查报告”的证据地位，而且对报告中涉及专门性的意见如何作为定案根据作出了明确的规定。

像“专门性问题报告”“事故调查报告”等证据类型，在立法和相关司法解释作出认可之前，司法实践中已经以不同的方式在频繁地使用了。[①] 专门性证据类型的扩展实际上是立法和司法解释层面回应司法实践和社会需求的结果。在“专门性问题报告”和“事故调查报告”获得证据资格后，我国刑事诉讼对专门性问题的解决上就形成了以鉴定意见为主、“专门性问题报告”和“事故调查报告”并存的多元化格局。随着这些新的专门性证据类型的出现，在司法上如何加以有效审查成为司法实践中亟待解决的问题。

（二）参照模式：对新科学证据的模糊审查框架

现有的立法及司法解释并没有为新证据类型提供非常明确的审查框架，对这两类证据类型的审查要求比较模糊。从2021年《刑诉法解释》的条文分布来看，“专门性问题报告”和“事故调查报告”是被放在第四章“证据”下面第五节“鉴定意见的审查与认定”中规定的，其条文排列在鉴定意见的相关规定后面。这是否意味着新证据类型就直接适用鉴定意见的相关规定呢？这需要区分不同的证据类型分别讨论。

---

① 参见《刑事诉讼法解释》起草小组：《〈最高人民法院关于适用《中华人民共和国刑事诉讼法》的解释〉理解与适用》，载最高人民法院刑事审判第一、二、三、四、五庭编：《刑事审判参考》总第126集，人民法院出版社2021年版，第134页。

对“专门性问题报告”来说，2021 年《刑诉法解释》有比较明确的规定。2021 年《刑诉法解释》第 100 条第 2 款规定：“对前款规定的报告的审查和认定，参照适用本节的有关规定。”这里的“本节”就是有关“鉴定意见的审查与认定”一节，这就是说“专门性问题报告”的审查和认定可以依照前述有关鉴定意见审查重点与排除规则以及鉴定人出庭作证制度的相关规定。由此带来一个问题：前述没有在 2021 年《刑诉法解释》第四章第五节规定的相关制度，也就是专家辅助人协助质证制度和鉴定意见认证制度能否适用于“专门性问题报告”呢？换言之，在使用“专门性问题报告”的案件中控辩双方能否申请专家辅助人出庭协助对“专门性问题报告”进行质证呢？“专门性问题报告”与专家辅助人意见发生冲突时，是否可以适用现有的印证规则进行认证呢？笔者认为，刑事诉讼法及相关司法解释中规定的有关鉴定意见的审查规定也应该可以适用于“专门性问题报告”。2021 年《刑诉法解释》明确规定对“专门性问题报告”的“审查和认定”可以参照适用“本节”的有关规定。本节中规定了鉴定人的审查规则和鉴定人的出庭作证规则，这两项制度是可以直接适用的。对于专家辅助人协助质证制度和鉴定意见认证制度虽然不在本节规定中，但只要鉴定人出庭作证就需要适用有关出庭作证的相关制度，而专家辅助人协助质证制度则是鉴定人作证制度的一个组成部分，因此应当适用于“专门性问题报告”。有关鉴定意见证明力的认证制度虽然也没有规定在“鉴定意见的审查与认定”一节中，但一来印证方法是我国刑事诉讼中证据认证的常用方法，二来该认证方法本身也是鉴定意见审查与认定的一个有机组成部分，因此也应该适用于“专门性问题报告”。①

对“事故调查报告”来说，2021 年《刑诉法解释》的要求比“专门性问题报告”更为含糊。没有明确对“事故调查报告”的审查应“参照本节规定”，只是要求“报告中涉及专门性问题的意见，经法庭查证属实，且调查程序符合法律、有关规定的，可以作为定案根据”。其中第一项要求“经法庭查证属实”是刑事诉讼法针对案件

---

① 参见陈瑞华：《刑事证据法》（第 4 版），北京大学出版社 2021 年版，第 346 页。

中所有证据的基本要求,是证据裁判原则的应有之义。第二项要求"调查程序符合法律、有关规定"就非常含糊,"符合法律、有关规定"包含的范围需要作进一步明确。按照2021年《刑诉法解释》起草小组的观点,"'事故调查报告'中涉及的对专门性问题的意见,其性质实际与鉴定意见类似,也需要接受控辩双方质证,接受法庭调查,只有经查证属实,且调查程序符合法律、有关规定的,才能作为定案的根据"。[①] 由此可以看出,在法庭调查阶段,2021年《刑诉法解释》起草小组是希望参照鉴定意见的调查程序审查与认定。但对"事故调查报告"的审查与认定标准是否可以按照鉴定意见的审查认定标准进行审查这一问题目前依然悬而未决。

因此,目前我国刑事诉讼法及其相关司法解释对这两种新证据类型的规制与审查主要采取的还是参照鉴定意见的基本路径。如表6-1所示,对"专门性问题报告",目前司法解释的态度相对比较明确,就是在鉴定人作证制度和审查认定方面参照鉴定意见的相关规定进行规制,尽管适用规范范围还比较模糊。对于"事故调查报告",尽管2021年《刑诉法解释》起草小组认为"事故调查报告"的性质实际与鉴定意见类似,但从现有司法解释的规定来看,与鉴定意见有关的相关规则能否适用于"事故调查报告"基本上是不明确的。这样一种"分而治之"的基本路径说明,在司法解释起草者看来,一方面,对"专门性问题报告"与"事故调查报告"目前没有独立的规制方案,主要采用参照鉴定意见的规制方案;但是由于两类新证据类型与鉴定意见存在一定的差异,因此,只能是不同程度地参照,而不能完全适用鉴定意见的既有规则。另一方面,"专门性问题报告"与"事故调查报告"是不同的证据类型,不能适用完全相同的规制方式。在鉴定意见的审查框架的基础上进行参照或者剪裁能够实现对"专门性问题报告"和"事故调查报告"这两种新型证据类型的有效规制。

---

① 《刑事诉讼法解释》起草小组:《〈最高人民法院关于适用《中华人民共和国刑事诉讼法》的解释〉理解与适用》,载最高人民法院刑事审判第一、二、三、四、五庭编:《刑事审判参考》总第126集,人民法院出版社2021年版,第135页。

表 6－1　新证据类型参照适用制度情况

证据类型	相关制度			
	鉴定人出庭作证	鉴定意见排除规则	辅助人出庭辅助质证规则	鉴定意见认证规则
专门性问题报告	适用	适用	司法解释未明确	司法解释未明确
事故调查报告	司法解释不明确，起草人意见倾向于适用	不明确	司法解释不明确，起草人意见倾向于适用	不明确

（三）新证据类型与既有制度框架存在诸多潜在冲突

目前新证据类型的规制思路是参照传统的审查框架，而传统的审查框架是以鉴定意见为基础建立起来的。传统的审查框架并不能完全适用于新证据类型，其中存在诸多潜在冲突。目前这一规制方案存在以下三个方面的潜在问题：

第一，质量控制机制存在双重弱化风险。如前所述，鉴定意见的质量控制是以“行政—司法”的二元控制模式为基础的。与鉴定意见相比，无论是“专门性问题报告”还是“事故调查报告”在基础性要素方面都缺乏像鉴定意见那样的质量控制机制。首先，对于“专门性问题报告”来说，这些专家来源广泛，只要对案件中的专门性问题具备相应的专业知识就有可能具备出具“专门性问题报告”的资格。这些专家不属于专职的鉴定人员，其也并非从业于鉴定机构，这就意味着针对鉴定人员与机构的一系列质量控制机制无法完全适用于“专门性问题报告”。其次，对于“事故调查报告”来说，由于“事故调查报告”的类型多样，比较常见的有交通“事故调查报告”、火灾“事故调查报告”以及各类重大“事故调查报告”，不同类型的“事故调查报告”中涉及专门性问题的意见同样可能来自范围广泛、专业水平参差不齐的各类专家：既可能有鉴定机构的鉴定人员，也可能有许多非鉴定机构的专业人士。[①] 因此，随着刑事诉讼专门性问题证据类型的多元化，提供专门性意见的专业人士类型也趋

---

① 参见冯俊伟、王玉荣：《论事故调查报告证据能力问题——以新〈刑诉法解释〉第101条为中心》，载《上海政法学院学报（法治论丛）》2023年第1期。

于多元化,这些专业人士可能工作于各类科研院所、公司,甚至是自由职业者。这就意味着,对这些新证据类型来说,传统上对鉴定意见基础要素的质量控制机制将不太适用,对新证据的质量控制主要依赖法庭审查这一使用环节,由于刑事诉讼法及相关司法解释目前对新证据类型(特别是“事故调查报告”)没有提供明确的审查规则,新证据类型的使用也受到了一定的弱化。这就导致两类新的证据类型从证据质量的控制方面存在双重弱化的风险。因此,对于这些新的证据类型亟待从立法和司法解释层面为司法工作人员提供一个相对明晰的证据审查框架。

第二,鉴定意见审查框架中对鉴定主体资质的单一化标准与新证据类型的专家来源广泛、资质多样存在潜在的冲突。对鉴定人和鉴定机构的主体资质审查是对鉴定意见进行审查的前提性条件。2021 年《刑诉法解释》第 98 条规定:“鉴定意见具有下列情形之一的,不得作为定案的根据:(一)鉴定机构不具备法定资质,或者鉴定事项超出该鉴定机构业务范围、技术条件的;(二)鉴定人不具备法定资质,不具有相关专业技术或者职称,或者违反回避规定的……”在裁判者看来,鉴定机构和鉴定人的资质是确保鉴定意见合法性和真实性的根本保障。① 这种法定资质恰恰是“专门性问题报告”和“事故调查报告”的专家不具备的。随着司法行政系统对司法鉴定市场整顿的开展,具有司法鉴定从业资格的人员和业务类型被限定在一些业务类型中。当然,出具这两类报告的专家们可能会有相关的研究成果、从业经验或者专业职称。这就意味着对提供专门性知识的主体资质的审查不能仅仅限定在是否具备鉴定人的法定资质方面,需要针对这些种类更为广泛的资格条件设定更为实质性的审查标准。

第三,新证据类型特别是“专门性问题报告”涉及的专业领域在传统的鉴定领域之外,其所运用的技术和方法是否成熟、是否具备足够的可靠性应该成为审查的重点。针对这些新领域、新技术和新方法的审查恰恰是鉴定意见审查框架所忽略的。在鉴定意见审

---

① 参见张军主编:《刑事证据规则的理解与适用》,法律出版社 2010 年版,第 90 页。

查框架中，只有一种情形涉及鉴定过程与方法，即鉴定过程和方法不符合相关专业的规范要求的鉴定意见不能作为定案根据的情形。也就是说，对鉴定过程和方法的判断是以相关专业的规范要求为标准的。因为现有规定的“各项鉴定业务均已具备较为成熟的检验鉴定规程和技术方法要求”，在司法实践中，重点关注的并不是鉴定所使用的技术方法，而是“鉴定材料信息的控制问题”。[①] 因此，在一些历史比较悠久、发展比较成熟的领域，这种规范要求常常是较为明确的；而在一些新兴领域，由于学科本身正处在快速成长的阶段，这种所谓的规范要求常常是不确定的或者是有争议的。对于裁判者来说，就需要对专业问题所使用的技术方法强化审查，以防止那些所谓的“垃圾科学”堂而皇之进入刑事诉讼中。在美国业已发现的刑事错案中，如毛发比对、咬痕比对、血清检验等一些学科方法导致了非常高比率的鉴定错误。[②] 我国在扩展专业问题证据类型的过程中，许多相对较新的学科领域和技术方法必然也会随之进入刑事诉讼中，裁判者在对这些新方法的审查过程中必然会面临更多的挑战，需要立法层面的规范指引。

四、建立一个更具实质性的整体审查框架

在解决刑事诉讼专门性问题上，我国面临着双重的难题：一是就传统的鉴定意见来说，尽管已经建立了相对成熟的规制框架，但对鉴定意见的审查依然流于表象，无法从根本上对鉴定意见的错误进行有效的防范；二是就新的证据类型来说，新证据类型的出现给裁判者带来了巨大的审查压力，当前以司法鉴定为中心的审查框架与新证据类型之间又存在诸多冲突，无法为新证据类型的审查提供有效的规制与指引。尽管这两个难题的表现形式有所差别，但归根结底核心问题还是法律如何对专门性证据进行有效的规制从而使其更好地服务于专门性问题的解决。随着社会的快速发展，既有的针对刑事诉讼中专门性证据的规制框架

---

① 张军主编：《刑事证据规则的理解与适用》，法律出版社 2010 年版，第 196 页。

② 参见[美]布兰登·L. 加勒特：《误判：刑事指控错在哪了》，李奋飞等译，中国政法大学出版社 2015 年版，第 76 页。

已经无法满足解决专门性问题的需求。在这一背景下,笔者认为,有必要对刑事专门性问题证据的规制框架进行改革与更新,建构一个更具包容性和有效性的整体审查框架。该审查框架至少应该从以下四个方面着手:

（一）在审查路径方面,分而治之走向合而为一

第一,在合法性上,应当在刑事诉讼法中进一步明确鉴定意见之外其他专门性证据的基本资格。目前“专门性问题报告”和“事故调查报告”主要体现在 2021 年《刑诉法解释》中,而在 2018 年《刑事诉讼法》第 50 条所规定的证据种类中涉及的专门性证据只有鉴定意见,没有“专门性问题报告”和“事故调查报告”,这一定程度上凸显了新证据类型合法性的不足。首先,正是因为新证据类型在刑事诉讼法中缺乏合法性地位,所以对这些新证据类型的归属和规范都主要依附在鉴定意见之下,其所适用的审查框架自然也就按照鉴定意见的审查框架展开。其次,在司法行政部门对鉴定机构大力整顿的背景下,司法行政机关备案登记的鉴定意见类型和数量在不断压缩,这与刑事司法所需要的专门性意见类型日趋广泛形成一种冲突。在这一背景下,刑事诉讼法不能将专门性知识的证据形式仅限定于鉴定意见,要在鉴定意见的基础上进一步扩展。基于鉴定意见的生成过程与其他非鉴定意见存在较大的差异,笔者认为,在证据种类中可以将“鉴定意见”修改为“鉴定意见及其他专门性报告”或者涵盖面更广的“专家意见”。①

第二,在审查标准上,应该适用相对统一的审查标准。如前所述,目前针对鉴定意见和新证据类型的审查标准是采用分而治之的处理方式:对鉴定意见,有相对全面的一套审查制度和标准,对新证据类型则是按照不同的类型“参照”鉴定意见进行适用。这种分而治之的处理方式一方面为新证据类型的审查带来双重弱化的重大风险,另一方面也会使裁判者在审查相关专门性证据时出现混乱。无论是鉴定意见还是新的证据类型,本质上都是在刑事诉讼中用来解决专门性问题的专门性证据。这些不同类型

① 参见李学军:《诉讼中专门性问题的解决之道——兼论我国鉴定制度和法定证据形式的完善》,载《政法论坛》2020 年第 6 期。

的专门性证据有着类似的认知结构和推理形式,不应该仅因为所涉及专业领域不同而适用不同的审查标准,更不应该对新证据类型采取含糊的“参照鉴定意见”的审查标准。因此,有必要对现有专门性证据的审查标准进行整合,建构相对明确的、统一的审查标准。

第三,在新证据类型的审查上,应当将专门性证据界定为新证据类型中涉及专门性问题的那一部分。无论是“专门性问题报告”还是“事故调查报告”,将其引入刑事诉讼中都是为了解决刑事诉讼中的专门性问题,“专门性问题报告”是“有专门知识的人就案件的专门性问题出具的报告”,“事故调查报告”中能够作为定案根据的主要是指“报告中涉及专门性问题的意见”。需要注意的是,新证据类型作为一个整体,除了涉及专门性事实问题部分,可能还包括一些一般性事实问题的认定、责任归属等其他部分。这些证据是包含多种成分在内的“混合体”,导致司法实践在证据归属方面存在一些混乱。比如,都是由有专门知识的人根据自己的专业知识出具的意见,而在司法实践中,常常会根据不同的情况分别以证人证言、书证、勘验检查笔录或鉴定意见的形式出现在刑事诉讼中。[①] 如前所述,专家出具的专门知识意见的证明机理与一般意义上的书证或证人证言存在显著的不同,将其随意归类,往往会带来审查上的困难。因此,在具体审查的过程中,要注意将新证据类型中的内容进行进一步细分,将专门性证据审查标准适用于专门性事实问题部分。

（二）专家资质上,应该建构一个更具包容性的审查标准

专门人士是否具备相应的专业资格是专门性证据的主体性要求。各国在专门人士的专家资质方面一般采用相对灵活包容的审查标准。在美国,《联邦证据规则》702 对专门人士的资格采用一种相对灵活的审查标准:“如果科学、技术或者其他专门知识将帮助事实审判者理解证据或者确定争议事实,因知识、技能、经验、训练或者教育而具有专家资格的证人,可以以意见或者其他形式就此作

---

① 参见最高人民法院刑事审判第一、二、三、四、五庭编:《刑事审判参考》总第 128 集,人民法院出版社 2021 年版,第 93～94 页。

证。”换言之,作证的专家证人只要通过相对多元的方式证明自己具有相应的知识、技能、经验、训练或教育即可以认定具备相应的作证资格。在德国,规定在刑事诉讼中应当优先选用公开任命宣誓的鉴定师,因为此类鉴定师条件最高,程序最严格,管理最规范,因而可信度最高。除了此类鉴定人员外,德国还存在可信程度逐渐递增的四类鉴定师:第一类是自命的鉴定师;第二类是专业协会认证的鉴定师;第三类是公共机构和国家认可的鉴定师;第四类是德国认证委员会及所属认证机构认证的鉴定师。[①] 由此可知,德国尽管强调要优先选用宣誓的鉴定师,但也没有完全排斥其他类型的鉴定师,而是通过建立一个可信度等级给予裁判者一个相对开放的选择空间。

我国传统鉴定意见的审查框架着重强调的是鉴定人和鉴定机构的法定资质,导致对鉴定者的资格审查“过分形式主义,基本依赖于官方预先编制的鉴定机构和鉴定名录进行判断,而忽略了鉴定者的实际专业素质和案件的具体情况”。[②] 而新的审查框架没有将是否具备法定资质作为成为鉴定者的前提,而是确立了更为多元化的实质性审查标准。这种多元化的标准可以从以下四个方面着手:(1)是否具备相关专业的从业资格或职称,这种从业资格是相对比较广泛的,除了司法鉴定人资格之外,还包括其他行业协会颁发的资格以及其他一些能够证明从业经历的资质;(2)是否有过相关的从业经历,比如是否主持过相关的研究项目,是否参与过相关的研究团队;(3)是否从事过专门的研究并发表过相应的研究成果;(4)在所从事行业中的同行评价状况等。需要特别指出的是,前述所罗列的这些条件都仅仅是参考性指标,并不是说专家一定需要具备其中的某一项条件,裁判者需要在参考相应指标的情况下对专家是否具备评价相应专门性问题的能力进行综合性、实质性的判断。

(三)强化对专业意见所使用科学原理或技术方法的审查

在专业意见推理结构中,大前提是科学原理和技术方法,而

---

① 相关介绍参见司法部赴德司法鉴定培训团:《德国司法鉴定制度》,载《中国司法鉴定》2010年第3期。

② 龙宗智、孙末非:《非鉴定专家制度在我国刑事诉讼中的完善》,载《吉林大学社会科学学报》2014年第1期。

这种科学原理和技术方法是否可靠恰恰决定了专业意见的可靠性。由于新证据类型所涉及的领域常常是传统鉴定领域所不涉及的，这些新领域所运用的科学原理和技术方法也不一定像传统的鉴定领域那样有相对稳定且持续更新的行业标准。这就意味着，过去可以由司法鉴定行业或司法行政管理机构提供的技术标准在新证据类型中往往是不确定的或不明确的，这就需要裁判者进行审查。作为大前提的专门性知识是否科学，以往的司法实践往往交由专业人士进行判断。美国最高法院在1923年的弗莱耶诉合众国案(Frye v. United States)中要求“据以进行推演的事情必须得到了充分的确立，在其所属特定领域获得了普遍接受”，从而确立了专门性知识的“普遍接受”标准。这一标准是根据某一专门性知识在其所属特定领域的接受程度判断专门性知识是否科学。美国最高法院在1993年的多伯特案中一定程度上吸收并打破了“普遍接受”标准。在该案判决中，法院强调法官在对专门性证据审查判断时要对该证据所应用的科学原理的有效性进行审查。为此，判决为审查者设定了一个开放性的审查框架，审查者可以从以下四个方面(这并不是封闭性的)进行审查：(1)该理论或技术能否(并且已被)检验；(2)理论或技术是否受到同行评议并发表；(3)某一项技术的潜在误差率；(4)在科学界的接受程度。[①] 相比于弗莱耶诉合众国案的“普遍接受”标准，多伯特案建构了一个多元的、开放的审查标准，该标准仅将科学界内部接受程度作为一种参考因素，这就打破了专门人士在专门性知识是否科学这一问题的判断权力上的垄断格局。

正如一些学者所发现的，“许多法官已经认识到，他们必须要仔细审查其中的基础实证数据和论理过程，以决定是否应该允许专家根据其所采用的方法论作证”。[②] 结合国内外对相关问题的处理，我国可以从以下几个方面对技术方法进行审查：(1)专门性证据中所适用的科学原理或技术方法在相关行业的使用和接受情况，这一

---

① 参见王进喜编译：《证据科学读本：美国“Daubert”三部曲》，中国政法大学出版社2015年版，第52～54页。

② [美]Edward J. Imwinkelried：《科学证据司法审查的进步轨迹：我的个人视角》，汪诸豪等译，载《证据科学》2022年第1期。

标准比较适用于那些发展比较成熟的学科。我国 2016 年《司法鉴定程序通则》第 23 条规定:“司法鉴定人进行鉴定,应当依下列顺序遵守和采用该专业领域的技术标准、技术规范和技术方法:(一)国家标准;(二)行业标准和技术规范;(三)该专业领域多数专家认可的技术方法。”需要注意的是,行业内的接受程度仅仅是一种参考标准;对于一些新兴行业来说,这一标准并不完全适用。(2)在一些新兴领域,可以审查技术方法是否得到了有效的验证;这种验证是实验数据的验证,需要通过一定的形式呈现出来。(3)随着对法庭学科理性认识的深入,人们逐渐意识到任何一种科学原理或技术方法运用到个案中时都会存在一定的误差率,这种误差率可能是潜在的也可能是已知的。① 对这种误差率的认识可以让裁判者对所使用的科学原理或技术方法本身的边界有一种更为清醒的认识,对运用其得出的结果能够更为理性地评估。

(四)进一步强化对专业意见推理过程的审查

在鉴定意见的审查框架中,裁判者基于对鉴定人的信任同时也是因为专业鸿沟的存在,对鉴定意见更多是一种遵从的态度,或者仅对鉴定人资质、鉴定人以往记录等外围方面进行形式上的审查。② 因此,还需要对这些专门性意见证据作进一步的实质审查。这种实质审查的一部分就是要对这些专门性意见的推理过程进行实质性的审查。专门性意见证据区别于其他证据的一个根本性特征在于其独特的演绎式推理结构:将某一科学原理或技术方法(大前提)应用于具体个案情境(小前提)中,从而得出一个结论性意见(结论)。针对新的证据类型,裁判者真正进入专业意见的推理过程中,考察其推理的步骤是否严密、推理所依据的前提条件是否能够成立、推理过程中所依靠的小前提是否可靠等。司法实践中,一些个案的处理从正反两个角度说明了裁判者对“专门性问题报告”推理

---

① See Paul Roberts & Michael Stockdale ed., *Forensic Science Evidence and Expert Witness Testimony: Reliability Through Reform?*, Edward Elgar Publishing Limited, 2018, p. 301.

② 参见陈如超:《刑事鉴定制度改革研究》,群众出版社 2015 年版,第 130 ~ 132 页。

过程的实质审查既是可能的，也是非常必要的。[①] 美国《联邦证据规则》702(d)在2000年修订之后明确规定专家证言的提出方必须要展示“该专家已可靠地将原则和方法应用于案件事实”，强调需要将专业意见推理过程展示出来以便裁判者能够更好地进行审查。

---

① 比如2020年张永明等人故意毁损名胜古迹案(最高人民法院指导案例147号)中对“专门性问题报告”的审查，具体参见最高人民法院刑事审判第一、二、三、四、五庭编：《刑事审判参考》总第128集，人民法院出版社2021年版，第89～91页。

第七章 庭审排非调查程序的嵌入与塑造

在我国刑事证据制度改革过程中,移植借鉴域外既有证据规则是一条重要的改革路径。移植借鉴的证据规则能否有效融入我国刑事诉讼制度体系中并发挥其在异域国度的类似功能是一个值得探讨的问题。比较法领域的大家达马斯卡曾经告诫,“试图融合普通法系和大陆法系事实认定的办法,必须对其潜在成本保持警醒”,因为“即便是原文照搬的同一规则,在变换后的制度背景下也会获致相异的意义,产生不同的结果”。[①] 在我国,陈瑞华教授也曾对这些移植来自“彼岸世界”的证据规则能否有效回应“此岸世界”,也就是对中国当前的复杂问题表示适度的怀疑。[②] 如果说这些理论上的研究仅仅提供一种警示意义,那么自 2010 年以来我国刑事证据制度的快速发展则为我们提供了一个观察的机会:一些来自异域的证据规则被引入我国将受到什么样的影响,其将以什么样的面貌出现在刑事诉讼法律体系当中,又将以何种样态呈现在既有的刑事司法系统当中。

非法证据排除规则作为过去十余年被倾注了

---

① 参见[美]米尔吉安·R. 达马斯卡:《比较法视野中的证据制度》,吴宏耀、魏晓娜等译,中国人民公安大学出版社 2006 年版,第 232 页。

② 参见陈瑞华:《证据法学研究的方法论问题》,载《证据科学》2007 年第 Z1 期。

许多心力的刑事证据规则,其被多部规范进行全面的确立并被不断地调整。2010 年"两高三部"联合颁布的《排非规定》意味着我国非法证据排除规则经过多年的努力终于进入规范体系建设阶段。[①] 2012 年修正的《刑事诉讼法》及相关司法解释对《排非规定》予以充分的吸收;2013 年前后,中央政法委、最高人民法院、最高人民检察院及公安部分别颁布了防范冤假错案的相关规定,对非法证据排除规则的范围作了进一步的扩大。2017 年,"两高三部"联合颁布《严格排非规定》,对非法证据排除规则适用过程中存在的问题进行了具有针对性的规定;同年,最高人民法院颁布刑事案件审理的"三项规程",其中包括《排非规程》。2021 年《刑诉法解释》进一步吸收了之前的相关规定,特别是《严格排非规定》的相关内容。针对非法证据排除问题,在过去的十几年中,先后有多个规定进行针对性的规范,"两高三部"更是联合颁布了两个专门规范。这一方面体现了我国对非法证据排除问题的重视;另一方面如此之多的规范和机构针对非法证据排除问题联合颁布相应规范,一定程度上也体现了解决非法证据排除问题难度确实不小。

为了使论题更为集中,本章将聚焦于非法证据排除的庭审调查程序。

能否有效地排除非法证据实现非法证据排除规则的程序性制裁效果取决于很多因素,其中建构一个行之有效的非法证据排除程序是关键因素。[②] 因此,早在 2010 年《排非规定》颁布之前,便有学者从比较法的角度对非法证据排除程序的建构提出设想;[③]在 2010 年之后,也有学者对该问题在理论层面进行了总结。[④] 但更为重要

---

① 关于我国非法证据排除规则的立法进程梳理,参见吴洪淇:《非法言词证据的解释:利益格局与语词之争》,载《法学家》2016 年第 3 期。

② 关于非法证据排除规则有效性影响因素讨论,参见孙远:《论非法证据排除规则有效适用的三个要素——以侦查追诉阶段排除非法证据为视角》,载《政治与法律》2018 年第 4 期。

③ 比如参见陈瑞华:《审判之中的审判——程序性裁判之初步研究》,载《中外法学》2004 年第 3 期;陈卫东、刘中琦:《我国非法证据排除程序分析与建构》,载《法学研究》2008 年第 6 期。

④ 参见陈瑞华:《非法证据排除程序再讨论》,载《法学研究》2014 年第 2 期;吴洪淇:《非法证据排除的程序性建构与检视——从"两个证据规定"到〈刑事诉讼法修正草案〉》,载《证据学论坛》第 17 卷。

的是,笔者注意到在不同部门出台的相关规范中,非法证据排除庭审调查程序如何设计是一个焦点问题,在这一问题上常常出现不同规范之间“寸土必争”的现象。本章第一部分主要对庭审排非程序的理论预设及其所借助的域外资源进行考察,这一理论预设和域外资源一定程度上构成了我国庭审排非程序的起点和来源;第二部分则着重考察十几年来庭审排非程序所经历的制度变化及其背后的理论争点,从而描摹出庭审排非程序在刑事司法这一制度环境中是如何进行发展的;第三部分主要从理论层面反思庭审排非程序在被塑造过程中的经验与教训。

一、庭审排非程序改革的理论预设与域外资源

在2010年之前,我国的刑事诉讼法和相关司法解释只有零星的非法证据排除条款,并未确立体系化的非法证据排除规则及相关程序。在立法层面,1979年《刑事诉讼法》规定:“严禁刑讯逼供和以威胁、引诱、欺骗以及其他非法的方法收集证据。”该条款禁止采用非法取证方法,但对违反该禁止性规定的后果没有明确的规定,也没有明确对相关证据要加以排除。鉴于此,1998年《刑诉法解释》第61条中增加了一个制裁性后果:“严禁以非法的方法收集证据。凡经查证确实属于采用刑讯逼供或者威胁、引诱、欺骗等非法的方法取得的证人证言、被害人陈述、被告人供述,不能作为定案的根据。”这就为法庭庭审阶段非法证据排除问题提供了一个较为明确的依据。这一条款不仅存在于立法和司法解释层面,而且在司法实践中也被广泛援引。但由于非法证据排除规则体系本身还不够成熟,也缺乏相应的程序加以落实,非法证据排除规则的落实状况并不理想。

以1998年发生在云南的杜培武案为例,该案案发时恰恰在1998年《刑诉法解释》颁布之后。该案庭审开始后,被告人杜培武就向法庭陈述了在侦查过程中遭受刑讯逼供的情况并将手上、腿上及脚上的伤痕让合议庭进行验证。杜培武提出,在审查起诉阶段由驻监所检察官对伤情拍照了。律师据此援引1998年《刑诉法解释》第61条,申请排除被告人口供。第二次开庭,公诉方表示并未找到相应的照片。杜培武将被刑讯逼供时穿的血衣当庭展示。但是法

院并未排除非法证据,甚至连作为物证的血衣亦未再出现。[①] 杜培武案展示了在个案中非法证据排除规则的实践状况,法庭不会对非法证据排除申请进行专门的裁判,也不存在相对独立的裁判,法律没有明确控辩双方在非法证据排除的证明问题上的证明责任分配和证明标准,一审法院无视非法证据排除申请,辩方也没有合法的救济渠道。这种情况不仅存在于杜培武案中,杜培武案真实反映了那一时期我国法院对非法证据排除问题处理的基本情况。[②] 该案的实践表明,即便像杜培武案中辩方具有充分的证据,即便最高人民法院司法解释明确规定非法证据排除规则,如缺乏相应的程序空间、证明规则和裁判规则予以配合,那些被证明的非法证据便无法被排除,案件实体裁判也完全不会因此而发生变化。换言之,即使有了实体上的非法证据排除规则,如果缺乏有效的非法证据排除程序,非法证据排除规则也很难落实。

2004 年,最高人民法院成立了五人专家小组,专门负责调研、制定"关于审理普通刑事案件中非法言词证据排除问题的若干意见"草案。2008 年,"完善刑事诉讼证据制度"被纳入新一轮司法改革的计划中,"两个刑事证据规定"成为该部分工作的核心内容。[③] 因此,可以说 2010 年《排非规定》的出台是长期酝酿的结果。作为第一个专门规定非法证据排除问题的司法解释,该规定从实体、程序等多方面完善了非法证据排除的相关规定。其中,在非法证据排除庭审调查程序方面,该规定一个重要的突破就是确立了先行调查规则,也就是一旦"被告人及其辩护人在开庭审理前或者庭审中,提出被告人审判前供述是非法取得的,法庭在公诉人宣读起诉书之后,应当先行当庭调查"。关于该规则的具体分析将在本章的第二部分展开。需要指出的是,先行调查规则是我国在程序性裁判方面的一个重大突破:在刑事诉讼的实体审判程序中嵌入一个相对独立

---

① 关于杜培武案的详细介绍,参见王达人、曾粤兴:《正义的诉求:美国辛普森案与中国杜培武案的比较》(修订版),北京大学出版社 2012 年版,第 71 ~79 页。

② 参见陈瑞华:《审判之中的审判——程序性裁判之初步研究》,载《中外法学》2004 年第 3 期。

③ 有关刑事证据规定制定过程的介绍,参见王和岩等:《重整刑案证据链》,载《新世纪周刊》2010 年第 25 期。

的程序性裁判程序,并且明确了在实体性裁判解决之前优先解决证据的合法性问题。这种制度设计思路秉持了“程序优先于实体”的理念,对于矫正“重实体,轻程序”“重过程,轻结果”的传统制度惯性具有重要意义。

先行调查规则能得以确立是司法实务界对域外相关理论加以吸收的成果,一定程度上代表了从域外移植先进制度的一种理想制度模型。这一点从起草者的相关说明可以看出。首先,在起草者看来,最高人民法院在1998年《刑诉法解释》中所确立的非法言词证据排除规则之所以在实践中很少运用,其中一个重要原因就是“没有设置专门的程序来规范对非法证据的审查与裁决”。① 其次,在对先行调查规则的正当性加以证成的时候,起草组分别援引美国有关非法证据排除的审前动议程序、英国和加拿大的预先审核程序以及德国的中间程序作为论证的基础。② 这些程序无一例外都是在庭审前或庭审中解决非法证据排除问题的相对独立的程序。③ 最后,起草组在说明中明确将对被告人供述的任意性以及非法证据排除问题的裁判定位为“审判之中的审判”,也就是“法院在审判被告人刑事责任问题的过程之中,就被告人供述的证据效力所进行的附带审判”。④ 在这一程序中,如果控方无法证明口供为合法所得,法庭即排除该口供的证据资格,使其不能进入法定的证据调查程序,即不许宣读、质证。

之所以要在实体性审判程序之外为非法证据排除设计一个相

---

① 参见张军主编、最高人民法院刑事审判第三庭编著:《刑事证据规则理解与适用》,法律出版社2010年版,第317页。

② 参见张军主编、最高人民法院刑事审判第三庭编著:《刑事证据规则理解与适用》,法律出版社2010年版,第315~316页。2013~2014年,最高人民法院还曾专门指派法官访问团赴英国考察交流非法证据排除制度,专门对非法证据的预先审核程序进行了考察,认为这种独立的证据可采性裁决程序具有重要借鉴价值。参见最高人民法院:《“英国非法证据排除制度”考察团:“英国非法证据排除制度考察报告”》,载中华人民共和国最高人民法院刑事审判第一、二、三、四、五庭主办:《刑事审判参考》总第101集,法律出版社2015年版,第44页。

③ 关于美国非法证据排除程序实际审判案例的一个侧记,参见易延友:《非法证据排除规则的中国范式》,北京大学出版社2022年版,第58~86页。

④ 张军主编、最高人民法院刑事审判第三庭编著:《刑事证据规则理解与适用》,法律出版社2010年版,第317页。

对独立的调查程序，这与非法证据排除规则本身的特点有关。在非法证据排除规则运行过程中存在两难的困境：一方面，要排除非法证据就需要诉诸中立的裁判者，让裁判者对该证据是否属于非法证据、是否需要排除作出裁判；另一方面，一旦裁判者接触到这些所谓“非法证据”，即便事后宣布将这些证据排除出去，这些证据已然在裁判者的内心留下了深刻的印记，必然会对裁判者后续事实认定产生实质性的影响。毕竟，“对于任何人——无论是陪审员还是职业法官——知而不用都是一个显而易见的难题”。[①] 特别是在这些“非法证据”能够和其他证据相互印证时，更难以将这些证据的影响从裁判者的心证中完全消除。如果不能建立一种有效的证据隔离程序将这些存疑的“非法证据”与事实裁判者隔离开来，那么非法证据排除规则就很容易在实践中被架空。正因为如此，非法证据排除程序建构的一个基本要求就是实现非法证据与事实裁判者之间的有效隔离。

为了实现有效隔离，笔者认为，在程序设计方面可以从以下三个方面展开：

第一，应将非法证据程序裁判者与案件事实的裁判者之间进行相对区分。也就是说，主持非法证据排除程序的裁判者与正式庭审程序的事实认定者不再由同一主体担任，以避免正式庭审程序的事实认定者因为事先接触了可能的非法证据而导致心证受其影响。[②] 英美国家的陪审团审判是在这方面努力的典型代表：职业法官负责对证据的可采性进行判断，通过庭前动议程序、法官席前磋商等方式对证据能否提交法庭等问题进行裁断；陪审团负责对进入庭审证据的证明力进行认证和评估并最终对案件涉及的事实问题作出裁判。这样作为案件事实裁判者的陪审团就自然而然地与那些非法证据实现了隔离，确保这些非法证据不会对其心证产生不必要的影响。第二，应将非法证据排除程序与案件事实审理程序进行相对分离。前述美国的审前动议程序、英国和加拿大的预先审核程序以及

---

① 参见［美］米尔吉安·R. 达马斯卡：《比较法视野中的证据制度》，吴宏耀、魏晓娜等译，中国人民公安大学出版社 2006 年版，第 217～218 页。

② 关于主体分离的基本原理，参见吴洪淇：《刑事证据审查的基本制度结构》，载《中国法学》2017 年第 6 期。

德国的中间程序等类似程序都一定程度上体现了程序分离的思想。第三，对非法证据排除申请的即时优先解决。非法证据排除申请提出之后如果无法得到即时优先解决，那么相关诉求很容易被实体性裁判问题吸收，非法证据排除就难以得到落实。以美国为例，控辩双方在庭审上提出的各种证据异议会得到法官的即时裁决，一旦出现无法解决的争议，控辩双方会被召集到法官席前低声（避免陪审团听到影响其判断）进行讨论进而进行裁决。[①]

当然，上述三个方面的保障只是一种理想状态，各国的具体制度会因本国的具体情况而有所差异。以主体分离为例，德国的职业法官既负责庭审阶段的法庭调查，也会在庭前接触那些应当被排除的证据，因此，对他们来说，排除证据的效果更多是"为法庭论证判决增加困难"。[②] 那么，这种程序优先实体的理念被引入我国，"审判之中的审判"的制度模型嵌入我国刑事司法系统中之后会发生什么样的变化，这将在本章第二部分中详细探讨。

二、我国庭审排非调查程序的建构与徘徊

如表 7－1 所示，从 2010 年以来，至少有六部与非法证据排除相关的规范均涉及非法证据法庭调查程序问题。这一方面充分说明该问题是非法证据排除规则实践过程中高度关注的一个问题，另一方面也可以通过这些规范观察庭审排非调查程序的建构过程。但是这六部规范对这一问题的规定呈现出微妙的区别。从历史发展来看，这些规则大致经历了以下曲折的过程：

表 7－1　非法证据法庭调查启动节点的相关规定

相关规范性文件	具体规定
"两个刑事证据规定"	被告人及其辩护人在开庭审理前或者庭审中，提出被告人审判前供述是非法取得的，法庭在公诉人宣读起诉书之后，应当先行当庭调查

① 参见［美］罗纳德·J. 艾伦等：《证据法：文本、问题和案例》（第 3 版），张保生等译，满运龙校，高等教育出版社 2006 年版，第 4 页。

② 参见［德］托马斯·魏根特：《德国刑事诉讼程序》，岳礼玲、温小洁译，中国政法大学出版社 2004 年版，第 188 页。

续表

相关规范性文件	具体规定
2012 年《刑诉法解释》	对证据收集合法性的调查,根据具体情况,可以在当事人及其辩护人、诉讼代理人提出排除非法证据的申请后进行,也可以在法庭调查结束前一并进行
2012 年《六部委实施刑诉法规定》	法庭经对当事人及其辩护人、诉讼代理人提供的相关线索或者材料进行审查后,认为可能存在《刑事诉讼法》第 54 条规定的以非法方法收集证据情形的,应当对证据收集的合法性进行法庭调查。法庭调查的顺序由法庭根据案件审理情况确定
2017 年《严格排非规定》	庭审期间,法庭决定对证据收集的合法性进行调查的,应当先行当庭调查。但为防止庭审过分迟延,也可以在法庭调查结束前进行调查
2017 年《排非规程》	人民法院决定对证据收集的合法性进行法庭调查的,应当先行当庭调查。对于被申请排除的证据和其他犯罪事实没有关联等情形,为防止庭审过分迟延,可以先调查其他犯罪事实,再对证据收集的合法性进行调查
2021 年《刑诉法解释》	庭审期间,法庭决定对证据收集的合法性进行调查的,应当先行当庭调查。但为防止庭审过分迟延,也可以在法庭调查结束前调查

第一阶段,彻底的先行调查规则的确立。

经过多年的酝酿,2010 年颁布的《排非规定》首次确立了非法证据排除问题的先行调查规则,该规定第 5 条第 1 款规定:“被告人及其辩护人在开庭审理前或者庭审中,提出被告人审判前供述是非法取得的,法庭在公诉人宣读起诉书之后,应当先行当庭调查。”该规定有三个特点:第一,将非法证据当庭调查程序的启动设定了一个较低的条件,只要被告人及其辩护人在开庭审理前或庭审中提出被告人审判前供述是非法取得的,法庭就需要启动非法排除规则的调查程序。这一“低门槛”实际上将调查程序的启动权交给了被告人及其辩护人。第二,对被告人及其辩护人的非法证据排除申请,法庭并未单独设置审查环节决定是否启动调查程序,也没有赋予法庭对非法证据排除申请进行审查以便决定是否启动调查程序的权力。第三,对非法证据排除申请应该在公诉人宣读起诉书之后、案件进入法庭调查阶段之前先进行调查。这一方面明确了非法证据排除调查程序优先于案件事实的法庭调查程序,而且没有任何例外情形,法庭在该问题上没有任何的裁量空间;[①]另一方面特别明确规定了非法证据排除调查程序启动的时间节点,就是在公诉人宣读起诉书之后、案件进入法庭调查阶段之前,这也进一步压缩了法庭在这一问题上的裁量权。

综上所述,2010 年《排非规定》第 5 条第 1 款实质上确立了一种彻底的先行调查规则,这是我国首次在刑事诉讼程序中确立的一种程序性裁判优先于实体性裁判的制度设计,具有重大的意义。该规则将法庭调查阶段的非法证据排除调查程序的启动权赋予了被告方,控方对该程序启动没有可以影响的途径和空间,法庭对该程序启动的裁量空间也受到了很大的压缩。这种制度设计一方面彰显了相关部门解决非法取证问题的决心,通过较低的门槛设计,压缩控方和法庭在非法证据排除调查程序上的控制权,鼓励辩方大胆提出非法证据排除的申请;另一方面也彰显了相关部门希望将非法证据排除程序与案件实体问题调查程序进行一定的区隔,希望在案件主要事实问题解决之前先解决非法证据排除争议问题,避免不可采的非法证据进入法庭调查阶段,从而达到将非法证据有效排除的目的。"对证据的合法性进行审查应当设置一个专门程序,这个程序既在庭审的法庭调查当中,又相对独立于法庭对指控的犯罪事实的调查,这也是制定本规定的前提所在,如果不使用明确、具体的规范来设置此专门程序,《排非规定》规范取证行为的宗旨将根本无法实现"。[②] 在这一理念下,彻底的先行调查规则得以确立。

---

① 这一点也体现了辩方的诉求。早在 2006 年,由全国律师协会刑事业务委员会主导的《刑事诉讼法再修改建议稿》就明确提出:被告方提出非法证据排除申请之后,"法庭经简单审查即裁定该证据不得在法庭上提出的,审判不中断。公诉人、被告人、辩护人对证据合法性存在较大争议,一时难以查明的,法庭应当宣布休庭,对证据合法性进行审查"。这一规定建议的核心诉求就是"法庭受理申请后,应当中止刑事案件的审理,专门就证据合法性问题进行听审并作出裁定"。参见田文昌、陈瑞华主编:《〈中华人民共和国刑事诉讼法〉再修改律师建议稿与论证》,法律出版社 2007 年版,第 18、74 页。

② 张军主编、最高人民法院刑事审判第三庭编著:《刑事证据规则理解与适用》,法律出版社 2010 年版,第 317 页。

第二阶段，先行调查规则的消解。

然而，这种理想化的程序设计很快在司法实践中遇到了挑战。这种挑战来自三个方面：首先，辩方只要申请就可以启动非法证据排除调查程序，这对辩方来说无疑是一种鼓励，大大提高了辩方申请非法证据排除调查程序的积极性。《排非规定》颁布之后，刑事辩护律师积极提出非法证据排除申请以启动调查程序。由于《排非规定》设定的启动门槛很低，而且在非法证据调查程序启动前并未明确设计一个审查程序，如果辩方提出的非法证据排除申请无法激活调查程序，则会导致辩方对审判方的不满，甚至引发比较激烈的辩审冲突。其次，控方对这一程序的设计也感到诸多不适应，对庭审一开始便由控方充当证据合法性的辩护方这种角色倒置比较抵触。① 最后，从审判方来说，该程序设计也带来诸多庭审上的困难。在一些案件中，庭审进入实质审查之前，围绕非法证据排除调查已经耗费了大量的时间，有的案件开庭后对证据收集合法性的审查时间甚至占了全部庭审时间的 70%。② 结果导致"非法证据排除（调查）占据开庭审理，导致庭审主次不分……庭审的中心功能没有实现"。③ 正因为如此，2012 年对先行调查规则的相关条款作了重大修改。

首先，尽量将排非问题分流到庭前会议中解决，减轻庭审中调查非法证据的压力。一方面要求辩方尽量在开庭审理前提出非法证据排除申请，除非在庭审期间才发现相关线索或材料（2012 年《刑诉法解释》第 97 条）；另一方面通过庭前会议解决非法证据排除问题。对于庭前提出非法证据排除申请的，审判人员可以召开庭前会议听取意见，人民检察院可以通过出示有关证据材料等方式，对证据收集的合法性加以说明（2012 年《刑诉法解释》第 99 条）。

---

① 2013 年笔者在漳州市进行相关调研时，一位公诉处检察官谈道："在庭审阶段提起排除非法证据的申请，我们培训的时候，也反复提到北京那边的一个案子，但我在看的时候，我感觉很不舒服，好像整个在讯问公诉人的感觉，我觉得不是很合理。"

② 参见戴长林等：《中国非法证据排除制度：原理·案例·适用》，法律出版社 2016 年版，第 147 页。

③ 参见胡云腾等：《〈关于适用《中华人民共和国刑事诉讼法》的解释〉的理解与适用》，载中华人民共和国最高人民法院刑事审判第一、二、三、四、五庭主办：《中国刑事审判指导案例》（增订第 3 版），法律出版社 2017 年版，第 459 页。

其次,明确区分了非法证据排除申请的审查程序与调查程序,突出强调法庭对非法证据排除申请的调查权力。2012 年《刑诉法解释》第 100 条明确提出,在法庭审理过程中,对辩方排除非法证据的申请,法庭应当进行审查。经审查,法庭对证据收集的合法性有疑问的,应当进行调查;没有疑问的,应当当庭说明情况和理由,继续法庭审理。通过将排非申请的审查与调查程序分离,使非法证据排除调查程序的启动权完全由法庭掌控。最后,与《排非规定》不同的是,2012 年《刑诉法解释》不再强调排非调查程序的优先性,提出对证据收集合法性的调查,根据具体情况,可以在被告人及其辩护人提出排除非法证据的申请后进行,也可以在法庭调查结束前一并进行。这就将排非程序启动的时间点限定在法庭调查这样一个宽泛的时间段中,不再强调排非程序与法庭调查程序的相对分离。几乎同一时间颁布的《六部委实施刑诉法规定》第 11 条中则直接规定:应当对证据收集的合法性进行法庭调查。法庭调查的顺序由法庭根据案件审理情况确定。该条款更是将证据合法性调查顺序完全交给法庭决定。在两年左右的时间里,非法证据排除先行调查规则实际上被消解了,排非调查程序的相对独立性也不再被强调。

第三阶段,先行调查规则再次确立和限缩。

2012 年《刑诉法解释》对庭审排非程序进行了改革,将排非调查程序的顺序、时间节点等问题的裁量权交给法庭,法庭对排非程序启动享有主导权。一方面,对于辩方的排非申请,一些法院通常不先行调查,而是留待法庭调查结束前一并调查,甚至不予调查。[①] 由于不进行先行调查,排非调查程序与法庭对主要事实的调查程序并无显著区分,在这种情况下,辩方即便提出了排非申请也无法明确知道其申请的结果,即便法庭没有启动相关的调查程序,辩方也无法采取有效的异议措施。另一方面,即便法庭针对排非申请启动了相关的调查程序,但由于该程序与法庭调查程序合为一体,法庭对相关的申请并不会给出一个明确的裁

---

① 参见戴长林等:《中国非法证据排除制度:原理 · 案例 · 适用》,法律出版社 2016 年版,第 150 页。

判。其结果是,法庭排非程序逐渐流于形式,非法证据排除规定的适用效果被消解。正是基于上述考虑,2017 年 2 月,最高人民法院颁布的《关于全面推进以审判为中心的刑事诉讼制度改革的实施意见》第 23 条再次确立并强调排非先行调查规则。该条规定:“法庭决定对证据收集的合法性进行调查的,应当先行当庭调查。但为防止庭审过分迟延,也可以在法庭调查结束前进行调查。”2017 年 6 月颁布的《严格排非规定》直接将该条款予以吸收。

该规定和其他相关规定主要包括以下 4 个方面内容:其一,进一步延续了 2012 年《刑诉法解释》中规定的法官对法庭排非程序启动的调查控制权,由法官对辩方排非申请进行审查以确定是否启动相应的调查程序。其二,重新确立了庭审中证据收集合法性调查优先进行的基本原则。如果辩方在庭前或者庭审中提出排非申请,法庭原则上都要对证据收集的合法性进行先行调查。但是设定了例外情形,也就是说,如果非法证据的调查可能会导致“庭审过分迟延,也可以在法庭调查结束前进行调查”。其三,强调对排非申请回应的即时性,法庭对证据收集的合法性进行调查后,应当当庭作出是否排除有关证据的决定。必要时,可以宣布休庭,由合议庭评议或者提交审判委员会讨论,在再次开庭时宣布决定(《严格排非规定》第 33 条)。其四,强调对非法证据的隔离要求。在法庭作出是否排除有关证据的决定前,不得对有关证据宣读、质证。对依法予以排除的证据,也不得再宣读、质证,不得作为判决的根据。

第四个阶段,先行调查规则的稳定发展期。

2017 年之后,庭审排非程序的先行调查规则进入了一个稳定发展期。2017 年 11 月颁布的《排非规程》一方面对先行调查规则重新强调;另一方面又在该例外之前增加了一个前提条件加以限定:“对于被申请排除的证据和其他犯罪事实没有关联等情形。”显然,在《排非规程》的制定者看来,“为防止庭审过分迟延”这个例外条件过于模糊,在司法实践中很容易被滥用,需要进一步明确例外情形。因此,用“被申请排除的证据和其他犯罪事实没有关联”这样一个较为明确的前提条件加以限定,就进一步压缩了司法实践中法官选择例外情形的裁量空间,防止例外情形反过来架空先行调查规则。但这个限定并未被2021年《刑诉法解释》吸收。该解释重申了2017年《严格排非规定》中的规定,采用了完全相同的表述方式。这在一定程度上也意味着,在经过11年左右运行磨合调整之后,先行调查规则逐渐进入一个相对稳定的运行状态。这种稳定不仅体现在司法解释规范的相对确定上,也体现在司法实践对该程序体系的落实上。① 但也需要注意,2021年《刑诉法解释》对2017年《严格排非规定》中所规定的即时回应要求和证据隔离要求并没有再作明确规定。当然,没有明确规定也不意味着对这两个问题不再作要求,因为《严格排非规定》作为由"两高三部"联合颁布的专门规定非法证据排除问题的司法解释目前依然是有效适用的。

三、庭审排非程序空间塑造的理论反思

由于非法证据排除是一种程序性制裁的手段,故非法证据排除的裁判需要有一个相对独立的程序空间才能够有效运行。② 这一相对独立的程序空间并非自然而然生成的,也不是通过一条规定就可以迅速建构起来的。如表7-2所示,过去十几年,我国庭审排非程序经过多次规定,逐渐从一条相对单薄的先行调查规则演变为一个体系化的庭审调查程序。在这个过程中,先行调查规则一度被架空、消解、限制甚至被完全取消,但最终经过磨合改造,逐渐形成了具有中国特色的先行调查规则及其配套制度体系。总结过去十几年来我国庭审排非调查程序的改革过程,笔者认为,可以从以下三个方面进行理论反思。

---

① 根据左卫民课题组在西部B市法院系统调研情况,15个启动非法证据排除庭审调查的案件中,有14起案件遵循了先行调查要求,也就是在正式法庭调查程序之前先进行"排非"调查程序。参见左卫民等:《庭审实质化改革实证研究:以法庭调查方式为重点》,法律出版社2021年版,第115页。

② 参见陈瑞华:《程序性制裁理论》(第3版),中国法制出版社2017年版,第254页。

表7-2　我国非法证据排除庭审调查程序流变

相关规范性文件	“两个刑事证据规定”	2012年《刑诉法解释》	2017年《严格排非规定》	2017年《排非规程》	2021年《刑诉法解释》
庭前会议在排非中的作用	无庭前会议程序	庭前会议程序仅限于“了解情况，听取意见”	鼓励开庭前提出排非申请，庭前会议达成的意见具有效力	庭前会议排非功能和效力得到进一步强化	鼓励开庭前提出排非申请，庭前会议达成的意见具有效力
权力控制配置	辩方有排非申请权，没有一个明确的审查阶段解决是否启动调查程序	辩方有排非申请权，法官有对申请加以审查的权力	辩方有排非申请权，法官有对申请加以审查的权力	辩方有排非申请权，法官有对申请加以审查的权力	辩方有排非申请权，法官有对申请加以审查的权力
是否先行	是	不要求	原则上需要，例外情形下不需要	原则上需要，例外情形下不需要，对例外情形作了限定	原则上需要，例外情形下不需要
是否独立	是	不要求	要求	要求	要求
是否即时回应	不明确	不要求	要求	要求	不明确
是否隔离	不明确	不要求	要求	要求	不明确

注：因为2012年《六部委实施刑诉法规定》仅个别条文涉及庭审排非程序，故没有列入本表中。

第一，独立程序空间的塑造需要良好的制度运行环境加以支撑。

在非法证据排除功能的承担上，庭审阶段中排非所起到的作用逐渐由“主导”转向“补充”。庭审阶段在排除非法证据问题上应该承担什么功能，我国大体上可以分为三个阶段：第一阶段，完全由庭审阶段承担排除非法证据的任务。这一阶段主要体现在2010年《排非规定》中，由于1996年《刑事诉讼法》并未建立庭前会议制度,故在《排非规定》中无法在庭前就非法证据排除作出相应的制度安排。结果是希望所有的非法证据排除问题都放在庭审阶段解决,使法院原有的庭审秩序受到较大的冲击。因此,到了第二阶段,2012 年《刑诉法解释》通过新建立的庭前会议承担非法证据排除的分流功能,但由于庭前会议的功能仅被局限在“了解情况,听取意见”,法庭对排除非法证据的处理效力处于相对模糊的状态。在庭前辩方提出排非申请方面,尽管强调法庭应当告知辩方“应当在开庭前提出”(2012 年《刑诉法解释》第 97 条)排非申请,但并没有明确辩方违反该规定的程序性后果。这就使庭前会议对排非问题的分流作用相对有限,庭审阶段依然承担着排非问题的主要功能。第三阶段,2017 年《严格排非规定》在先前的基础上进一步从正反两个方面强化了庭前会议的排非功能。一方面是赋予庭前会议排非问题处理的程序效力,赋予控辩双方以程序利益。《严格排非规定》第 26 条规定:“公诉人、被告人及其辩护人在庭前会议中对证据收集是否合法未达成一致意见,人民法院对证据收集的合法性有疑问的,应当在庭审中进行调查;人民法院对证据收集的合法性没有疑问,且没有新的线索或者材料表明可能存在非法取证的,可以决定不再进行调查。”另一方面从反面要求“被告人及其辩护人在开庭审理前未申请排除非法证据,在法庭审理过程中提出申请的,应当说明理由”(《严格排非规定》第 29 条)。这就对不及时提出排非申请的行为施加了一种程序性制裁,鼓励辩方尽量在庭前提出排非申请。这样的程序设计希望能够通过庭前会议有效分流排非问题,将排非问题尽量在庭前阶段加以解决。

前述过程表明,没有良好的制度环境,先行调查规则在司法实践中就会举步维艰。这种外部制度环境至少要考虑以下两个方面:其一,程序设计要与其所能够承担的功能相适应。一定程度上说,2010 年《排非规定》所确立的先行调查规则是因为对庭审阶段排除非法证据有着很高的期待,所以庭审阶段的排非程序才被赋予了其无法承受的重要责任。重压之下,庭审排非程序变成了各种矛盾和压力汇聚的焦点。通过逐渐强化庭前会议排非功能,非法证据排除问题在庭前被有效地分流和缓冲,法庭和控方对非法证据排除问题也就有所准备和应对。庭审阶段所承担的排非功能逐渐变成一种补充性的功能，主要局限在庭前会议阶段无法就排非问题达成一致的案件，或者在庭审开始之后才发现相关线索或材料的案件，庭审阶段的排非压力被大大减轻。其二，一个独立程序空间的建构需要与其他程序相互配合、良性互动。在排非问题上，庭前阶段与庭审阶段要进行良性互动，体现在庭前会议要有效分流非法证据排除问题，即庭前会议对非法证据问题的审查效力和结果要与庭审调查程序对接，且庭审调查程序要对庭前会议的调查进行回应。

第二，程序控制权配置问题上，程序相关各方要保持一种较为平衡的状态。

在我国庭审排非程序空间建构的过程中，程序相关各方的控制权大致经历了从失衡走向平衡的过程。在2010年《排非规定》确立的框架中，辩方的排非申请只要提出了相应的“线索或材料”，法庭就要启动庭审排非的调查程序。由于司法解释层面没有明确将排非申请的审查与调查分离，也没有明确法庭对排非申请的审查权限和调查程序启动的基本标准，“线索或材料”本身又带有较大的含糊性，导致辩方与审判方在排非程序的启动方面出现较大的冲突，有的辩护律师甚至会因为庭审没有启动调查程序而采取极端的方式。一旦启动调查程序，按照2010年《排非规定》的安排，则需要在法庭正式调查之前进行先行调查，没有例外情形。因此，可以说在2010年，排非调查程序的建构中，法官的司法裁量权被较大地压缩了。因而，在2012年《刑诉法解释》中，明确了法官对排非申请的审查权，只有法官“对证据收集的合法性有疑问的”，才会启动调查程序。这就是说，辩方不仅要提出相关的“线索或材料”，而且这些“线索或材料”还需要满足让法官对证据收集的合法性产生疑问才能启动调查程序，这无疑大大增加了辩方的负担。除此之外，2012年《刑诉法解释》还赋予法官在决定庭审排非程序顺序问题上的广泛裁量权，基本上由法官决定是否需要对排非申请进行先行调查。如果2010年《排非规定》是压缩法官在排非调查程序问题上的裁量权，2012年《刑诉法解释》则是无限扩张了法官在该程序上的裁量权，结果是导致刚刚确立的庭审排非调查程序完全失去了相对独立的程序空间。2017年《严格排非规定》尽管在一定程度上重申先行调查规则，但也给法官提供了一个宽泛的例外情形，也就是“为防止庭审过分迟延……”与此同时，在2017年的《排非规程》中，尽管辩方依然需要提供相关的“线索或材料”，但一方面，对“线索或材料”的含义做了进一步的澄清（《排非规程》第5条），尽量避免辩审双方因为标准的含糊而发生冲突；另一方面，进一步加强了辩方提供“线索或材料”的能力，赋予辩方申请法庭播放特定讯问时段录音录像的权利（《排非规程》第21条）。从2010年到2012年再到2017年，在辩方与审判方在庭审排非程序的控制权方面不断地进行配置和调整，力图实现一种较为均衡的状态。

程序是交涉过程的制度化，程序空间的建构并非单一主体所能实现的，而是需要程序参与各方通过不断的互动才能逐步形成。[①]首先，程序参与的各方都会受到相关程序的影响，程序空间的建构必然要兼顾各方的利益。程序参与各方的控制权一旦发生失衡，将会导致程序被弃而不用，从而也就无法达到程序设计的初衷。作为一个被嵌入既有程序的独立程序空间，庭审排非调查程序对控辩审三方都会带来较大的冲击。对于辩方来说，固然是一个重大利好，但这一程序必然给控方增加证明的负担，冲击法庭既有的审判秩序。在这一背景下，审判方和控方一定程度上又是抵制的，二者均会有意无意地消解庭审排非调查程序的独立性。[②] 控制权一旦完全向辩方倾斜，将会导致审判方与控方的不配合，进而导致司法实践中，排非调查程序很难被激活和启动。其次，程序空间的真正形成需要程序各方主体在司法实践中通过互动寻求各方都能够接受的均衡点。立法及司法解释固然可以设定一定的程序规范，但程序规定的内容在很大程度上是一种角色规范，是消除角色紧张（role strain）、保证分工执行顺利实现的条件设定。[③] 这些程序在司法实

① 参见季卫东：《法治秩序的建构》，中国政法大学出版社1999年版，第21页。

② 根据陈瑞华的观察，在过去的司法实践中，被告人在法庭上提出刑讯逼供从而申请排除非法证据时，一些法院会粗略地审查，更多的法院都采取了规避甚至拒绝的态度。参见孔令泉：《国内非法证据排除第一案》，载《民主与法制时报》2012年3月26日。即便在非法证据排除规则确立之后，在左卫民团队调研的15个案件中，有一个案件尽管在庭审阶段先行启动了排非程序，但法官并没有明确其为非法证据排除程序；另外一个案件虽然启动了排非程序，但与庭审质证合而为一。参见左卫民等：《庭审实质化改革实证研究：以法庭调查方式为重点》，法律出版社2021年版，第115页。

③ 参见季卫东：《法治秩序的建构》，中国政法大学出版社1999年版，第17页。

践中需要具体的司法工作人员通过其实际行动加以落实，最终呈现的实践样态往往是程序各方达成共识的一种结果。正是在这个意义上，威格摩尔告诫说："希望从更好的规则真正获益的一个先决条件是我们的法官和律师必须从精神上加以提升。归根到底，人比规则来得更为重要。"①因此，程序改革不能仅仅立足于"拿来主义"的法律移植，把程序中的主体当成"理想人"角色，而应在考虑其利益、能力和价值观等因素的基础上对程序进行设置与调适。②

第三，程序的完整性与可控性构成了程序改革的"一体两面"。

在庭审排非调查程序十几年的成长过程中，庭审排非调查程序也在不断完善。首先，调查程序被分为排非申请的审查环节和正式的调查程序，审查环节作为正式调查程序的前置程序主要对排非申请进行审查，以便决定是否启动正式的调查程序；其次，控辩双方在庭审排非调查程序中的证明责任分配逐渐明确，证明标准也在不断细化；最后，相关规定逐渐完善对非法证据申请的即时回应要求和非法证据的隔离要求。这些程序制度的不断完善使庭审排非调查程序逐渐发展成一个程序体系，使非法证据真正能够被排除。

如果从另一角度来看，在庭审排非调查程序不断完善的过程中，法庭对该程序的可控性也在进一步强化。首先，法庭通过对排非申请的审查牢牢控制着庭审排非调查程序的启动权，由于调查程序是否启动主要取决于法官对证据合法性是否产生怀疑这一主观标准，因此，法官在调查程序启动方面占据主导地位；其次，如前所述，尽管当前制度一再强调庭审先行调查原则，但也为法官预留了一个非常宽泛的例外条款，只要法官"为防止庭审过分迟延"便可以绕过先行调查规则；最后，即便在一审中因为庭审调查被作为非法证据被排除，二审依然可以通过全面审查使这些被排除的证据重新恢复证

---

① ［英］威廉·特文宁：《证据理论：边沁与威格摩尔》，吴洪淇、杜国栋译，中国人民大学出版社 2015 年版，第 247 页。

② 参见左卫民：《刑事诉讼中的"人"：一种主体性研究》，载《中国法学》2021 年第 5 期。

据资格从而改变案件裁判的结果(《严格排非规定》第38条)。[①]

因此,可以说庭审排非调查程序的完整性不断提升,有可能对程序各方形成一种"作茧自缚"的自我约束效应。[②] 与此同时,在制度设计上也为法庭对庭审排非调查程序的启动和实施保留了足够的控制力,从而可能抵销这种自我约束效应。这两种看似悖反的趋势同时存在于我国庭审排非程序的发展过程中,甚至可以说,庭审排非调查程序的不断完善恰恰是以该程序的可控性为前提的。在这个意义上,我国庭审排非调查程序改革事实上也是一种可控的、技术主义路线的司法改革。可以说,在非法证据排除问题上,程序的完整性与程序的可控性之间存在一种潜在的张力。一旦程序逐渐完备,控辩双方因为证据合法性争议而导致程序性问题久拖不决,则程序性问题的解决就可能挤占实体性案件裁判的空间。但反过来说,一旦程序可控性超越了一定的界限,再完整的程序也有可能沦为"笼中之鸟",难以在司法实践中发挥真正排除非法证据的作用。因此,如何平衡程序的完整性与可控性依然是非法证据排除庭审调查程序调整和适用过程中要处理好的问题。

---

① 一个典型案件是章某锡案,一审中部分供述已经被认定合法性存疑而无法作为定案根据,二审中控方重新提交新的证据对被告供述取证的合法性进行证明,二审法院最后认定二审中检察院"提供的证据足以证明侦查机关获取章某锡供述的合法性",判决被告方供述可以作为定案根据。参见章某锡案二审判决书,(2011)浙甬刑终字第288号。

② 参见季卫东:《法治秩序的建构》,中国政法大学出版社1999年版,第18～19页。

第八章　刑事诉讼讯问录音录像的证据定位反思

为了更好地适用2018年修正的《刑事诉讼法》，最高人民法院于2021年1月颁布了新的《刑诉法解释》。这部司法解释自颁布以来便引发了实务界和学术界的关注，个别条款甚至引起了激烈的争议。其中，最引人关注的条款便是本次修改中增加的第54条："对作为证据材料向人民法院移送的讯问录音录像，辩护律师申请查阅的，人民法院应当准许。"这个新增条款明确赋予了律师查阅讯问录音录像的权利，要求人民法院准许律师的查阅申请，这对于刑事辩护律师来说是一个重大利好的条款。但恰恰是这条看似重大利好的条款引发了律师界和学术界的诸多争议。该解释第54条虽然明确了辩护律师申请查阅移送到法院的讯问录音录像的权利，却没有提及先前业已明确的辩护律师复制讯问录音录像的权利。由此带来的问题是，根据这个条款，辩方律师是否还有申请复制讯问录音录像的权利？为何2021年《刑诉法解释》第54条对讯问录音录像的相关辩护权利采取这一看似悖论性的处理方式？

要回答这一问题仅着眼于刑辩律师的讯问录音录像复制权本身是不够的，需要从有关讯问录音录像问题相关规定的历史发展和整体法律体系角度出发探究讯问录音录像证据定位的演变和发展。为了对这一系列问题进行更清晰的理解，本章首先将2021年《刑诉法解释》第54条放在制度历史发展和讯问录音录像制度整体问题的脉络体系中加以理解，呈现刑事诉讼中各方在讯问录音录像基本问题上的立场分歧；在此基础上，对2021年《刑诉法解释》在讯问录音录像证据定位问题上的修改进行介绍和评价，对最高人民法院在讯问录音录像证据定位问题上的演变历程和整体立场进行总结；最后从刑事诉讼法体系和历史发展的趋势出发，对2021年《刑诉法解释》第54条中律师复制讯问录音录像权利的影响进行探讨，审视具体权利行使的方式。

一、讯问录音录像证据定位的立场分歧

从一个更开阔的视野来看，最高人民法院对讯问录音录像复制问题看似悖论的处理方式其实是刑事诉讼中各方在讯问录音录像证据定位上重大分歧的一个体现。自2005年最高人民检察院发布《人民检察院讯问职务犯罪嫌疑人实行全程同步录音录像的规定（试行）》以推行讯问录音录像制度以来，讯问录音录像在刑事诉讼法上的证据地位一直含糊不清并由此引发对一系列问题的争议。这些争议集中在以下四个问题中：讯问录音录像是证据吗？讯问录音录像是否需要随案移送给法院？辩护律师能否查阅、复制讯问录音录像？讯问录音录像与讯问笔录在内容上存在冲突时，应该以何者为准？笔者将围绕这四个问题进行讨论。

（一）讯问录音录像是证据吗？

讯问录音录像是证据吗？这一问题是讯问录音录像证据定位问题的逻辑起点。这个问题有三种答案。第一种是否定说，其代表是2014年1月最高人民检察院法律政策研究室给上海市人民检察院法律政策研究室的一个答复中提到的："讯问犯罪嫌疑人录音、录像不是诉讼文书和证据材料，属于案卷材料之外的其他与案件有关的材料，辩护人未经许可，无权查阅、复制。"这份答复直接将讯问录音录像定位为"案卷材料之外的其他与案件有关的材料"，明确将其排除在证据材料之外。第二种是肯定说，其典型代表是一些辩护律师和学者的主张，认为无论从刑事诉讼法原理还是从现有规定来看，讯问录音录像都应该属于证据。① 一些律师

---

① 参见戴福：《讯问犯罪嫌疑人同步录音录像的证据地位与司法审查》，载《人民法院报》2014年1月1日，第4版。

出身的政协委员甚至为此专门在"两会"中提出相关提案，建议明确讯问录音录像是证据。[①] 第三种是折衷说，认为讯问录音录像属于证据，但与一般案件中的证据相比，其主要是用于证明侦查机关取证的合法性，而不能直接证明案件要件事实。这种观点主要体现在《严格排非规定》第22条："犯罪嫌疑人、被告人及其辩护人向人民法院、人民检察院申请调取公安机关、国家安全机关、人民检察院收集但未提交的讯问录音录像、体检记录等证据材料，人民法院、人民检察院经审查认为犯罪嫌疑人、被告人及其辩护人申请调取的证据材料与证明证据收集的合法性有联系的，应当予以调取；认为与证明证据收集的合法性没有联系的，应当决定不予调取并向犯罪嫌疑人、被告人及其辩护人说明理由。"该条规定将讯问录音录像列入证据材料的范围，但同时又规定只有在这些证据材料与证明证据收集的合法性有联系时才应当予以调取，这说明其主要将讯问录音录像定位为对取证合法性具有证明作用的证据材料。

（二）讯问录音录像是否需要随案移送给法院？

讯问录音录像主要是在审前阶段形成的，在案卷材料移送的过程中，讯问录音录像需要随案移送给法院吗？对这一问题有两种观点：第一种观点认为，讯问录音录像应该随案移送。[②] 该观点的依据是2012年颁布的《六部委实施刑诉法规定》第24条："人民检察院向人民法院提起公诉时，应当将案卷材料和全部证据移送人民法院，包括犯罪嫌疑人、被告人翻供的材料，证人改变证言的材料，以及对犯罪嫌疑人、被告人有利的其他证据材料。"这种观点认为，既然讯问录音录像属于证据材料，根据前述规定讯问录音录像自然应该随案移送。第二种观点则认为，不需要随案移送，法院在需要时调取即可。这种观点的依据最早出现在前述最高人民检察院法律政策研究室答复的第3点中："在人民法院审判阶段，人民法院调取讯问犯罪嫌疑人录音、录像的，人民检察院应当将讯问录音、录像移送人民法院。"2012年《六部委实施刑诉法规定》第19条作了进一

---

① 参见赵复多：《全国政协委员施杰：建议明确讯问录音录像为证据》，载财新网，https://china.caixin.com/2016-02-26/100913035.html。

② 参见朱孝清：《讯问录音录像三题》，载《人民检察》2014年第12期。

步明确:“……人民检察院、人民法院可以根据需要调取讯问犯罪嫌疑人的录音或者录像,有关机关应当及时提供。”这两种观点的分歧是前述证据定位观点分歧的进一步延伸。第一种观点认为既然讯问录音录像属于证据材料,那就应该随案移送;第二种观点否认讯问录音录像的证据地位或者仅将其视为证明侦查机关取证过程合法性的证据,因此无须随案移送。

(三)辩护律师能否查阅、复制讯问录音录像?

对这个问题要分两个阶段回答。第一阶段是从审查起诉之日起,辩护律师能否查阅、复制讯问录音录像?对这一问题存在两种截然不同的观点。一种观点主张,在审查起诉阶段律师可以有条件地查看(听)相关的录音录像。该观点主要体现在前述最高人民检察院法律政策研究室答复的第3点中:“根据《刑事诉讼法》第五十六条和《人民检察院刑事诉讼规则(试行)》第七十四条、第七十五条的规定,在人民检察院审查起诉阶段,辩护人对讯问活动合法性提出异议,申请排除以非法方法收集的证据,并提供相关线索或者材料的,可以在人民检察院查看(听)相关的录音、录像。”根据这一规定,首先,辩护律师要在审查起诉阶段查看(听)相关的录音、录像要以申请非法证据排除为前提,并且还要提供相关线索或者材料,律师是否符合这一前提条件需要由检察院进行判断;其次,辩护律师能够查看(听)的讯问录音录像范围是受到限制的,并不是“全部”讯问录音录像,而是“相关的”录音录像;最后,辩护律师在这个阶段没有复制相关录音录像的权利,只能进行查看(听)。另一种观点主要来自辩护律师的诉求,其主张讯问笔录和对讯问过程的录音、录像,都是记录犯罪嫌疑人、被告人供述和辩解的载体,都属于2012年《刑事诉讼法》第38条规定的案卷材料,辩护律师自人民检察院对案件审查起诉之日起,可以查阅、摘抄、复制。①

第二阶段是起诉之后,辩护律师能否查阅、复制讯问录音录像?针对这一问题,出现了更多观点上的分歧。第一种观点是否定说,前述最高人民检察院法律政策研究室答复第3点提出,无论是在审

---

① 参见赵复多:《全国政协委员施杰:建议明确讯问录音录像为证据》,载财新网,https://china.caixin.com/2016-02-26/100913035.html。

查起诉阶段还是在审判阶段,“辩护人无权自行查阅、复制讯问犯罪嫌疑人录音、录像”。第二种观点是肯定说,该观点主张辩护律师不仅有权查阅和复制讯问录音录像,而且如果检察院没有移送相关录音录像,律师还可以向法院申请调取。[①] 第三种观点折衷了前述两种主张,允许律师在一定条件下复制讯问录音录像。这主要体现在2013年“最高人民法院刑事审判第二庭关于辩护律师能否复制侦查机关讯问录像问题的批复”(〔2013〕刑他字第239号)(以下简称“最高法批复”)中。该批复提出“你院请示的案件,侦查机关对被告人的讯问录音录像已经作为证据材料向人民法院移送并已在庭审中播放,不属于依法不能公开的材料,在辩护律师提出要求复制有关录音录像的情况下,应当准许”。尽管“最高法批复”针对的仅是个案,但该批复却是具有普遍适用效力的司法解释。根据这一批复,律师复制讯问录音录像需要满足三个条件:一是检察院已经向法院移送了讯问录音录像。二是该讯问录音录像已经在庭审中播放,在满足这两个条件的情况下,该讯问录音录像就可以被律师申请复制。三是该讯问录音录像不属于依法不能公开的材料。

(四)讯问录音录像与讯问笔录在内容上存在冲突时,应该以何者为准?

讯问录音录像和讯问笔录均是犯罪嫌疑人、被告人供述与辩解这一证据种类的载体,但这两种载体记录犯罪嫌疑人审讯过程的方式有所差异。讯问录音录像通过对讯问过程全程录制的方式呈现讯问过程的画面和声音,而讯问笔录则是通过相关人员的记录呈现讯问的过程。由于记录方式的差异,加上笔录人员往往无法完整地对讯问过程加以记载,而是需要进行概括、提炼甚至翻译,这就使两者在内容呈现方面常常会存在不一致的地方。对于两者存在不一致的地方,应该以何者为准?对此问题,同样存在几种不同的观点。第一种观点认为,讯问笔录是犯罪嫌疑人、被告人供述与辩解这一证据种类的传统载体,应该以讯问笔录为准。在讯问录音录像出现之前,讯问笔录一直是犯罪嫌疑人、被告人供述和辩解的唯一载体。

---

① 参见毛立新:《侦查讯问录音录像制度缘何异化》,载《财经杂志》2014年第14期。

另外，在许多讯问中，由于讯问过程往往冗长并且充斥各种口语、方言、无意义的话语，对这一过程进行必要提炼的讯问笔录就成为快速了解犯罪嫌疑人、被告人供述和辩解更为便捷的载体。第二种观点认为，与讯问笔录相比，讯问录音录像能够更为直观和全面地反映讯问过程，应该以讯问录音录像为准。[①] 第二种观点还直接体现在最高人民法院 2017 年发布的《排非规程》第 22 条第 4 项中："……对与定罪量刑有关的内容，讯问笔录记载的内容与讯问录音录像是否存在实质性差异；存在实质性差异的，以讯问录音录像为准。"在前两种观点之外，还存在第三种观点"印证说"，认为讯问录音录像和讯问笔录发生冲突的，应该综合全案证据进行审查，看哪个证据能够得到其他证据的印证。

(五)小结

对前述 4 个问题的不同回答展现了刑事诉讼过程中各方在讯问录音录像相关问题上存在的重大分歧。这种分歧从讯问录音录像的证据定位开始，证据定位不同从而导致对讯问录音录像移送、复制、查阅等处理方式上的分歧。如表 8－1 所示，三种不同的立场大致构成了对讯问录音录像证据定位和处理的复杂图景。在这三种不同的立场中，辩护律师往往持肯定说，对讯问录音录像的证据定位和获取权利加以肯定；作为侦查方和检控方的公安机关和检察院则往往持否定说；法院作为审判方往往采纳折衷说。当然，这种理想类型并不是绝对的，也不是为了给不同主体贴上标签，只是帮助我们理解这一问题本身的复杂性。比如，朱孝清尽管是最高人民检察院的前副检察长，但是其文章所主张的观点总体上可列入肯定说行列。另外，不同主体的立场也是在不断变动的，比如在讯问录音录像与讯问笔录出现矛盾时应以何者为准这一问题上，最高人民法院原来对这一问题并无规定，2017 年之后则在《排非规程》中明确以讯问录音录像为准，但在 2021 年《刑诉法解释》中并未对这一规定做进一步延续。不同立场的背后反映了不同的价值取向，如果更注重对被告人的个人权利保障，将讯问录音录像作为提供非法取证线索的来源，往往采取肯定说；如果更注重将讯问手段作为规制

① 参见朱孝清：《讯问录音录像三题》，载《人民检察》2014 年第 12 期。

公权力讯问过程的手段，注重保护侦查秘密、录音录像中可能涉及的国家秘密与个人隐私等因素的则往往采纳否定说。[①] 因此，对讯问录音录像的这些不同立场是不同主体在不同价值之间进行利弊权衡的结果。

表 8－1　讯问录音录像证据定位的不同立场

相关问题的不同立场	否定说	肯定说	折衷说
讯问录音录像是证据吗	否	是	是证据材料，但只能用于证明讯问过程的合法性
讯问录音录像是否需要随案移送	法院调取时移送	需要	必要时移送
律师能否查阅、复制讯问录音录像	不能查阅和复制	可以查阅和复制	有条件的查阅和复制
讯问录音录像与讯问笔录内容冲突时如何处理	以讯问笔录为准	以讯问录音录像为准	依何者可以获得其他证据的印证而定

表 8－1 大致勾勒出 2021 年《刑诉法解释》第 54 条所要规范的相关问题的复杂性。表面上看，该解释第 54 条主要解决的是辩护律师对讯问录音录像的查阅问题，但其并不局限于查阅问题，还包括以下 4 个问题：(1)讯问录音录像的移送问题，因为在审查起诉阶段辩护律师往往很难接触到讯问录音录像，所以讯问录音录像是否移送到法院将直接影响律师的查阅情况。(2)讯问录音录像的查阅和复制问题，辩护律师查阅讯问录音录像需要什么条件？由于讯问录音录像往往非常冗长，仅查阅不能满足对讯问录音录像的审查需求，这就带来另一个问题即辩护律师能否复制讯问录音录像？(3)讯问录音录像与讯问笔录出现矛盾时的处理，查阅和复制讯问录音录像不是辩护律师的目的，辩护律师的目的在于通过讯问录音录像对控方提供的讯问笔录发挥相应的制约作用。(4)最后还涉

① 参见董坤：《侦查讯问录音录像制度的功能定位及发展路径》，载《法学研究》2015 年第 6 期。

及讯问录音录像的证据定位问题。因此,正确理解最高人民法院在2021年《刑诉法解释》第54条规定的悖论和立场,一方面要将该条款放到前述争论背景下加以理解;另一方面还要将第54条放到2021年《刑诉法解释》有关讯问录音录像的整体性规定中理解,参照其他相关条款的修订情况从总体上对该条款的准确含义加以阐释。

二、审慎的突破:最高人民法院《刑诉法解释》相关条款评析

各方对讯问录音录像证据定位上的争议显然对2021年《刑诉法解释》的修改产生了一定的影响。最高人民法院在2021年《刑诉法解释》修改过程中对前述争议性问题都给予了一定的回应,但这种回应却很耐人寻味,主要体现在以下四个问题上。

(一)讯问录音录像移送问题

对于讯问录音录像是否需要移送到法院这一问题,2021年《刑诉法解释》进行了微调,主要体现在该解释第74条:"依法应当对讯问过程录音录像的案件,相关录音录像未随案移送的,必要时,人民法院可以通知人民检察院在指定时间内移送。人民检察院未移送,导致不能排除属于刑事诉讼法第五十六条规定的以非法方法收集证据情形的,对有关证据应当依法排除;导致有关证据的真实性无法确认的,不能作为定案的根据。"这是一个新增条款,其有以下三个特征。

第一,该解释第74条对法院调取讯问录音录像权力进行了强调和细化。2012年《六部委实施刑诉法规定》第19条和前述2014年最高人民检察院法律政策研究室的答复都规定法院在必要时候调取讯问录音录像的权力,同时也规定了相关机关及时履行的义务。因此,第74条第一句是对此前相应规定的重复和强调。但由最高人民法院作相关规定,背后隐藏着两个重要的变化。第一个变化是,"可以通知人民检察院在指定时间内移送",这里的"指定时间内移送"可以理解为《六部委实施刑诉法规定》第19条中"有关机关应当及时提供"这一要求的细化。通过将"及时"转化为"指定时间内",使这一规定变得更具有操作性。第二个变化是,新增条款将法院通知检察院移送讯问录音录像的条件设定为"必要时"这样

一种非常宽松的条件。《严格排非规定》第22条规定将辩护人申请调取讯问录音录像的事由限定在“与证明证据收集的合法性有联系”这一条件中。本条规定为法院调取讯问录音录像设定了相当宽松的条件，这就将法院依职权调取讯问录音录像的条件与辩方申请法院调取讯问录音录像的条件作了区分。

第二，该解释第74条将应该指定移送讯问录音录像的案件范围限定在“依法应当对讯问过程录音录像的案件”。根据我国的法律规定，“依法应当对讯问过程进行录音录像的案件”主要包括两类：第一类是2018年《刑事诉讼法》第123条规定的“可能判处无期徒刑、死刑的案件或者其他重大犯罪案件”；第二类是监察委办理的刑事案件。《中华人民共和国监察法》第41条第2款规定：“调查人员进行讯问以及搜查、查封、扣押等重要取证工作，应当对全过程进行录音录像，留存备查。”这就意味着监察委办理的刑事案件只要进行讯问就必须进行录音录像，就属于这里所说的“依法应当对讯问过程录音录像的案件”。正如《刑诉法解释》起草小组所解释的，法院调取讯问录音录像的范围并不限于侦查讯问过程录音录像，而是将监察调查讯问过程录音录像也包括在内。① 2018年《中华人民共和国监察法》通过之后，由于监察委的调查活动与刑事侦查活动进行了区分，《中华人民共和国监察法》第41条也仅规定“应当对全过程进行录音录像，留存备查”，因此，监察委办理的刑事案件的讯问录音录像能否被调取就留下了一些模糊之处。2021年《刑诉法解释》第74条明确将监察委调查的刑事案件也纳入需要被调取讯问录音录像的案件范围中，解决了之前因为监察体制改革带来的不确定性问题。

第三，该解释第74条的重要变化在于该条第二句话，也就是人民检察院不移送讯问录音录像可能存在的制裁性后果。尽管2012年《六部委实施刑诉法规定》第19条和前述2014年最高人民检察院答复都规定了相关机关在法院调取讯问录音录像时的义务，但并

---

① 参见《刑事诉讼法解释》起草小组：《〈最高人民法院关于适用《中华人民共和国刑事诉讼法》的解释〉理解与适用》，载最高人民法院刑事审判第一、二、三、四、五庭编：《刑事审判参考》总第126集，人民法院出版社2021年版，第129页。

未规定相应的制裁性后果。由于没有规定相应的制裁性后果,导致司法实践中,有些检察机关提供讯问录音录像时并不积极。[①] 为此,2021 年《刑诉法解释》增加了两个后果:其一,人民检察院未移送讯问录音录像,导致不能排除属于 2018 年《刑事诉讼法》第 56 条规定的以非法方法收集证据情形的,对有关证据应当依法排除;其二,导致有关证据的真实性无法确认的,不能作为定案的根据。这两个制裁性后果表明法院调取讯问录音录像有两个目的:第一个目的就是帮助审查证据的合法性问题,通过讯问录音录像了解侦查机关讯问过程中是否存在非法取证的情况;第二个目的则是审查证据的真实性问题,通过讯问录音录像可以对被告人供述及其他相关证据的真实性作进一步审查。这就间接突破了前述"与证明证据收集的合法性有联系"的条件。换言之,法院认为有"必要"时就可以对讯问录音录像进行调取,调取的讯问录音录像既可以帮助法官审查控方取证的合法性问题,也可以帮助法官审查证据的真实性。这一突破是委婉且间接的,但对讯问录音录像证据定位的进一步明确具有重要的意义。[②] 当然,这种微小的、委婉的突破也引发了一定的争议。在 2021 年《刑诉法解释》草案征求意见的过程中,就有人建议删去第 74 条。[③] 尽管规定了相应的制裁性后果,但法院对讯问录音录像证据定位的突破态度是非常审慎的。这种审慎体现在:(1)没有要求对讯问过程录音录像的案件一律移送讯问录音录像,而是限定在法院认为有必要的时候。(2)从程序上说,法院要施加相应的制裁需要满足两个前提条件:一是要通知检察院移送,也就是说,法院在认为有必要时,要先通知检察院移送讯问录音录像;二是在法院通知

---

① 比如在浙江章某锡案一审过程中,审判法官在对控方取证合法性存疑的情况下,要求公诉方提供被告人章某锡讯问时的同步录音录像,公诉人没有提供同步录音录像,而是提供了章某锡认罪的录音录像,后来一审判决时审判法官认为控方提出的证据不足以证明侦查机关获取章某锡审判前有罪供述的合法性,故章某锡审判前有罪供述不能作为定案根据。参见浙江省宁波市鄞州区人民法院(2011)甬鄞刑初字第 320 号。

② 一些学者甚至认为该条款代表了讯问录音录像从过程证据向结果证据的转型。参见谢小剑:《讯问录音录像的功能发展:从过程证据到结果证据》,载《政治与法律》2021 年第 8 期。

③ 参见喻海松:《刑事诉讼法修改与司法适用疑难解析》,北京大学出版社 2021 年版,第 134 页。

之后,检察院没有移送讯问录音录像。(3)即便检察院在通知之后不移送讯问录音录像,也不会直接导致相关证据被排除,而是需要产生一定的后果才会导致证据被排除。

(二)辩护律师查阅、复制讯问录音录像问题

对作为证据材料向人民法院移送的讯问录音录像辩护律师能否查阅和复制的问题,2021年《刑诉法解释》新增了第54条规定:“对作为证据材料向人民法院移送的讯问录音录像,辩护律师申请查阅的,人民法院应当准许。”与之前仅停留于针对个案的批复相比,该司法解释对此问题进行了正面回应,这本身就具有一定的进步意义。相比于2013年“最高法批复”,该条款既有一定的突破,同时也存在一定的局限性。具体体现在以下两个方面。

第一,降低了辩护律师获取讯问录音录像的条件。如前所述,2013年“最高法批复”为辩护律师复制录音录像设置的三个条件无疑极大地增加了辩护律师复制讯问录音录像的难度,特别是要在庭审中被播放过这一条件。[①] 2021年《刑诉法解释》降低了辩护律师申请的条件,讯问录音录像只要作为证据材料移送到法院,辩护律师即有权申请查阅。对于律师的申请,法院应当准许。2021年《刑诉法解释》起草小组认为“对于移送人民法院的录音录像,无论是否已经在庭审中举证质证,无论是直接用于证明案件事实还是用于证明取证合法性,均应当属于案卷材料的范围”。[②] 根据2018年《刑事诉讼法》第40条的规定:“辩护律师自人民检察院对案件审查起诉之日起,可以查阅、摘抄、复制本案的案卷材料……”也就是说,如果讯问录音录像属于案卷材料,那么辩护律师便拥有对案卷材料进行查阅、摘抄和复制的权利。因此,降低律师查阅讯问录音

---

① 一些地方高院在落实该答复的过程中有意识地降低了相应的条件。比如安徽省高级人民法院在《关于辩护律师能否复制侦查机关讯问录像有关问题的通知》(皖高法〔2014〕256号)中规定:“对于侦查机关的讯问录音录像,如公诉机关已经作为证据材料向人民法院移送,又不属于依法不能公开的材料的,在辩护律师提出要求复制的情况下,应当准许。”该通知就不要求讯问录音录像必须庭审播放过,律师才能复制。

② 《刑事诉讼法解释》起草小组:《〈最高人民法院关于适用《中华人民共和国刑事诉讼法》的解释〉理解与适用》,载最高人民法院刑事审判第一、二、三、四、五庭编:《刑事审判参考》总第126集,人民法院出版社2021年版,第124页。

录像的要求是将讯问录音录像定位为证据材料的一个自然而然的推论结果。

第二,2021 年《刑诉法解释》第 54 条有意对律师申请复制讯问录音录像的权利和法院相应的义务作了模糊化的处理。如前所述,2013 年"最高法批复"着重解决的是刑事辩护律师对讯问录音录像能否复制以及在何种情况下可以复制的问题。尽管"最高法批复"为刑辩律师复制录音录像设定了一个很高的门槛,但至少为律师复制讯问录音录像提供了一个合法的依据。与 2013 年"最高法批复"相比,2018 年《刑诉法解释》第 54 条的一个显著变化是不再提及律师复制讯问录音录像问题。如果将讯问录音录像定位为证据材料,则按照 2018 年《刑事诉讼法》第 40 条的规定,辩护律师自然享有对案卷材料进行查阅、摘抄和复制的权利。但 2018 年《刑诉法解释》第 54 条仅规定了律师"查阅"讯问录音录像的申请法院应当准许,而对辩护律师"复制"讯问录音录像的权利并没有明确。

（三）讯问录音录像与讯问笔录的冲突问题

对于讯问录音录像与讯问笔录内容上冲突的问题,2017 年 2 月最高人民法院发布的《关于全面推进以审判为中心的刑事诉讼制度改革的实施意见》（法发〔2017〕5 号）第 24 条第 1 款明确规定:"法庭对证据收集的合法性进行调查的,应当重视对讯问过程录音录像的审查。讯问笔录记载的内容与讯问录音录像存在实质性差异的,以讯问录音录像为准。"2017 年 11 月最高人民法院发布的《排非规程》第 22 条再次重申了这一要求。但这一要求在 2021 年《刑诉法解释》中并未明确。没有明确并不意味着最高人民法院在该问题上转变了立场,前述 2017 年颁布的这两个文件依然还在生效状态,两个文件中的相关规定自然还可以适用。

（四）讯问录音录像的证据定位问题

2021 年《刑诉法解释》在规范条文中并未明确涉及讯问录音录像的证据定位问题,但在起草小组的说明中,对讯问录音录像的证据定位给予了比较清晰的回答。首先,明确了讯问录音录像属于证据材料。根据 2021 年《刑诉法解释》起草小组的说明,"对于移送人民法院的录音录像,无论是否已经在庭审中举证质证,无论是直接用于证明案件事实还是用于证明取证合法性,均应当属于案卷材料的范围”。这无疑是对长期以来备受争议的讯问录音录像证据定位的一个明确回应。其次，讯问录音录像是一种特殊的证据材料。2021年《刑诉法解释》起草小组认为，“相较于一般证据材料，讯问录音录像确实具有一定的特殊性”。这种特殊性主要体现在讯问录音录像蕴含着比较丰富的信息，“可能涉及侦查办案的策略方法，也可能涉及其他关联案件和当事人隐私”。因此，最高人民法院在讯问录音录像的证据定位问题上已经迈出了重要的一步，明确承认讯问录音录像属于证据材料。当然，最高人民法院在迈出这一步时是非常审慎的，将讯问录音录像与一般的证据材料进行了界分，这也就为其对讯问录音录像的特殊处理埋下了伏笔。

（五）小结

综上所述，通过2021年《刑诉法解释》在讯问录音录像问题上的相关修订，最高人民法院从整体上实现了以下双重目的：（1）增加了法院调取讯问录音录像的可能性。通过2021年《刑诉法解释》第74条的规定，一是强化了调取讯问录音录像的时限要求，避免了实务中的拖沓；二是扩大了法院调取讯问录音录像的范围，用“必要时”这三个字扩大了其裁量空间；三是明确了检察机关不移送讯问录音录像的制裁性后果，使法院调取要求尽可能落到实处。（2）降低了讯问录音录像被泄露传播的风险。2021年《刑诉法解释》第54条规定不再提及律师申请复制录音录像的权利，在司法实践中将显著增加律师申请复制讯问录音录像的难度。2021年《刑诉法解释》起草小组担心“一律允许复制，恐难以控制传播面以及一旦泄露可能带来的影响”，这种担心在实践中一定程度上也确实存在。[①] 但这种担心是否足以构成对辩护律师复制录音录像权利加以限制的理由，则需要进一步探讨。

从被告方和辩护方的立场来看，2021年《刑诉法解释》在讯问录音录像问题上相关修订的影响主要有以下两个方面：一方面，2021年《刑诉法解释》对法院调取讯问录音录像的强化和查阅讯问

---

① 比如，2021年1月，北京一知名律师便因为“以辩护律师身份、通过执业权利获得的多个案卷证据材料在微博披露、散布的行为”受到朝阳司法局的行政处罚。其中，被披露和散布的材料中最重要的便是讯问录音录像片段。当然，对于这一处罚的合理性探讨不属于本章讨论的范围。

录音录像门槛条件的降低意味着辩方可以在更大的范围内接触讯问录音录像,这无疑有助于辩方开展辩护准备工作以及及时发现办案人员涉嫌非法取证的线索或材料。另一方面,辩护律师复制讯问录音录像的权利被模糊处理了,原来有关复制权的相关规定被淡化了,辩护律师申请复制讯问录音录像的请求在2021年《刑诉法解释》中找不到相应的依据。这种对辩方权利有意的限制或者模糊化处理无疑将会对辩方律师复制讯问录音录像的权利产生重大的影响。因此,在2021年《刑诉法解释》颁布生效的背景下,辩护律师复制讯问录音录像的权利是否存在以及如何行使就变成一个非常切实的问题。

三、复制权还存在吗:对2021年《刑诉法解释》第54条的解释

2021年《刑诉法解释》在讯问录音录像问题上的修订在一定程度上填补了讯问录音录像问题上实然与应然之间的鸿沟,提升了辩护律师接触讯问录音录像的可能性。但辩护律师是否享有复制讯问录音录像权利这一问题的含糊性成为当前亟待回应的问题。以下从三个方面对这一问题展开回答。

(一)辩护律师享有复制讯问录音录像的权利吗?

本书认为,尽管2021年《刑诉法解释》有意淡化辩护律师复制讯问录音录像的问题,但从当前法律体系来看,辩护律师申请复制讯问录音录像的权利无疑是存在的。这一判断主要基于以下4点理由。

第一,辩护律师申请复制讯问录音录像的权利具有直接的合法根据。首先,尽管2021年《刑诉法解释》对该问题淡化处理,但前述2013年"最高法批复"并未被废除,依然具有司法解释的法律效力。根据2021年最新修正的《最高人民法院关于司法解释工作的规定》第6条第1款的规定:"司法解释的形式分为'解释'、'规定'、'规则'、'批复'和'决定'五种。"因此,该"最高法批复"依然具有司法解释效力,在效力等级上和2021年《刑诉法解释》是平级的。其次,2021年《刑诉法解释》并未明确否认辩护律师申请复制讯问录音录像的权利,只是未予规定。在这种情形下,"最高法批复"与2021年《刑诉法解释》在辩护律师复制讯问录音录像这一问题上构成了互

补关系而非冲突关系。在这种情况下，很难以 2021 年《刑诉法解释》没有规定为由否认以“最高法批复”形式明确赋予辩护律师的复制权。

第二，从刑事诉讼法的相关规定来看，2018 年《刑事诉讼法》第 50 条第 1 款规定：“可以用于证明案件事实的材料，都是证据。”按照这个定义，讯问录音录像显然属于证据，它是对犯罪嫌疑人讯问过程的记录，既可以记载犯罪嫌疑人供述的内容，也可以对讯问过程本身进行全面的记录。2018 年《刑事诉讼法》第 50 条第 2 款规定了证据的 8 种类型，根据讯问录音录像的内容，其既可以被归入被告人的供述与辩解，也可以被归入视听资料、电子数据。因此，无论从证据的相关性还是证据的种类要求来说，都很难将讯问录音录像排除出刑事诉讼的证据材料范围。正因为如此，2021 年《刑诉法解释》起草小组在对该条款进行说明时显得前后矛盾。如前所述，起草组明确了移送到人民法院的录音录像均属于案卷材料的范围。2018 年《刑事诉讼法》第 40 条规定：“辩护律师自人民检察院对案件审查起诉之日起，可以查阅、摘抄、复制本案的案卷材料……”显然，如果将讯问录音录像列入案卷材料范围，辩护律师无疑具有复制讯问录音录像的权利。为了避免这种推理结果，起草组的说明采取了两个步骤：第一个步骤是在援引 2018 年《刑事诉讼法》第 40 条证成 2021 年《刑诉法解释》新增的第 54 条规定的时候，仅仅援引了其中的查阅权，有意忽略了其他的权利。起草组这样写道“根据刑事诉讼法第四十条规定，辩护律师自人民检察院对案件审查起诉之日起，可以查阅本案的案卷材料”。[①] 对比 2018 年《刑事诉讼法》原文，可以看出起草组的良苦用心：一方面他们需要用 2018 年《刑事诉讼法》第 40 条为新增的第 54 条提供合法性依据，为此不得不引用该条款；另一方面讯问录音录像如果和其他证据材料一样可以被查阅、复制和摘抄，又是目前情形下无法容许的。第二个步骤则是将讯问录音录像与其他证据材料区分开来。根据

① 《刑事诉讼法解释》起草小组：《〈最高人民法院关于适用《中华人民共和国刑事诉讼法》的解释〉理解与适用》，载最高人民法院刑事审判第一、二、三、四、五庭编：《刑事审判参考》总第 126 集，人民法院出版社 2021 年版，第 124 页。

2021年《刑诉法解释》起草小组的说明，虽然讯问录音录像是一种证据材料，但“相较于一般证据材料，讯问录音录像确实具有一定的特殊性……特别是作为证明取证合法性的录音录像，可能涉及侦查办案的策略方法，也可能涉及其他关联案件和当事人隐私，一律允许复制，恐难以控制传播面以及一旦泄露可能带来的影响”。[①] 正是在这种考虑下，2021年《刑诉法解释》起草小组一方面认同讯问录音录像属于案卷材料，明确辩护律师可以申请对讯问录音录像进行查阅的权利，但另一方面，对于律师是否可以申请对录音录像进行复制的问题，2021年《刑诉法解释》似乎有意回避。

但起草组这一说明所采用的论证策略似乎并不成功。起草组将讯问录音录像与一般证据材料区分开来，进而提出对律师复制讯问录音录像的权利予以克减。首先，从合法性来说，2018年《刑事诉讼法》第40条赋予律师对案卷材料进行查阅、复制、摘抄的权利。这一规定并无例外条款。如果以讯问录音录像系特殊证据材料为由克减了律师相应的一些权利，就意味着通过一个司法解释就克减了刑事诉讼法这一上位法明确赋予的权利，这显然与起草组所说的“以法律为准绳，在法律框架内进行解释”的基本原则相悖。[②] 其次，从合理性来说，起草组的说明犯了“白马非马”的逻辑错误，既然辩护律师对案卷材料都有查阅、复制和摘抄的权利，而讯问录音录像又属于案卷材料，那么律师自然而然就享有对讯问录音录像进行查阅、复制和摘抄的完整权利。因此，无论从2018年《刑事诉讼法》规定来看，还是第54条相关说明的证成理由来看，都不能明确否定律师享有申请对讯问录音录像进行复制的权利。

第三，从发展趋势来看，否定律师享有申请对讯问录音录像进行复制的权利有倒退的嫌疑。如前所述，在2013年最高人民法院以批复的方式赋予律师有条件复制讯问录音录像的权利，最高人民

---

① 《刑事诉讼法解释》起草小组：《〈最高人民法院关于适用《中华人民共和国刑事诉讼法》的解释〉理解与适用》，载最高人民法院刑事审判第一、二、三、四、五庭编：《刑事审判参考》总第126集，人民法院出版社2021年版，第125页。

② 参见《刑事诉讼法解释》起草小组：《〈最高人民法院关于适用《中华人民共和国刑事诉讼法》的解释〉理解与适用》，载最高人民法院刑事审判第一、二、三、四、五庭编：《刑事审判参考》总第126集，人民法院出版社2021年版，第110页。

法院的这个批复在一些省级地区得到了落实。安徽省高级人民法院和广东省高级人民法院分别于2014年和2016年发布了相应的通知,并且在复制门槛上都做了不同程度的降低。安徽省高级人民法院的通知认为,只要讯问录音录像作为证据材料移送到人民法院并且不属于依法不能公开的,就应当准许律师加以复制。广东省高级人民法院的通知指出"如侦查机关对被告人的讯问录音录像已移送人民法院作为证据材料在庭审中公开使用,则辩护律师有权复制"。[①] 按照安徽省和广东省的通知,辩护律师不仅有权利复制讯问录音录像,而且不再明确要求该讯问录音录像必须在庭审中播放过。此类观点不仅体现在人民法院的批复和通知中,同时也体现在司法实践的法官说理中。比如,在河北省王某华贩卖、运输毒品案件的相关讨论中,针对"如何看待讯问录音录像的证据属性"这一问题,时任最高人民法院刑事审判庭庭长的戴长林就认为,"讯问录音录像在本质上属于诉讼证据",只要讯问录音录像随案移送,不但在审判阶段允许复制,而且在审查起诉阶段也应当允许复制。[②] 可见在审判阶段,辩护律师有权复制讯问录音录像不但于法有据,且在基层司法中已经逐渐扎根。在这一背景下,如果因为2021年《刑诉法解释》对该问题没有规定便否认辩护律师没有相应的权利,很显然与整体的司法趋势是相背离的。

第四,从辩护律师的具体实践来看,否定辩护律师申请讯问录音录像的权利将削弱律师保护被告人权利的能力。起草组说明中提出,"从实践来看,允许查阅,即可以满足辩护律师的辩护需要,充分保障其权益",这也构成2021年《刑诉法解释》克减辩护律师申请复制讯问录音录像权利的一个理由。但这一理由显然是不成立的。首先,一个案件的讯问录音录像往往持续数十个小时,律师要通过讯问录音录像和讯问笔录的整体核对查询非法取证的线索。如果只能在法院查阅的话,无疑会给律师和法院都带来重大的负担。特别是现在很多律师都是异地办案,如果只能在法院查询无疑

---

① 参见广州市律协《转发省高级人民法院关于刑事案件中应准予律师复制录音录像建议答复的通知》(穗律协通〔2016〕61号)。

② 参见戴长林、罗国良、刘静坤:《中国非法证据排除制度:原理·案例·适用》(修订版),法律出版社2017年版,第278页。

将大大加重犯罪嫌疑人的负担。其次,能否满足律师的辩护需要不应由起草者判断,而应倾听律师界的诉求。多年来,各地刑辩律师不断通过人大提案、公开呼吁甚至各种执业攻略等方式争取律师获取讯问录音录像的权利,恰恰是因为当前对讯问录音录像权利的限制无法满足律师的执业需要。[①] 最后,不能以"可以满足辩护律师的需要"为由克减"最高法批复"赋予辩护律师的执业权利,更不能以此为由违反 2018 年《刑事诉讼法》第 40 条赋予律师的查阅、摘抄、复制案卷材料的正当执业权利。

(二)辩方律师享有复制讯问录音录像的权利会导致失控吗?

按照起草小组的说明,限制辩护律师复制讯问录音录像主要是担心"难以控制传播面以及一旦泄露可能带来的影响"。这种担心固然有道理,确实有个别律师会将讯问录音录像片段泄露到网络上。但也要看到在网络自媒体时代,这一危险实际上存在于所有的案卷证据中,例如,之前有个别律师将聂树斌案的整个案卷材料都发到了网络上。因此,仅仅以容易泄露为由将讯问录音录像区别对待难以自圆其说,更不能仅仅因为个别律师的不恰当行为便影响了整个律师行业复制讯问录音录像的权利。事实上,律师泄露讯问录音录像的情况确实罕见。2017 ~ 2020 年,全国律师协会一共通报了 400 多起律师违规的典型案例,这些案例中并无一起涉及泄露讯问录音录像。尽管这些典型案例仅是律师惩戒案件的一小部分,但这也充分说明了现实中辩护律师泄露讯问录音录像仅是个案。

为防止律师泄露案卷材料,我国目前已经建立起非常严密的规制体系。首先,2021 年《刑诉法解释》新增第 55 条,对律师保密义务提出了明确的要求。该条第 1 款规定:"查阅、摘抄、复制案卷材料,涉及国家秘密、商业秘密、个人隐私的,应当保密;对不公开审理案件的信息、材料,或者在办案过程中获悉的案件重要信息、证据材料,不得违反规定泄露、披露,不得用于办案以外的用途。人民法院

---

① 参见毛立新:《讯问录音录像应当允许辩护律师"复制"——评〈新刑诉法解释〉第 54 条》,载搜狐网,https://www. sohu. com/a/450439995_751940,最后访问时间:2021 年 8 月 10 日。有些律师甚至总结了 12 种"土方法"调取同步录音录像。

可以要求相关人员出具承诺书。”该条第 2 款还明确了相应的机制进行:“违反前款规定的,人民法院可以通报司法行政机关或者有关部门,建议给予相应处罚;构成犯罪的,依法追究刑事责任。”其次,我国《律师法》及相关规范对律师保密义务也有相应的规定,司法行政机关和全国律师协会对违反相关规定的律师可以进行行政处罚和行业惩戒。《律师执业管理办法》第 38 条规定:“律师应当依照法定程序履行职责,不得以下列不正当方式影响依法办理案件:……(四)违反规定披露、散布不公开审理案件的信息、材料,或者本人、其他律师在办案过程中获悉的有关案件重要信息、证据材料。”该条也是实践中对律师泄露案卷材料进行惩戒常被援引的法律依据。最后,从 2015 年开始,我国《刑法》中规定“司法工作人员、辩护人、诉讼代理人或者其他诉讼参与人,泄露依法不公开审理的案件中不应当公开的信息,造成信息公开传播或者其他严重后果的,处三年以下有期徒刑、拘役或者管制,并处或者单处罚金”。据此,从行业规范到行政法规、从刑事诉讼法到刑法,不同层级的规范均对律师泄密行为进行了严密的规制,构成了一个严密的规范体系。

（三）辩护律师复制讯问录音录像权利的行使方式

在当前背景下,辩护律师享有申请复制讯问录音录像的权利,那么这一权利应该如何行使？这就需要进一步分析 2021 年《刑诉法解释》第 54 条的规范结构和起草组的相关说明。

首先,从第 54 条的规范结构来看,第 54 条是义务性规定,主要规定法院对律师申请查阅讯问录音录像的请求权承担批准义务,即只要该讯问录音录像作为证据材料移送到法院,那么法院就应当准许律师查阅。这一规定将批准义务施加给法院,只要满足相应的条件,法院就应当批准,因此是针对法院的义务性规定。这一义务性规定没有提及律师申请复制讯问录音录像,意味着法院对律师申请复制讯问录音录像的请求并不像律师申请查阅讯问录音录像的请求那样具有强制批准义务。这并不能否认律师申请复制讯问录音录像的请求权,因为这一请求权是 2018 年《刑事诉讼法》第 40 条赋予律师的。也不意味着法院不能允许律师复制讯问录音录像,因为律师复制讯问录音录像的请求权并未被明确禁止,况且“最高法批复"一直存在。

其次,起草组的说明是"一律允许复制,恐难以控制传播面以及一旦泄露可能带来的影响"。从起草组的说明中可以看出本条款要否定的只是不希望对辩护律师申请复制讯问录音录像的请求"一律允许复制",但并不希望"一律允许复制"不等于一律"不允许复制"。换言之,是否允许辩护律师复制讯问录音录像由法院裁量,法院可以综合案件情况需要裁定是否准许辩护律师复制讯问录音录像。这就意味着通过规范上的淡化处理,法院对辩护律师获得讯问录音录像的请求权需要作区别性处理:对于辩护律师申请"查阅"讯问录音录像的请求,只要符合前述条件,法院应当准许,没有裁量的空间;对于辩护律师申请"复制"讯问录音录像的请求,第 54 条并不强制要求法院应当准许,而是根据案件情况裁量决定。即第 54 条不要求法院一律允许复制,而是让法官根据个案裁量决定。因此,与一般案卷材料相比,辩护律师享有的有关讯问录音录像的权利并非一种完整的权利,而是受到限制的权利。

最后,法官在裁量是否准许辩护律师复制讯问录音录像时在充分考虑下列因素的基础上进行权衡:(1)辩护律师复制讯问录音录像的必要性。法官要考虑讯问录音录像的时间长短、辩护律师查阅讯问录音录像的便利性、辩护律师仅查阅讯问录音录像能否满足相关办案需求等一系列要素。(2)讯问录音录像被泄露的危险和可能性。法官要考虑讯问录音录像是否隐含相关隐私或侦查秘密、辩护律师泄露讯问录音录像的可能性等要素。为了避免法官在实践中随意拒绝辩护律师复制讯问录音录像的要求,应该逐渐确立起"以准许为原则,以不准许为例外"的基本原则,只有在讯问录音录像存在被泄露的重大可能性的情形下才能拒绝辩护律师复制讯问录音录像。唯有如此,辩护律师复制讯问录音录像的权利在实践中才不会被架空。

四、结语

讯问录音录像制度在我国引入和推行时曾被寄予很高的期望,特别是学术界在相关研究中希望讯问录音录像能够成为刑事诉讼中的“最佳证据”“证据之王”。[①] 该制度运行多年来,从有限的实证研究来看,讯问录音录像似乎并没有实现这种预期功能,反倒成为“第二级证据”,在确保取证合法性上发挥的功效甚微,甚至起到反作用。[②] 与之相应的是,在讯问录音录像的定位和规范上也存在两种截然不同的观点:从实然层面来看,在刑事诉讼法及相关规范性文件中,讯问录音录像的证据定位一直较为模糊,讯问录音录像作为一种证据材料犹如“被缚的普罗米修斯”,在证据资格、移送、查阅、复制及效力等方面受到重重的规范。从应然层面来看,学术界和律师界普遍呼吁给予讯问录音录像明确的证据定位和完整的证据权利,使其可以被移送、查阅、复制和审查。[③] 在讯问录音录像证据的定位问题上,如何弥合实然与应然之间的鸿沟成为理论界与实务界努力的方向。

2021 年《刑诉法解释》修改对辩护律师获取讯问录音录像权利的相关规定可以说是最高人民法院在弥合实然与应然之间做出的努力,尽管这一努力的效果还有待进一步观察。一定程度上说,这也是最高人民法院在控辩之间加以平衡和制度实施利弊之间加以权衡的结果。从控辩平衡的角度来说,是对控辩双方加以利益平衡的结果。对于辩方来说,一方面降低了查阅讯问录音录像的条件,取消了“应该在庭审中播放”的限制条件,但另一方面辩护律师在复制讯问录音录像的请求权实现方面又受到了一定的限制。从办案过程的利弊权衡来说,2021 年《刑诉法解释》起草组一方面担心一律允许辩护律师复制讯问录音录像会导致讯问录音录像泄露而带来“难以控制传播面”的风险;另一方面又认为,“从实践来看,允许查阅,即可以满足辩护律师的辩护需要”,权衡利弊之下,2021 年《刑诉法解释》对辩护律师复制讯问录音录像的权利进行了限制性

---

① 参见秦宗文:《讯问录音录像的功能定位:从自律工具到最佳证据》,载《法学家》2018 年第 5 期;马静华、张敛瀚:《讯问录音录像与非法证据排除:一个实证的考察》,载《西南民族大学学报(人文社科版)》2016 年第 7 期。

② 参见王超:《全程录音录像制度的功能异化——以侦查讯问录音录像的选择性录制与播放为视角》,载《华中科技大学学报(社会科学版)》2014 年第 1 期。

③ 参见朱孝清:《讯问录音录像三题》,载《人民检察》2014 年第 12 期;秦宗文:《讯问录音录像的功能定位:从自律工具到最佳证据》,载《法学家》2018 年第 5 期;谢小剑:《讯问录音录像的功能发展:从过程证据到结果证据》,载《政治与法律》2021 年第 8 期。

处理。但这种限制性处理不应该取消辩护律师复制讯问录音录像的权利,这既不合法也不合理,同时也与党的十八大以来整体司法改革趋势相背离。只有通过法律解释,对 2021 年《刑诉法解释》第 54 条从规范整体上给予更准确的理解和把握,才能让改革成果不至于出现消解的后果。

第九章 电子数据合法性制度框架的虚化与矫正

随着互联网及电子产品在社会生活中的广泛应用,中国正在进入一个互联网普及的时代。与此相应的是,与互联网相关的犯罪也逐渐在我国刑事犯罪中占据越来越大的比重。① 在办理涉网络信息犯罪案件中,电子数据在定罪量刑方面无疑占据了非常重要的地位。正因为如此,在刑事诉讼法中,电子数据的相关规范越来越完善:2012 年《刑事诉讼法》的修改将电子数据独立出来,与视频资料并列作为一类独立法定证据种类;2016 年“两高一部”联合颁布《电子数据规定》;2019 年公安部又专门颁布《电子数据取证规则》;2021 年《刑诉法解释》在“证据”一章专门设一节规定“视听资料、电子数据的审查与认定”,其中用 6 个条文专门就电子数据审查与认定规则作了较为明确的规定。前述这些法律、司法解释及其他与网络犯罪相关的规定共同构成了我国目前电子数据审查标准的规范来源,对

---

① 根据中国司法大数据研究院发布的《涉信息网络犯罪特点和趋势(2017. 1 – 2021. 12)司法大数据专题报告》统计,2017 ~ 2021 年,全国各级法院一审审结的涉信息网络犯罪案件共计 28. 20 万余件,案件量逐年上升;全国涉信息网络犯罪案件共涉及 282 个罪名,其中诈骗罪案件量占比最高,为 36. 53%;其次为帮助信息网络犯罪活动罪,案件量占比为 23. 76%。参见《涉信息网络犯罪特点和趋势司法大数据专题报告发布》,载搜狐网,http://news. sohu. com/a/575036351_121123746,最后访问时间:2022 年 8 月 4 日。

规范我国电子数据的审查与认定发挥着重要的作用。

然而,我国电子数据审查规则还处于形成发展过程中,不仅形式上存在碎片化和立法层次较低等问题,而且在证据审查标准的实质内容上,目前对其合法性的关注还不够,不仅电子数据合法性相关规范缺乏体系性,在学理上对电子数据合法性制度框架也缺乏较为系统的梳理和反思。对于这种失衡状态,早在2016年《电子数据规定》颁布时便已经被学者批评过了。① 本章一方面从更为体系化的角度审视这一基本框架及其组成;另一方面从新的时代背景入手,检讨电子数据合法性基本框架中存在的隐忧,探索可能的改进路径。为此,本章第一部分将对电子数据审查规则的基本制度框架进行描述和概括;第二部分对这一制度框架存在的潜在问题进行挖掘和反思;第三部分讨论在新形势下证据合法性审查的制度框架及可能的改进路径。

一、电子数据合法性控制的基本制度框架

在现代证据法中,合法性是证据获得证据能力的重要属性之一,电子数据也不例外。因此,《电子数据规定》第2条规定:"侦查机关应当遵守法定程序,遵循有关技术标准,全面、客观、及时地收集、提取电子数据;人民检察院、人民法院应当围绕真实性、合法性、关联性审查判断电子数据。"该条尽管明确了要对电子数据合法性进行审查,但是检察院和法院应该根据什么标准对电子数据的合法性加以审查则需要通过具体的规则进一步加以明确。与其他证据类型相比,电子数据确实有其独特性,正如一些学者所言:"它不像人证那样绘声绘色,也不像物证那样掷地有声,它更像是一个虚无缥缈的幽灵,在人类执法活动的许多领域都发挥着神奇的证明作用。"②正因为电子数据具有一定的虚拟性,所以对电子数据取证过程的合法性控制有特殊要求。电子数据合法性控制的制度框架由取证规范、审查标准和排除规则三个部分组成。取证规范主要是对

---

① 参见龙宗智:《寻求有效取证与保证权利的平衡——评"两高一部"电子数据证据规定》,载《法学》2016年第11期。

② 刘品新:《中国电子证据立法研究》,中国人民大学出版社2005年版,第1页。

电子数据取证者的取证行为加以规范,合法取证是对电子数据取证者的基本要求;审查标准则是审判者和起诉者判断侦查机关取得的证据能否获得证据能力的基本标准,合法性是电子数据获得证据能力的一个重要前提;排除规则是确保那些通过不合法程序或手段取得的电子数据无法获得证据能力的制裁性措施。这三者共同为电子数据合法性提供了基本保障性制度框架。

(一)取证规范中的合法性要求

在网络犯罪中,电子数据是用于重构和证明某种犯罪活动的重要证据,其需要遵循法律所确立的基本规范。从这一意义上说,电子数据取证是通过符合法律要求的方式获取、保存和处理电子数据的过程。[①] 我国通过 2016 年"两高一部"颁布的《电子数据规定》和 2019 年公安部颁布的《电子数据取证规则》为电子数据取证过程确立了基本的规范体系。这一规范体系主要包括两个部分:第一部分是适用于所有电子数据取证程序的一般性要求:(1)取证应该遵守法定程序的一般性要求。《电子数据规定》第 2 条规定:"侦查机关应当遵守法定程序,遵循有关技术标准,全面、客观、及时地收集、提取电子数据……"《电子数据取证规则》中也有类似的规定。(2)对取证主体的要求也适用于所有的电子取证手段。《电子数据取证规则》第 6 条规定:"收集、提取电子数据,应当由二名以上侦查人员进行。必要时,可以指派或者聘请专业技术人员在侦查人员主持下进行收集、提取电子数据。"对电子数据取证主体资格的要求一方面是刑事诉讼法对侦查机关和侦查人员的一般要求,另一方面电子数据取证过程本身的技术性也会对取证主体提出更高的专业要求。

除了整体上的一般性要求外,《电子数据取证规则》针对电子数据取证的不同具体手段也分别提出了不同的取证要求。我国目前规定的电子数据取证手段主要包括扣押、封存原始存储介质,现场提取,网络在线提取,网络远程勘验,冻结,调取等。如表 9 - 1 所示,针对不同的取证手段均有对应的法律要求。大体上可以区分为

① 参见[加]林晓东:《电子数据取证》,陈晶等译,机械工业出版社 2022 年版,第 9 页。

两个方面的要求：(1)前置的审批要求。根据《电子数据取证规则》的相关规定，目前可以分为无须审批的取证手段和需要审批的取证手段。无须审批的取证手段主要包括扣押、封存原始存储介质，现场提取和不需要涉及技术侦查措施的网络在线提取和网络勘验检查。需要通过前置审批的侦查措施主要有涉及技术侦查措施的网络在线提取和网络勘验检查、电子数据冻结和调取。这几种侦查手段的前置审批要求本身也各不相同。技术侦查需要报市一级以上公安机关负责人批准，电子数据冻结需要县级以上公安机关负责人批准，调取电子数据则只需要办案部门负责人批准即可。由此可以看出，根据取证手段对相对人权利影响程度的不同，《电子数据取证规则》设置了等级不同的审批程序加以对应的保障。(2)取证程序的要求。不同取证手段的取证程序要求各有不同，但大致分为以下3个方面要求：①适用条件的要求：对现场提取、冻结等手段都明确规定了适用条件；②制作笔录的要求：每一种取证手段都要求制作相应的笔录，并对笔录记载的内容提出了明确的要求；③见证人见证或全程录像要求：除了调取和网络在线提取之外，其余取证手段都应该有见证人见证，在没有见证人的情况下应该全程录像。

表9－1　电子数据取证程序的相关要求

取证手段	审批要求	程序要求
扣押、封存原始存储介质	无	制作笔录，记录原始存储介质的封存状态； 见证人见证要求，无见证人应该全程录像； 当场开列《扣押清单》一式三份，写明原始存储介质名称、编号、数量、特征及其来源等，由相关人员签名或者盖章
现场提取	无	明确现场提取电子数据的适用条件； 见证人见证要求，无见证人应该全程录像； 制作《电子数据现场提取笔录》并附《电子数据提取固定清单》，相关人员签名盖章
网络在线提取	无	在有关笔录中注明电子数据的来源、事由和目的、对象，提取电子数据的时间、地点、方法、过程，并附《电子数据提取固定清单》，注明类别、文件格式、完整性校验值等，由侦查人员签名或者盖章

续表

取证手段	审批要求	程序要求
网络远程勘验	对一般网络远程勘验无要求；如采用技术侦查措施收集电子数据的，应当严格依照有关规定办理批准手续	网络远程勘验由办理案件的县级公安机关负责； 见证人见证要求，如无见证人则需要录像； 应当及时制作《远程勘验笔录》，由相关人员签名盖章； 网络在线提取或者网络远程勘验时，应当使用电子数据持有人、网络服务提供者提供的用户名、密码等远程计算机信息系统访问权限； 部分案件网络在线提取、远程勘验过程应当全程同步录像
冻结	应当经县级以上公安机关负责人批准	制作《协助冻结电子数据通知书》，注明冻结电子数据的网络应用账号等信息； 明确可以进行电子数据冻结的条件； 冻结电子数据的期限为6个月，需要延长的要办理继续冻结手续
调取	经办案部门负责人批准	开具《调取证据通知书》，注明需要调取电子数据的相关信息； 被调取单位、个人应当在通知书回执上签名或者盖章，并附完整性校验值等保护电子数据完整性方法的说明

（二）合法性的审查标准

从审查标准来说，从2010年《死刑案件证据规定》开始，电子数据合法性审查标准逐渐由一条非常简单的规则演变成相对体系化的审查标准。根据2021年《刑诉法解释》的规定，这一标准主要包括以下6个部分的要求：（1）主体适格性要求：也就是收集、提取电子数据是否由二名以上调查人员、侦查人员进行；（2）取证方法是否符合相关技术标准；（3）保管链条要求：收集、提取电子数据，是否附有笔录、清单，并经调查人员、侦查人员、电子数据持有人、提供人、见证人签名或者盖章；没有签名或者盖章的，是否注明原因；对电子数据的类别、文件格式等是否注明清楚；（4）见证人要求：是否依照有关规定由符合条件的人员担任见证人，是否对相关活动进行录像；（5）审批程序要求：采用技术调查、侦查措施收集、提取电子数据的，是否依法经过严格的批准手续；（6）检查程序要求：进行电子数据检查的，检查程序是否符合有关规定。

这些审查要求具有两个特点：第一，从规范本身构成来看，这些审查要求并没有强制性效力，更多的是一种指引性规则。这些指引性规则主要是指引法官在审查电子数据合法性时"着重审查"前述6个部分的内容。从规范用语来说，相应的审查标准并没有强制性要求。相应的规范中都是用"是否"这种模棱两可的用语，而不是"应该"或者"必须"等具有强制性的用语。第二，这些审查标准总体上涵盖了前述第一部分中所涉及的取证规范，从取证主体、取证笔录和录像、见证人要求以及检查等方面进行审查。但需要注意的是，这些审查标准没有涵盖所有的取证规范要求，比如对冻结电子数据、调取电子数据以及技术调查、侦查等取证手段，《电子数据取证规则》规定了前置审批手续，但审查标准中仅提及应该对技术调查、侦查是否经过严格批准程序进行审查。

（三）合法性的排除规则

电子数据合法性审查的排除规则主要存在于法律和司法解释两个层面。在法律层面，电子数据并未被纳入非法证据排除规则的适用范围中。尽管2012年《刑事诉讼法》时将电子数据单列出来作为与视频资料并列的一类证据，但2018年《刑事诉讼法》的非法证据排除条款中仅规定了适用于犯罪嫌疑人、被告人供述、证人证言以及被害人陈述的强制排除规则和适用于物证、书证的裁量排除规则，没有明确将非法证据排除规则扩展适用于电子数据，这就使电子数据是否适用非法证据排除规则在法律层面比较含糊。为了弥补这一不足，2021年《刑诉法解释》第113条专门规定了电子证据的排除规则，该规定明确提出："电子数据的收集、提取程序有下列瑕疵，经补正或者作出合理解释的，可以采用；不能补正或者作出合理解释的，不得作为定案的根据……"后面罗列了4种瑕疵，其中第2项规定："笔录或者清单上没有调查人员或者侦查人员、电子数据持有人、提供人、见证人签名或者盖章的。"

电子数据的非法证据排除规则主要采用的是裁量排除规则，这种裁量排除规则有3个特点：首先，与口供、证人证言、被害人陈述的非法证据排除规则相比，对电子数据适用非法证据排除规则具有一定的裁量空间。电子数据收集提取程序中即便存在一定的瑕疵，也并非直接予以排除，而是给予其一定的补正或作出合理解释的机会。只有在该电子数据存在的瑕疵问题无法被补正或者作出合理解释的情况下，才会予以排除。其次，与物证、书证的非法证据排除规则相比，电子数据的非法证据排除裁量空间要更小一些。对物证、书证而言，如果收集程序不符合法定程序，可能严重影响司法工作的，应当予以补正或者作出合理解释。如果不能补正或者作出合理解释，对该证据才应当予以排除。因此，物证、书证的非法证据排除还要求其收集程序违法程度必须达到“可能严重影响司法工作”且无法补正或者作出合理解释的情况下才有会被排除。最后，电子数据因合法性存在瑕疵而可能被排除主要限制在一种情况下，即笔录或清单上没有相关人员签名或盖章。2021 年《刑诉法解释》第 112 条就电子数据合法性审查标准罗列了 5 种情形，其中第 2 种情形便是笔录或清单上是否有相关人员签名或盖章，其他 4 种情形并没有被明确列入非法证据排除的范围中。尽管 2021 年《刑诉法解释》第 113 条在电子数据收集提取瑕疵中还保留一个兜底条款即“有其他瑕疵”，但这种兜底性就意味着存在一定的裁量空间，法官要援引该兜底条款排除其他瑕疵的电子数据就要面临沉重的论证负担，这势必会极大地影响该非法证据排除规则的适用规范和效力。

二、电子数据合法性制度框架的潜在缺陷及其后果

尽管目前已经从取证规范、审查标准和排除规则 3 个方面为电子数据合法性控制提供了基本的制度框架，但由于这些规范的起草还处于起步阶段且来源部门各不相同，所以从整体制度框架角度看还存在诸多有待优化的地方。电子数据合法性控制的制度框架尽管已经初步形成，但无论是规范体系层面还是规范实施保障力度层面，都还相对不足。这种不足体现在以下 3 个方面：

第一，从取证措施来说，电子数据取证措施与刑事侦查的一般取证措施之间尚未实现对接。

从《电子数据取证规则》来看，我国在电子数据方面建构了一套相对独立于一般侦查取证手段的取证措施。电子数据取证措施

被明确规定包括但不限于:(1)收集、提取电子数据;(2)电子数据检查和侦查实验;(3)电子数据检验与鉴定。而在“收集提取电子数据”一章,包括扣押、封存原始存储介质,现场提取电子数据,网络在线提取电子数据,冻结电子数据,调取电子数据 5 种措施。这些取证手段与目前我国刑事侦查的一般措施之间尚未形成有机对接。

首先,获取电子数据的侦查行为没有被界定为搜查行为,而被称为“收集提取电子数据”。正如一些学者所言,之所以在相关规范性文件中回避“搜查”一词而继续采用“收集与提取”的传统表述方式,一定程度上表明我们尚未将电子数据纳入搜查范围。① 传统上,搜查行为的对象主要被界定为某一场所或人身这些物理空间,一旦某一行为构成法律意义上的搜查,就需要受到相应法律的约束,比如需要通过司法审查颁发相应的令状才能进行搜查。我国作为侦查手段的搜查一般情况下需要经县级以上公安机关负责人批准并颁发搜查证才可进行。由于电子数据的收集和提取并没有被视为一种搜查行为,也就不需要遵循那些规范搜查行为所需的法律要求。当然,如前所述,我国目前采取“化整为零”的应对方式,“收集提取电子数据”这一章之下的技术侦查、冻结、调取等侦查措施依然需要有层次不同的审批要求,但像扣押、封存原始存储介质,现场提取,网络在线提取等措施则没有相应的要求。这就使相当一部分电子数据取证行为实际上既无外部约束,也无内部审批要求,容易陷入失控的风险。

其次,将扣押、封存原始介质作为一种取证措施定位不清。在一般刑事侦查中,可用以证明犯罪嫌疑人有罪或无罪的各种财物、文件,应当查封、扣押。需要对财物、文件进行扣押的,根据扣押物品的价值,需要分别经由县级以上公安机关负责人、经办部门负责人或现场指挥人员批准后方可实行。而《电子数据取证规则》仅要求在侦查活动中发现的可以证明犯罪嫌疑人有罪或者无罪、罪轻或者罪重的电子数据,能够扣押原始存储介质的,应当扣押、封存原始

---

① 参见胡铭、王林:《刑事案件中的电子取证:规则、实践及其完善——基于裁判文书的实证分析》,载《政法学刊》2017 年第 1 期。

存储介质，并制作笔录，记录原始存储介质的封存状态。这一规定中用的表述“扣押、封存”与“查封、扣押”的表述不同，而且《电子数据取证规则》没有规定“扣押、封存”适用的基本条件。那么，这里的扣押、封存是否属于刑事诉讼法中的查封、扣押，是否需要遵循刑事诉讼法中规定的基本要求就比较模糊。笔者认为，对原始介质的扣押和封存都应该纳入查封、扣押这一侦查措施之下，受相关取证规则约束。

最后，网络远程勘验与作为传统侦查措施的勘验之间也容易引发误解。作为传统侦查措施的勘验对象主要是与犯罪有关的犯罪现场等物理空间，传统的勘验侵害相对人的隐私权程度相对较轻。而网络远程勘验的对象则是特定的虚拟空间，这一虚拟空间往往具有一定的私密性。正如《电子数据取证规则》第 33 条第 1 款所规定的，网络在线提取或者网络远程勘验时，应当使用电子数据持有人、网络服务提供者提供的用户名、密码等远程计算机信息系统访问权限。这说明电子远程勘验需要用到电子持有人或网络服务提供者提供的用户名、密码等远程计算机信息系统访问权限，这些权限恰恰说明这些空间是电子持有人不愿意为外人所知的。在这种情况下，如果像勘验犯罪现场一样可以不经审批地实施勘验的话，容易侵害被害人的利益。因此，所谓的网络远程勘验其实已经不是一般意义上的勘验，从对相对人的影响来看，已经和搜查类似了。

第二，从合法性审查标准来看，存在合法性审查的标准被真实性标准吸收覆盖的倾向。

合法性标准审查是法院和检察院对电子数据合法性予以事后控制的重要标准。如前所述，我国 2021 年《刑诉法解释》主要从取证主体、取证方法、取证笔录、清单、见证人要求、审批程序、检查程序等 7 个方面设定了电子数据合法性审查的基本标准。但仔细审视之下会发现，这里所谓的合法性审查标准存在被真实性标准吸收覆盖的倾向，合法性标准相对缺乏独立性。

首先，电子数据的合法性审查标准间接保障的是电子数据的真实性。这些标准除了涉及秘密侦查是否经受审批之外，其他 5 个方面包括取证主体、取证技术标准、取证笔录、见证人要求及电子数据检查要求等虽然在表面上都属于电子数据取证程序的要求,但这些取证程序要求背后最终保障的核心价值主要还是证据的真实性。[①]以取证笔录要求为例,其要求审查者必须审查"收集、提取电子数据,是否附有笔录、清单,并经调查人员、侦查人员、电子数据持有人、提供人、见证人签名或者盖章;没有签名或者盖章的,是否注明原因;对电子数据的类别、文件格式等是否注明清楚"。如果从该规范内容本身来说,这些对笔录、清单、签名盖章以及对电子数据类别和文件格式的注明等要求其实都是为了保障电子数据的收集提取过程有一个相对清晰的保管链条,确保电子数据在收集、提取过程中不会被篡改、遗漏,从而保障取得的电子数据与原始状态下的电子数据之间具有同一性。从该规范的功能来说,上述要求发挥的是电子数据的鉴真功能,最终确保的是电子数据的真实性。[②] 如果电子数据合法性标准最终保障的还是电子数据的真实性,那么这是否意味着电子数据合法性审查标准并没有相对独立于真实性之外的其他价值追求？其实并非如此。对于一项司法判决来说,合法性的要义在于提供了一种正当性,这种合法性可以"提供公众服从该判决的初步道德义务"。[③] 真实性当然可以为合法性提供一部分正当性,但对真相的追求并非压倒一切其他目的。[④] 因此,将合法性完全等同于真实性的一个必然结果是合法性标准缺乏相对独立的价值追求,其他价值被边缘化。

其次,电子数据的合法性审查标准本身缺乏有效的强制力。合法性审查标准作为法官、检察官对电子数据取证过程合法性进行审查的最基本根据,其至少应当承担两项功能:(1)为法官和检察官事后审查电子数据取证过程提供审查内容上的指向,也就是指引审查者可以从哪些方面对电子数据取证过程的合法性进行审查;(2)为法官和检察官审查侦查行为的合法性提供正当性根据和制度保障。

---

① 参见赵航:《电子数据合法性审查规则的反思与完善》,载《大连理工大学学报(社会科学版)》2022 年第 1 期。

② 参见刘译矾:《论电子数据的双重鉴真》,载《当代法学》2018 年第 3 期。

③ [新加坡]何福来:《证据法哲学:在探究真相的过程中实现正义》,樊传明等译,中国人民大学出版社 2021 年版,第 84 页。

④ 参见[英]威廉·特文宁:《反思证据:开拓性论著》(第 2 版),吴洪淇等译,中国人民大学出版社 2015 年版,第 91 页。

特别是考虑到我国刑事诉讼长期存在的“侦查中心主义”的历史惯性和诉讼构造，侦查机关一直处于较为强势的地位，对侦查行为合法性的审查一直处于弱化状态。[①] 在这一背景下，要对侦查机关侦查行为的合法性进行有效审查，必须有较为刚性的制裁性规范作为后盾，否则合法性审查标准很容易被架空。我国现行有关电子数据的合法性审查标准基本上能够满足第一项功能，但在第二项功能方面基本上是缺位的。合法性审查标准条款仅仅要求审查者着重审查某些方面，且这些审查都是指引性的而非强制性的，无法为审查者提供刚性规范所具有的权威性。

最后，获取电子证据是否需要经过合法审批基本上没有被审查标准涵盖在内。审查标准审查的范围主要将取证规范作为根据，但主要侧重取证规范中的法律程序规范，对电子数据取证授权这一基本要求考虑得较少。2016 年颁布的《电子数据规定》在合法性审查标准条款中并没有将电子数据取证是否获得审批作为考量要素。2019 年《电子数据取证规则》为电子数据不同取证措施设定了门槛高低不同的三种审批要求，但这三种审批要求在合法性审查标准中并没有得到全面的反映，仅对涉及秘密侦查的电子数据取证是否遵循审批程序进行审查。这充分说明，在当前合法性审查标准的框架中，取证程序启动的审批基本处于边缘化的状态。取证程序启动的审批程序是取证合法性得以保障的一项重要前提，相关审批机关通过审批程序对侦查措施本身的合法性和必要性加以综合考量。我国的取证规范将这种审批权交给侦查机关内部不同层级的机构行使，而不是像域外一些国家那样由相对司法机关进行审批。[②] 这本身就已经削弱了审批程序对侦查取证合法性控制的力度，如果在这种情况下，还将审批情况排除在法官、检察官事后审查的范围之外，则这种审批程序对保障电子数据取证合法性的价值将会被进一步削弱。

第三，从规范效力来说，合法性审查的制度框架缺乏有效的效

---

① 关于侦查中心主义，参见陈瑞华：《论侦查中心主义》，载《政法论坛》2017 年第 2 期。

② 参见孙长永：《侦查程序与人权：比较法考察》，中国方正出版社 2000 年版，第 24 页。

力保障。尽管目前已经确立了电子数据取证合法性审查的基本制度框架,但这些制度在司法实践中的落实情况不尽如人意,从而导致合法性审查的制度框架无论从制度框架内部还是从制度实践效力来说都还存在落空的风险。

首先,从制度之间的配合来说,取证规范、审查标准与排除规则制度之间缺乏有效的配合,特别是审查标准与排除规则基本处于脱节状况。审查标准罗列了合法性审查的 6 种情形,但这 6 种情形只有第 3 种情形也就是"笔录或者清单上没有调查人员或者侦查人员、电子数据持有人、提供人、见证人签名或者盖章的"被作为裁量排除补正规则的一项明示内容。审查标准所关注的其他 5 种情形都没有被 2021 年《刑诉法解释》第 113 条和第 114 条明确列为证据裁量排除或强制排除规则的明示情形。尽管 2021 年《刑诉法解释》第 113 条有一个"有其他瑕疵"的兜底条款,但考虑到我国以审判为中心的诉讼制度还尚未完全确立,这一兜底条款很难为司法人员排除瑕疵证据提供足够的权威。这也就意味着,其余 4 种情形尽管属于电子数据合法性审查的内容,但电子数据一旦存在合法性问题,并没有明确的非法证据排除规则予以制裁或救济。这就使电子数据合法性审查标准罗列的 5 种合法性情形实际上只有一种情况具有相应的排除规则加以保障,其他 4 种情形则变成一种柔性的指引性条款,指引审查者对相关情形保持必要的关注。

其次,从非法证据排除规范本身来说,目前只有一种违反合法性标准的情形被列入 2021 年《刑诉法解释》第 113 条瑕疵补正和裁量排除条款中。从该条款本身的结构来看,事实上包含两个部分:前一部分是瑕疵补正规则,后一部分可以被理解为裁量排除规则。也就是说,即便办案机关在取证过程中存在该条款所列的程序要求方面的瑕疵问题,应该先进行补正或者作出合理解释,只有在无法补正或作出合理解释的情况下才会对证据加以排除。正如一些学者所言,实证研究表明,此前收集电子数据中的程序问题最后几乎均被侦查机关予以补正。[①] 而 2021 年《刑诉法解释》第 114 条针对的是损害电子数据真实性的条款,这就意味着在现有排除规则中,

---

① 参见刘品新:《电子证据法》,中国人民大学出版社 2021 年版,第 152 页。

仅有前述第113条一项与合法性相关。但严格意义上说,这一项从其保障的价值来说,依然是电子数据的真实性。

最后,从司法实践中的落实情况来说,很少有因为违反合法性规范使电子数据被排除的案例。有学者在2021年对北大法宝数据库数据进行检索,共收集到987个提出电子数据合法性抗辩的案例。在987个案例中,有473个案例法院未对电子数据的合法性抗辩作出回应,也即直接采信了该电子数据。剩余的514个案例中,法院在506个案例中对抗辩意见不予采纳,基本上全部采信了电子数据。仅有8个案例采纳了抗辩意见,对涉案电子数据不予采信。这8个案例之所以对电子数据不予采信,表面上看是因为电子数据违反法律程序,根源上还是因为违反法律程序之后其合法性无法得到保障。[①] 由此可见,尽管目前已经建立了电子数据取证的相关规范和合法性审查标准,但由于缺乏非法证据排除规则等相应的制裁性措施加以保障,导致司法实践中即便辩方援引相应的规范提出抗辩也很难获得法官的支持,相应的证据也很少被排除。因此,从司法实践的结果来看,可以说电子数据合法性控制的制度体系基本上处于被架空的状态。

三、电子数据合法性制度框架的优化路径

电子数据合法性的制度框架尽管已经在我国初步确立,但还存在前述各种问题,需要从整体上进一步优化。这种优化大致可以从以下三个方面展开。

第一,在规范价值追求层面,应该确立探求真实与保障人权相对平衡的基本格局。

我国目前对电子数据的相关规范基本上都是用于保障电子数据真实性的,很少有规范用于保障电子数据的合法性,甚至可以说电子数据合法性基本上为真实性吸收或覆盖了。但是从社会发展的需要来说,只有真相这一价值是危险的。正如一个德国判决里所说的:“真相就像其他所有好东西一样,可能被不理智地热爱——可

---

① 参见王超:《电子数据合法性审查之反思——基于987个刑事案例的分析》,第六届鹭岛刑事法论坛获奖论文。

能被过度追求——可能成本过高。”[①]电子数据作为一种信息载体在人类社会生活中扮演着越来越重要的角色，因此，获取电子数据必然要进入相对人的私人领域，从而对相对人的人权特别是隐私权造成干涉。在互联网时代，虚拟的互联世界成为隐私权的重要载体，在某种程度上满足了人们心理上的宣泄需要，对虚拟世界的搜查必然导致对公民隐私权的干涉。[②]

鉴于隐私权在现代生活中的重要性，域外许多国家都制定出相应的法律框架以协调打击犯罪与保障隐私权之间的冲突。1967 年美国最高法院在 Katz 案中，通过提出“合理隐私期待”标准将第四修正案搜查的对象从人身或住所这类物理空间逐渐扩展到相对人怀有合理隐私期待的空间。[③] 在 2018 年的 Carpenter 案中，美国最高法院又明确提出公民对手机的基站位置信息拥有合理的隐私期待权，受宪法第四修正案的保护。在没有特例的情况下，政府必须有合理根据（probable cause）并依此申请法院签发搜查令之后，才能获取该信息。[④] 这就将公民在第三方平台中所留存的信息纳入第四修正案保护的范围。在欧洲大陆法系国家和地区中，对隐私的保护主要分为两方面，一是欧洲人权法院以《欧洲人权公约》为根据，在一系列判例中创设了隐私权判断标准；二是以德国为代表的基本权干预标准，对电子数据合法性的判断也是在基本权干预这一大框架下展开。[⑤] 由此可见，各国在应对网络犯罪等信息化时代的挑战时都谨慎地在公民权利保障与打击犯罪之间寻求一种平衡，通过对本国既有制度框架进行调整以便更好地保障公民隐私权，以免受到电子数据取证的过度侵犯。

我国《宪法》第 40 条规定了公民的通信自由和通信秘密受法律

---

① 参见[新加坡]何福来：《证据法哲学：在探究真相的过程中实现正义》，樊传明等译，中国人民大学出版社 2021 年版，第 96 页。

② 参见刘方权编译：《犯罪侦查中对计算机的搜查扣押与电子证据的获取》，中国检察出版社 2006 年版，第 4 页。

③ 参见[美]约书亚·德雷斯勒、艾伦·C. 迈克尔斯：《美国刑事诉讼法精解》（第 1 卷）（第 1 版），吴宏耀译，北京大学出版社 2009 年版，第 71 ~ 74 页。

④ Carpenter v. U. S. 138 S. Ct. 2206 (2018).

⑤ 参见向燕：《刑事侦查中隐私权领域的界定》，中国政法大学出版社 2011 年版，第 29 ~ 58 页。

保护，除因国家安全或者追查刑事犯罪的需要，由公安机关或者检察机关依照法律规定的程序对通信进行检查外，任何组织或者个人不得以任何理由侵犯公民的通信自由和通信秘密。尽管从字面上看该条款主要保护公民的通信自由和通信秘密，但这一条款隐含了对公民隐私权的尊重与保障。[①] 2021 年颁布的《个人信息保护法》第 10 条规定："任何组织、个人不得非法收集、使用、加工、传输他人个人信息，不得非法买卖、提供或者公开他人个人信息；不得从事危害国家安全、公共利益的个人信息处理活动。"这些都为我国电子数据合法性保障提供良好的理念和制度基础。因此，刑事司法活动同样应该将公民的隐私权保障纳入刑事侦查和司法审查考量的价值范围内。

第二，在立法层面，应该将电子数据纳入刑事诉讼整体体系中进行规范。

首先，从立法层面上，应该在刑事诉讼法这一层面对电子数据确立基本的规范。目前电子数据的相关规定基本上游离于刑事诉讼法之外，在公安部的《公安机关办理刑事案件程序规定》中也未涉及。目前规范电子数据最为主要的几个规范性文件均是由最高人民法院、最高人民检察院、公安部等机构以独立或者联合的方式颁布的，这些规范性文件层级较低，缺乏足够的权威性和包容性。一方面，从规范出台的程序上看，相关部门出台规范性文件并不需要全国人大代表大会及其常委会审议通过，不需要经过人大代表审慎的评议环节，也不需要征求社会的意见。这种相对封闭的规范出台过程必然使规范本身在价值整合方面出现偏差。另一方面，从规范制定主体来看，目前几个规范性文件均是由最高人民法院、最高人民检察院、公安部等办案机关独立承担或者联合承担，缺乏辩方代表的参与，也缺乏社会公众代表的参与。电子数据的规范问题绝不只是关涉办案效率的一个技术性问题，而是关涉每一名犯罪嫌疑人进而关涉整个社会公民的隐私权等权益保障的重要问题。因此，完全有必要将其提升至刑事诉讼法层面

---

① 参见张翔：《通信权的宪法释义与审查框架——兼与杜强强、王锴、秦小建教授商榷》，载《比较法研究》2021 年第 1 期。

加以审慎对待。

其次,要将电子数据取证措施体系做进一步的优化。如前所述,电子数据取证措施与刑事诉讼侦查措施之间是相对分离的两套体系,二者无论在名称还是内涵之间都存在诸多不一致的地方,容易引发适用上的混乱和失控。现有电子数据取证措施已经形成一个初步的控制体系,但这一体系仍然存在需要改进的地方。一方面,对电子数据冻结、调取以及秘密侦查等业已设立初步审批程序的取证措施来说,要进一步明确审批的标准,不能仅考虑办案的便利性,而要将该措施可能对相对人及社会公众造成的影响充分考虑在内;另一方面,目前对扣押封存存储介质、现场提取和在线提取等取证措施没有太多的审批要求,但是对电子数据取证措施的控制不能仅仅考虑取证措施本身,还需要进一步考虑电子数据本身对于相对人的意义。比如,同样都是扣押、查封,扣押一台公用的电脑和扣押一台私人使用的电脑,其对相对人权利的影响可能差别甚大。因此,应该将必要的数据分级标准与取证措施结合起来。目前我国在《数据安全法》中引入数据分类分级保护制度,根据数据在经济社会发展中的重要程度,以及一旦遭到篡改、破坏、泄露或者非法获取、非法利用,对国家安全、公共利益或者个人、组织合法权益造成的危害程度,对数据实行分类分级保护措施。下一步有必要将这种数据分级保护制度引入私人数据保护领域,针对不同的数据等级,在电子数据取证时给予不同程度的控制。

最后,要将电子数据合法性问题纳入刑事诉讼非法证据排除规则体系中。电子数据合法性问题并没有为 2018 年《刑事诉讼法》第 56 条所涵盖,这也使电子数据非法证据排除规则缺乏足够的正当性。2021 年《刑诉法解释》仅规定了电子数据合法性标准而没有规定对违反电子数据合法性的排除规则。因此,未来有必要在 2018 年《刑事诉讼法》第 56 条中对电子数据非法证据排除规则作进一步明确,将电子数据明确纳入非法证据排除规则适用的范围中。

第三,将电子数据合法性制度框架的内部规范体系进行进一步整合与衔接。

目前取证规范、审查标准与排除规则这三个部分之间还存在不协调之处。取证规范对电子数据取证无论从规范所覆盖的范围上还是规范的效力上来看,都是较为完善的;审查标准涵盖的规范范围基本上与取证规范相同,但审查标准所罗列的规范缺乏相应的制裁性措施,也没有相应的排除规则予以保障。这种逐步弱化的趋势使电子数据合法性审查规范在司法实践中基本上被架空,导致刑事侦查中违反电子数据合法性规范的取证行为很难得到矫正。有必要从以下两个方面进一步强化现有制度框架的效力:一方面,应该将目前审查标准中罗列的情形明示为违反电子数据合法性而被排除的情形。之所以要明示这些情形,理由已如前述,为诉讼构造原因。这些明示情形,能够为法官、检察官审查侦查机关电子数据取证过程提供更为明确的指令和更为坚实的正当性理由。另一方面,可以对我国目前业已确立的瑕疵补正、裁量性排除、强制排除三者进行有序整合排列。只有根据违法程度对非法电子数据作出分类,将非法电子数据从瑕疵电子数据中剥离出来,明确非法电子数据的范围,才能遏制瑕疵电子数据口袋化的趋势。[①] 未经审查批准且所侵害的隐私权属于相对人核心隐私权情形的电子数据,应该被列入强制排除的行列。那些违反一般性取证程序且造成侵害后果不太严重的,可以作为裁量排除的事项,给予证据提出一方补正或作出合理解释的机会。这样,目前业已确立的合法性审查标准才能够通过这些刚性不同的排除规则得到有效的保障。

① 参见王超:《电子数据合法性审查之反思——基于987个刑事案例的分析》,第六届鹭岛刑事法论坛获奖论文。

第十章　印证的功能扩张与理论解析

近年来,随着一系列冤假错案的曝光和以审判为中心的诉讼制度改革的推进,印证作为传统证明模式的代表再度受到广泛而持续的关注。目前为止,对印证的学术讨论涉及印证的多个方面:既有将印证作为一种证明模式的讨论,也有对印证如何影响证明标准的讨论;既有在错案基础上对印证的反思,也有对印证之替代性模式的探索。目前普遍侧重于将印证作为整体的定案模式进行探讨,在我国刑事诉讼中,印证的另外一种功能还没有受到足够的关注,就是将其作为法定标准。印证作为法定的标准,是指在判断一个证据能否被采纳、采信以及能否定案的时候,将证据与其他证据之间是否印证作为一个判断标准或者一个重要考量因素。作为法定标准的印证与作为整体证明模式的印证之间是有区别的,印证作为法定的标准已经在我国的刑事证据规范中明确体现,并且对司法实践产生了重大影响,因此亟待从学理的角度予以认真对待。本章将从四个部分对作为法定标准的印证进行系统的探讨:第一部分主要在借鉴域外证据理论的基础上对印证的内涵从其自然形态层面进行解析;第二部分主要从规范梳理的角度对印证作为定案的判断标准在证据规则层面的体现进行系统的梳理讨论;第三部分将探讨印证法定化之后所产生的功能扩张现象,并结合司法实践和学理分析对印证功能扩张可能产生的潜在风险进行探讨；第四部分结合当前改革背景对印证标准的走向和限定做一个初步讨论。

一、解析印证的自然形态

印证的内涵是指证明材料之间的相互证明、彼此符合。① 印证法作为一种证明方法，是指“将若干证据所分别证明的若干事实结合起来进行验证，以考察它们之间是否相互呼应、协调一致的方法”。② 刑事印证证明，是指“在刑事诉讼当中利用不同证据内含信息的同一性来证明待证事实，这里的同一包括信息内容的同一和指向的同一”。③ 印证法内涵大体上是指证据之间相互证明，共同指向同一待证事实。在2004年龙宗智教授对我国刑事诉讼中的印证模式加以理论总结之前，印证本身仅仅是司法实践中或者法学研究中对证据之间一种特殊关系的样态描述而已。在其提出之后的一段时间里，印证也仅仅是一种证据分析的方法。因此，理解印证的第一步是回到印证的自然形态对其加以解析，这样才能真正理解其内涵。

从证据的基本原理来看，“印证”本来是用来描述不同证据之间的关系的词汇。尽管不同的学者从不同的角度对印证的内涵有不同的界定，但大体上对印证的基本特征能够形成以下几点基本共识。

第一，证据与证据之间都共同指向同一待证事实。比如龙宗智教授就认为，印证证明的内核在于根据不同证据内含信息的同一性证明待证事实，这里的同一性既包括信息内容的同一，也包括指向的同一。④ 证据的一个天然属性是相关性，相关性是使某一待证事实的存在更有可能或更无可能的任何趋势的基本属性。⑤ 换言之，具有相关性的证据都会通过“推论链条”与某一待证事实连接起来。

---

① 参见龙宗智：《刑事印证证明新探》，载《法学研究》2017年第2期。

② 陈一云主编：《证据学》（第3版），中国人民大学出版社2007年版，第199页。

③ 龙宗智：《刑事印证证明新探》，载《法学研究》2017年第2期。

④ 参见龙宗智：《刑事印证证明新探》，载《法学研究》2017年第2期。

⑤ 参见王进喜：《美国〈联邦证据规则〉（2011年重塑版）条解》，中国法制出版社2012年版，第57页。

在一个案件中,不同的证据可能指向相同的待证事实,也可能指向不同的待证事实。相互印证的证据首先是要共同指向同一待证事实,这个属性在域外证据理论中通常被称为“补强”(corroboration)。补强通常会发生在两种情形下:第一种情形,两个不同来源的证据都共同证明同一事件的存在或不存在;第二种情形,某一证据来源指向某一事件,而另外一个辅助证据(ancillary)则证明该证据来源的可靠性,这时候两个证据之间也会存在补强关系。[①] 比如,目击证人 A 看到张三曾经在 4:15 走进被害人家中,目击证人 B 当天 4:45 在被害人家门口看到张三。这是两个不同的证据,但都同时指向这样一个事实:当天 4:30 张三很可能在被害人家中。这种情况下,目击证人 A 和 B 之间的关系就属于补强的第一种情形。如果目击证人 C 看到张三曾在案发当天出现在被害人家中,而且有另外一个辅助证据能够证明证人 C 证言的可靠性,这时两个证据之间的关系就属于补强的第二种情形。

第二,证据与证据之间的信息不存在互相矛盾的情况,不能彼此冲突,互相消解。用前述龙宗智教授的话来说,就是证据信息内容的同一。用 2012 年《刑诉法解释》第 104 条的用语来说就是“不存在无法排除的矛盾和无法解释的疑问”。除了共同指向某一待证事实方向之外,相互印证的证据之间还需要有共同的推论方向。与某一待证事实存在相关性的各个证据之间既可能是相互协同(harmonious)的,也可能是彼此不相协调的(dissonant)。[②] 不相协调的证据之间就缺乏共同的推论方向,不但无法形成共同的证明合力,而且可能相互冲突,相互抵消。舒姆(Schum)将不相协调的证据分为两种情形:第一种情形,证据之间是相互矛盾的(contradictory),证据 A、证据 B 与某一待证事实都相关,但证据 A 与证据 B 不可能同时成立,这时两个证据之间是相互矛盾的。比如,证人 A 在案发时看见犯罪嫌疑人在犯罪现场附近出现,而证人 B 则证实在案发时,他和犯罪嫌疑人一起在离犯罪现场 100 公里之

---

① See David A. Schum, *The Evidential Foundations of Probabilistic Reasoning*, Northwestern University Press,2001,p. 124.

② See David A. Schum, *The Evidential Foundations of Probabilistic Reasoning*, Northwestern University Press,2001,p. 121 – 123.

外的某地，则证人 A 与证人 B 之间的证言就是相互矛盾的。第二种情形，证据之间是相互冲突（conflict）的，当证据 A 和证据 B 所指向的不同事件无法同时成立时，这两个证据之间就是相互矛盾的。比如，证人 A 看到犯罪嫌疑人在案发时曾经出现在被抢劫的商店附近，证据 B 则显示该犯罪嫌疑人一向品行良好，没有犯罪记录，经济上也没有什么问题。证人 A 指向的事件与证据 B 指向的事件之间是相互冲突的。证据与证据之间要相互印证，就意味着证据之间不能存在上述两种情形，不能互相矛盾，也不能彼此冲突。

第三，证据与证据之间能够彼此证成，其产生的证明力要大于两个证据作为个体本身的证明力之和。西方逻辑学中则用另外一个词"聚合"（convergence）指涉类似的证据之间的关系。两个不同的证据指向不同的两个事件，但这两个事件都共同倾向证实或证否某一待证事实存在的可能性，这时两个证据就会发生"聚合"。比如，证人 A 看到犯罪嫌疑人在案发时曾经出现在被抢劫的商店附近，证据 B 则显示该犯罪嫌疑人一向品行很差，犯罪记录累累，且经济状况在最近一段时间又忽然恶化。这种情况下，证人 A 指向的事件与证据 B 指向的事件之间是相互聚合的。用逻辑学家乔纳森·科恩（Johathan Cohar）的话来说，"当两个事实彼此独立，都支持同一结论的可能性时，则两项间接证据聚合"。[①] 证据之间发生"聚合"的有趣之处在于彼此聚合的证据产生的证明力要大于个体证据之证明力的总和。[②] 在印证这种证明模式中，证明的关键在于获得相互支持的其他证据加以支撑。就证明力的评估而言，印证天然带有一种"整体主义"的味道。[③] 这种整体主义的观点，用达马斯卡的话来说就是"单项证据自身的证明力，无法游离于证据的总体判断"。[④] 在证据之间相互印证时，就会产生这样一种聚合的效应，

---

① L. Jonathan Cohen, *The Probable and the Provable*, Oxford University Press, 1977, p. 94.

② See David A. Schum, *The Evidential Foundations of Probabilistic Reasoning*, Northwestern University Press, 2001, p. 126.

③ 参见牟绿叶：《论非法证据排除规则和印证证明模式之间的冲突及弥合路径》，载《中外法学》2017 年第 4 期。

④ ［美］米尔吉安·R. 达马斯卡：《比较法视野中的证据制度》，吴宏耀、魏晓娜等译，中国人民公安大学出版社 2006 年版，第 69 页。

使事实的认定者产生的确信程度要超过对单个证据所产生的确信程度之和。

因此，如果以英美证据理论作为参照，那么我国司法实践和立法中所说的“印证”可以说是相互协同证据间多种关系的一种混杂。正因如此，我国许多学者认为印证是一个中国所独有的概念，因为确实没有一个特别相称的西方概念能与之对应。如果对其进行解构，就会发现这个概念本身又清楚地包含着证据之间的多种关系。它既包括证据之间的补强关系，也包括证据之间的聚合关系，同时又排除了证据之间的矛盾与冲突。在这个意义上，印证可以说是在某一案件中对相互协同的证据之间关系的一种笼统的概括。从严格意义上说，只有同时满足上述三个条件的证据，彼此之间才是相互印证的，此时印证标准无疑是极高的，甚至是不可能达到的。但是上述三个条件不可能同时存在，特别是证据的补强与证据的聚合之间可能分别指涉两种完全不同的证据关系，证据的冲突与证据的矛盾也是两种完全不同的证据关系，因此，完全合乎前述三个条件事实上是无法办到的。这就导致司法实践和立法实践中对印证标准做了泛化处理，只要符合前述三个条件的某一个条件，似乎就可以说证据与证据之间是“相互印证”的。这样，印证标准的难度就会大大降低，其所应用的范围就会大大扩张，因为其适用的范围涵盖了前述三个条件中任何一个条件可以适用的范围。正是因为印证内涵的扩大化，所以印证在司法实践和立法中得到了广泛的应用。在司法实践中，印证被作为一种行之有效的证据分析方法或证明模式，可以有效降低证据与案件事实的误判，提高司法公信力。[①]与此同时，印证标准被提升到法律的层面，作为一种强制性的法律要求普遍适用于刑事证据的运用和刑事案件事实的判断中。但是，由于印证内涵的广泛性，当其在立法中被运用于不同的场合时，便呈现出一种功能的多样化。

---

①　许多司法实务界人士对印证标准的价值给予高度的评价。参见张文媛：《司法实践中如何掌握刑事证据相互印证的合理限度》，载《北京政法职业学院学报》2012 年第 1 期；李勇：《坚守印证证明模式》，载《检察日报》2015 年 7 月 9 日，第 003 版。

二、刑事证据规范中的印证条款及其分类

"印证"一词大规模进入刑事证据规范主要是从 2010 年《死刑案件证据规定》开始的，2012 年《刑诉法解释》对相关的规定进行了整体的吸收。下面以 2012 年《刑诉法解释》为样本，对刑事证据规范中的印证条款作一个分析。2012 年《刑诉法解释》中一共有 8 个条款明确应用了"印证"一词，除了 2 个条款是提示性的条款以外，另外 6 个条款都具有实质的规范效力。除了这 8 个条款之外，还有一个条款并未明确运用"印证"一词，但其内容就是指"印证"，这就是第 104 条第 3 款。因此，可以说 2012 年《刑诉法解释》中共有 7 个条款与印证直接相关。尽管印证本身的内涵是相对稳定的，但当"印证"一词被适用于不同的法律条款中时，印证的功能就呈现显著的差别。总体上说，在现有规范体系中，印证有以下三种功能：作为定案根据的标准，作为证据采信的标准以及作为定罪的标准。

（一）印证作为定案根据的标准

印证作为定案根据的标准主要体现在第 104 条第 3 款中。在 2012 年《刑诉法解释》中，第 104 条是对证据进行综合审查判断的总体性要求，该条的要求适用于所有刑事诉讼证据的审查判断。2012 年《刑诉法解释》第 104 条第 3 款规定："证据之间具有内在联系，共同指向同一待证事实，不存在无法排除的矛盾和无法解释的疑问的，才能作为定案的根据。"该条款尽管没有明确提及"印证"一词，但其所要求的"证据之间具有内在联系，共同指向同一待证事实，不存在无法排除的矛盾和无法解释的疑问的"，其实就是指证据之间必须相互印证。理由有二：第一，这种表述与前述印证的内涵是一致的，都是指证据之间的相互关联性和共同指向性。第二，该表述与同一解释第 105 条关于印证的表述是完全一致的。第 105 条中间接证据可以进行定罪的第二个条件是"证据之间相互印证，不存在无法排除的矛盾和无法解释的疑问"。因此，第 104 条实际上隐含着将证据的"印证"作为定案根据这样一个前提条件。在我国刑事证据规范体系中，"作为定案根据"本身就具有丰富内涵，有时仅仅指对证据之证据能力的判断，有时则仅仅指对证据之证明力

的判断,而有时则包含对前述两者的整体判断。[①] 因此,在本条款中,印证作为证据成为定案根据的前提性条件,会带来两种可能的理解:第一,将印证作为证据之证据能力和证明力判断的前提条件,一个证据是否具有证据能力首先需要判断其是否与其他证据相互印证,无法相互印证的证据将因为不具备证据能力而被排除在法庭审查的范围之外。第二,将印证作为证据证明力判断的一个前提,也就是将证据的印证作为采信证据的前提条件。如果做第二种理解,那么印证作为采信的标准就与以下第二种功能相同。因此,当印证作为案件之定案根据标准的时候,印证适用的范围就扩展到对单个证据之证据能力的判断。[②]

(二)印证作为证据采信的标准

在现有的刑事证据规范体系中,印证在三种特殊情形下发挥着证据采信标准的作用。第一种情形是同一证人证言"翻证"情形下的采信问题。在刑事诉讼中,同一证人在不同诉讼阶段往往会出现不同的证言,特别是在法庭上也可能出现与庭前证言不一致的情况。在这种情况下,应该采信哪一份证人证言,成为事实认定者需要面对的难题。2012 年《刑诉法解释》第 78 条第 2 款规定:"证人当庭作出的证言与其庭前证言矛盾,证人能够作出合理解释,并有相关证据印证的,应当采信其庭审证言;不能作出合理解释,而其庭前证言有相关证据印证的,可以采信其庭前证言。"这就意味着在同一证人出示的不同证言中采信哪一份证言的主要依据是证言本身能否与其他证据相互印证,无论是庭前证言还是庭审证言,只有能够与其他相关证据相互印证,才能加以采信。

第二种情形是被告人多份供述的采信问题。与证人证言类似,庭审中往往会面临被告人"翻供"的问题,被告人在庭上常常会推翻庭前所作的供述,从而导致事实认定者对采信哪份供述难以抉择。2012 年《刑诉法解释》区分两种情况分别加以处理:第一种情况,"被告人庭审中翻供,但不能合理说明翻供原因或者其辩解与全

---

① 参见纵博:《"不得作为定案根据"条款的学理解析》,载《法律科学(西北政法大学学报)》2014 年第 4 期。

② 参见吴洪淇:《刑事证据审查的基本制度结构》,载《中国法学》2017 年第 6 期。

案证据矛盾，而其庭前供述与其他证据相互印证的，可以采信其庭前供述”（2012 年《刑诉法解释》第 83 条第 2 款）。换言之，庭审上被告人的翻供行为并不足以使其庭前供述失去证明力，判断庭前供述能否采信的主要标准是看其能否与其他证据相互印证。第二种情况，“被告人庭前供述和辩解存在反复，但庭审中供认，且与其他证据相互印证的，可以采信其庭审供述；被告人庭前供述和辩解存在反复，庭审中不供认，且无其他证据与庭前供述印证的，不得采信其庭前供述”（2012 年《刑诉法解释》第 83 条第 3 款）。在庭前供述与庭审供述不一致的情况下，究竟采信庭前供述还是庭审供述，主要判断标准还是何者能够与其他证据相互印证。因此，在被告人供述存在变化的情况下，采信哪一份供述主要取决于其能否与其他证据相互印证。

第三种情形是对两种瑕疵证据加以采信的印证要求。第一种瑕疵证据是生理上、精神上有缺陷，对案件事实的认知和表达存在一定困难，但尚未丧失正确认知、表达能力的被害人、证人和被告人所作的陈述、证言和供述。在立法者看来，这类证据因为证据提供者本身存在一定的认知与表达缺陷，单独加以采信存在一定的风险，因此需要其他证据加以印证才能采信。第二种瑕疵证据是指与被告人有亲属关系或者其他密切关系的证人所作的有利于被告人的证言，或者与被告人有利害冲突的证人所作的不利于被告人的证言。这类证据因为证人与证言指向的被告人之间存在利害关系，该证言的真实性很有可能受到影响，所以只有在与其他证据相互印证的情况下才能加以采信。

（三）印证作为定罪的标准

印证作为定罪的标准是指将印证作为证据达到证明标准的一个判断标准。根据我国《刑事诉讼法》的规定，只有在“案件事实清楚、证据确实充分”的情况下，证据才能满足证明标准，才能认定被告人有罪。不过，对于何谓“案件事实清楚、证据确实充分”，在特殊情况下还需要加以解释。印证作为定罪标准主要存在两种情形：第一种情形是指没有直接证据，只有间接证据证明待证事实的，在这种情况下要认定被告人有罪还需要对证据提出多个条件，其中一个就是“证据之间相互印证，不存在无法排除的矛盾和无法解释的疑问”(2012 年《刑诉法解释》第 105 条)。第二种情形是指存在隐蔽性证据的情况。[①] 根据被告人的供述、指认提取到了隐蔽性很强的物证、书证,且被告人的供述与其他证明犯罪事实发生的证据相互印证,并排除串供、逼供、诱供等可能性的,可以认定被告人有罪(2012 年《刑诉法解释》第 106 条)。无论是第一种情形还是第二种情形,印证在这里都承担了作为证明标准之基本要求的功能。

特别需要注意的是,“印证”一词在前述不同的法律条款中出现时,其强调的内涵是有很大不同的。在印证作为定案根据的前提出现时,印证的内涵包括证据的补强、聚合以及证据冲突与矛盾的排除;当印证作为判断证人证言翻证或者被告人供述翻供的采信标准的时候,印证更多的是强调证据之间的补强以及证据冲突与矛盾的排除;当印证被作为对部分瑕疵证据采信标准时,则主要强调印证的补强内涵;当印证作为间接证据定案的一个条件时,主要强调证据冲突与矛盾的排除;当印证作为隐蔽证据定案的一个条件时,则主要强调证据的聚合功效。如前所述,印证是对不同证据之间协同关系的一种笼统概括,具有非常丰富的内涵。印证一词被运用于不同场合时,其内涵所包含的三个特征就会随着证明场合的需要而呈现出不同的特征。印证内涵在证据规范中的多变性恰恰说明我国的司法解释中并没有将印证严格界定为须同时满足三个核心特征,即证据的补强、聚合以及证据冲突与矛盾的排除;而是将印证标准泛化为三个核心特征的某一部分,只要满足某一部分特征便可以将其称为“印证”。一定程度上,恰恰是印证内涵的泛化才使印证标准可以在不同的证明场合被广泛地使用。印证内涵的多变性和印证范围适用的广泛性带来的直接后果就是印证在我国刑事诉讼中呈现出功能急剧扩张的趋势。

三、印证的功能扩张与潜在风险

前述对现行证据法规范中印证条款的梳理充分说明,如果说在 2010 年以前,印证主要还是作为一种理论或司法实践中的证明模

---

① 关于隐蔽性证据中印证标准的探讨,参见秦宗文:《刑事隐蔽性证据规则研究》,载《法学研究》2016 年第 3 期。

式，其范围局限在作为判断案件事实是否成立的标准的话，那么2010年以后，印证便开始正式大规模进入司法解释，渗透到司法证明过程的多个环节，深刻影响着我国刑事诉讼证据的审查与应用，出现了一些学者所说的“印证法定化”现象。[①] 印证的法定化使原来作为证据间关系的印证在功能上从单纯的证据分析方法逐渐提升到法定的证据运用标准，对刑事证据的收集和运用产生的影响大大增加。从这种意义上说，印证在我国刑事诉讼过程中的功能已经大大扩张了。这种扩张产生的影响和潜在的风险需要我们认真进行评估。

（一）印证的功能扩张及其表现

印证的功能扩张主要体现在以下三个方面。

第一，印证开始以法律规范的形式呈现。2010年之前印证主要是一种证明方法或证明模式，这种方法或模式尽管在司法实践中适用，在理论层面讨论，但还没有进入法律规范的层面。当印证作为一种柔性的证明模式或证明方法时，它对事实认定者来说更多的是一种指引作用。但是在印证进入法律规范中成为法律规范之一部分时，印证就产生了以前所不具有的法律强制力。英国哲学家边沁对证明规则有着深深的警觉，他提醒道：“从事务本质上说，为证据寻找一种确保公正裁决的可靠规则是完全不可能的，人类的心智太过敏感以致无法建立规则，这些规则只能提高坏的判决的概率。”[②]这个观点尽管过于绝对，但确实揭示了强制性证据规范可能带来的危险性。以前述对翻供的处理为例，被告人翻供在刑事诉讼中十分常见。在2010年以前，事实认定者审查翻供时通常采用一种综合审查的方式：（1）通过查明被告人翻供的主客观原因；（2）通过审查原供是否属实；（3）通过审查翻供内容本身；（4）通过审查翻供的形式、次数判断翻供的真伪。[③] 这种综合审查方式是一种柔性

① 参见杨波：《审判中心下印证证明模式之反思》，载《法律科学（西北政法大学学报）》2017年第3期。

② ［英］威廉·特文宁：《反思证据——开拓性论著》（第2版），吴洪淇等译，中国人民大学出版社2015年版，第46页。

③ 参见张伟军：《审查起诉中证据审查判断的若干疑难问题研究》，载《刑事司法指南》2005年第4集（总第24集），法律出版社2005年版，第118～119页。

审查方式，是司法人员司法经验的总结，它对翻供效力的认定并没有给出直接答案，而是提醒司法人员从几个方面进行综合审查后对个案做出判断。在翻供入法之后，则简化为通过判断供述与其他证据之间是否存在印证关系来决定采信何种供述。这个例子说明作为证明方法或证明模式的印证和作为证据规范的印证之间的区别：首先，前者在效力上是柔性的，仅是一种方法或者证明模式，对于事实认定者来说并没有强制性效力，后者则是有法律强制性效力的，事实认定者在处理此类问题时必须遵循法律规定的印证标准；其次，前者是开放的，可以通过司法实践的经验与研究不断丰富，后者则是封闭的，司法经验已经通过法律规范固化下来；最后，前者是模糊的，并没有非常确定的内涵，后者则是明确的，法律规范通过规定适用情形与制裁性后果实现对事实认定者的清晰指引。正因为这些区别，在印证由一种单纯的证明方法或证明模式上升到证据规范时，印证的功能便得到了进一步的强化。

第二，从印证产生的作用范围来看，印证作用的范围涵盖了证据的采纳、采信和证据充分性判断三个环节。以往对印证的讨论主要是将其作为一种证明模式来审视，比如龙宗智教授在其研究印证的开创性论文中这样写道："在我国刑事诉讼当中，是以何种方式使用证据证明案件事实，从而做出事实判定的，我认为，可以用一个词来概括，即'印证'。如果要作模式界定，我国的刑事诉讼证明模式可以简略概括为'印证证明模式'。"①目前对印证也主要是将其作为一种证明模式进行讨论。证明模式，更多的是指"实现诉讼证明的基本方式，即人们在诉讼中以何种方式达到证明标准，实现诉讼证明的目的"。② 因此，可以说 2010 年之前的印证更多的是指判断证据达成证明标准的一种方式，也就是前述所说的作为定罪的一种标准。但在 2010 年之后，印证不仅作为一种达成证明标准的方式，还向前延伸，成为判断证据可信性甚至证据资格的一种

① 龙宗智：《印证与自由心证——我国刑事诉讼的证明模式》，载《法学研究》2004 年第 2 期。

② 龙宗智：《印证与自由心证——我国刑事诉讼的证明模式》，载《法学研究》2004 年第 2 期。

重要标准。如前所述,证据要得以采信还需要与其他证据相互印证,这就意味着印证不仅仅影响对证据是否最终达到证明标准的判断,还会影响对单个证据采信的判断。前者是对证据整体上是否达到证明标准的判断,后者则是对单个证据能否用来证明待证事实的判断。

第三,从印证产生的法律效力来看,印证的效力大大强化了。这种强化体现在以下三个方面。

(1)对证明标准的影响。当印证作为一种证明模式或证明方法时,印证的效力更多是柔性的,其变相提高了证明标准,为了规避这种变相提高的要求,办案人员常常转而寻求更为模糊的其他证明标准,比如"两个基本"。[①] 印证法定化之后,对间接证据定案和隐蔽性证据定案两种情形下的证明标准提出了印证要求。在这两种情况下,印证的效力提高了运用间接证据或隐蔽性证据所需达到的要求。在印证被明确引入证明标准之后,带来的直接后果是许多没有被告人供述的案件在满足证明标准上的难度提高,并最终导致许多案件最终无法定案。一个典型例子就是云南陈辉涉嫌杀妻案中,尽管有许多间接证据指向被告人陈辉,但因为没有被告人口供和目击证人等证据,以及杀人凶器一直没有被找到,最终陈辉被无罪释放。[②] 如果将这一案件与10多年前的杜培武杀妻案做一对比的话,可以发现印证引入证明标准确实增加了案件认定的难度,一定程度上也有效防范了刑事错案的发生。

(2)印证对部分证据采信的影响。证据的采信是对证据证明力评估的一种结果,从证据法的基本原理来看,单个证据的证明力大小主要取决于三个方面:①连接证据与待证事实之间推论的强度,该强度取决于蕴含在那些推论中的归纳概括(generalization)的盖然性;②推论链条起点的确定性,也就是言词证据的可信性或实物证据的真实性(authentication);③该证据本身

---

① 参见龙宗智:《印证与自由心证——我国刑事诉讼的证明模式》,载《法学研究》2004年第2期。

② 关于陈辉案的详细报道,可以参见"云南版鉴证实录:男子被控杀死女友获无罪",载新浪网,http://news.sina.com.cn/c/2015-06-23/144031978956.shtml。

在案件中的稀缺程度。[1] 因此，一般意义上说，单个证据证明力的评估与证据是否相互印证并没有必然的联系。将印证引入证据采信带来的直接后果是在证据评估自然过程的基础上增加了一个额外的标准，其结果就是提高了部分证据被采信的难度。

（3）印证对证据作为定案根据的效力影响。对2012年《刑诉法解释》第104条第3款中将印证作为证据之定案根据的标准目前存在争议，其究竟是对证据之证据能力的影响，还是对证据之证明力的影响，在理论界和实务界目前还尚未取得一致性意见。但可以确定的是，一些司法工作人员已经将其理解为证据能力问题，将其称为“刑事司法印证式采纳言词笔录实践”，[2]也就是说将印证作为证据之证据能力的判断标准，其结果就是会大大提高证据准入的基本门槛，使许多证据失去作为案件证据的资格。

（二）印证功能扩张的潜在风险

印证法定化提高了部分案件的证明标准、部分证据的采信标准甚至采纳标准，一定程度上可以将部分瑕疵证据放逐于法庭之外，防止刑事错案的发生。因为，目前进入证据规范的印证条款都有一定的经验基础支撑，但当一种具有一定盖然性的认知经验被上升为相对刚性的法律条文时也会带来诸多潜在的风险。主要的风险有以下三个方面。

第一，印证的功能扩张客观上将提高证据采纳的门槛，将许多具有一定证明价值的证据排除出证据体系。“一块砖并不是一堵墙”，美国证据法学者麦考密克曾经用这句话区分证据的相关性与证据的充分性。[3] 这句话同样适用于证据采纳与证据充分性标准之间的区分。印证扩张为证据作为定案根据的一个前提之后，由于定案根据在我国刑事诉讼法中拥有广泛的含义，使一些法官在判断证据能否作为定案根据时将印证作为基本的准入门槛。这就导致一

① 参见[美]罗纳德·艾伦等：《证据法：文本、问题和案例》（第3版），张保生等译，高等教育出版社2006年版，第166～169页。

② 郭文利：《刑事司法印证式采纳言词笔录实践之反思》，载《证据科学》2015年第6期。

③ 参见[美]罗纳德·艾伦等：《证据法：文本、问题和案例》（第3版），张保生等译，高等教育出版社2006年版，第158页。

些有价值的但缺乏其他证据相互印证的证据被过早地排除在侦查人员、检察人员和法官的视野之外。比如,在浙江杭州发生的张氏叔侄涉嫌奸杀少女王某的案件中,在被害人王某的手指甲中曾经提取到一个陌生人的 DNA,该 DNA 既不是张氏叔侄的,也没有比对出来是何人的。一审法官认为,“因手指为相对开放部位,不排除被害人因生前与他人接触而在手指甲内留下 DNA 的可能性”。浙江省高级人民法院则干脆在终审判决中写道,“本案中的 DNA 鉴定结论与本案犯罪事实并无关联”。[①] 最终该证据被排除在法庭定案根据之外。按照印证的标准,该 DNA 证据确实无法作为定案的根据,因为控辩双方提交的证据中并无证据能与其“具有内在联系,共同指向同一待证事实”,其与控方提交的三个主要证据之间更是存在“无法排除的矛盾和无法解释的疑问的”。但恰恰是这个证据,事后被证明其极有可能是指向正确方向。类似的情况还在安徽于英生涉嫌杀妻案中存在。证据规则在一定意义上是一种激励机制,不仅会影响庭审中的事实认定,更会对庭前的证据收集行为产生潜在的影响。如果庭前证据收集过早地以印证作为标准,带来的一个风险就是像这样一些事实上有价值的证据很有可能在定案根据的印证标准下过早地被侦查机关排除出事实认定者的视野,从而使案件从一开始就走向错误的方向。

第二,印证的功能扩张可能使一些证据的证明价值被低估,特别是在证据体系本身主要由控方一方提供的情况下,这种情况将被进一步强化。“孤证不能定案”这是对证据充分性的一种强调,但“孤证不能定案”并不等于“孤证不能采信”,将二者等同就混淆了证据采信标准与证据充分性的标准。在刑事诉讼中,由于控方承担证明责任,而且控方有强大的国家机器作为后盾,举证能力和资源都远超被告一方。被告一方由于资源有限,加上律师由于《刑法》第 306 条等原因在取证问题上非常审慎,导致控辩双方之间往往在证据提供方面存在巨大的差距。在这种情况下,将印证作为部分证

---

① 关于张氏叔侄案始末的报道,参见网易报道:《浙江叔侄强奸冤案回顾:坐 10 年冤狱后改判无罪》,载网易新闻,http://news.163.com/13/0507/15/8U9H3D8H00014J34.html,最后访问时间:2018 年 3 月 1 日。

据的采信标准，特别是作为审查被告人翻供和证人翻证的标准时，由于被告一方天然的举证弱势，控方提交的证据很容易与被告人的供述形成“相互印证”，这样可能会使被告人的翻供常常变得毫无意义。对2012年《刑诉法解释》第83条分解如表10－1所示，根据目前的印证标准，被告人的翻供，只有在一种情况下才可能成功，那就是被告人庭前供述出现反复，庭上不予供认，而且没有任何其他证据与被告人的庭前供述相互印证。“公诉时，公诉人往往将几个证据组合在一起出示，而这一组证据往往相互印证，随之对证据的质疑，也不是以单个证据个体为对象，而是以对一组证据质证的方式来进行。”[①]与此同时，法官往往天然地对控方证据有一种“偏见性”的尊重。[②] 在印证条款被运用于被告人翻供的采信标准的情况下，被告人要想成功地翻供几乎不太可能。因此，采信标准印证化之后带来的一个风险就是控辩双方在原有证据已经存在偏在结构的基础上进一步失衡，被告方的处境雪上加霜。对此，一些一线司法工作人员深感担忧。[③]

表10－1　被告人翻供采信条款分解

庭前	庭审	附加条件	结果
供述	翻供	不能合理说明翻供原因或者其辩解与全案证据矛盾，而其庭前供述与其他证据相互印证的	采信庭前供述
反复	供认	供述与其他证据相互印证的	采信庭审供述
反复	不供认	且无其他证据与庭前供述印证的	不采信庭前供述

第三，印证的功能扩张可能会变相鼓励虚假的印证。一旦证据相互印证的标准被作为定案的标准，特别是当其上升到规范层面时，这个标准容易演变成一种强制性的“教条”。前述印证内涵泛化问题的存在，导致只要满足印证的某些特征，便可以达到所谓印

① 谢小剑：《我国刑事诉讼相互印证的证明模式》，载《现代法学》2004年第6期。

② See Anna Lvovsky, *The Judicial Presumption of Police Expertise*, Harvard Law Review, Vol. 130, No. 8.

③ 参见郭文利：《刑事司法印证式采纳言词笔录实践之反思》，载《证据科学》2015年第6期。

证的要求，其结果势必导致原来看似严格的标准被架空。正如左卫民教授对传统印证模式所批评的，他认为主要问题在于"过于关注案件本身的证据构造而忽略了证据生产过程（取证）的正当性和合法性，由此忽略了实践中为了实现有罪认定，侦控机关在客观证明困难的情况下，可能根据既有的不充分证据去'生产'一些能够与这些客观证据相互'印证'且真实性严重存疑的主观证据"。[①] 一个典型的例子是浙江杭州张氏叔侄案。该案中，对被告人张氏叔侄定罪的证据主要有三个：一个是两被告人的口供，另一个是两被告人辨认犯罪现场的笔录，还有一个是被告人张辉同监所的证人袁连芳的证人证言。[②] 这三个证据看似有相对独立的信息来源，彼此之间能够相互"印证"，但细究之下，就会发现这些证据在形成的过程中均受到侦查方深刻的影响。这种作为定罪标准的"印证"其实仅仅是控方刻意为之的所谓"虚假印证"，无法起到严格印证标准所能产生的积极作用。这种虚假的印证不仅在我国司法实践中存在，在域外刑事司法领域同样存在。原因在于"在常态的侦查过程中，证据积累通常是以已收集的证据为基础，并受其引导，当证据积累充分时，就得出了侦查结论"。[③] 正因为如此，当关键证据出现错误时，便可能导致整个侦查过程"错误升级"，由此形成了虚假的印证。这种虚假印证之所以会产生的根本原因就是当客观化的印证标准与主观心证相互冲突时，事实认定者为了自身的职业安全会更倾向于相信印证的事实，从而获得一种"虚假"的确定性。在张氏叔侄案中，即便存在一个指向相反事实、也许更为可靠的 DNA 证据，一审、二审法官在审判中，也会倾向于采纳那个非常虚弱的所谓"印证"证据群并据此判决被告人有罪，而且一再地将 DNA 证据排除在定罪证据之外。

---

① 左卫民：《"印证"证明模式反思与重塑：基于中国刑事错案的反思》，载《中国法学》2016 年第 1 期。

② 参见网易报道：《浙江叔侄强奸冤案回顾：坐 10 年冤狱后改判无罪》，载网易新闻，http://news.163.com/13/0507/15/8U9H3D8H00014J34.html，最后访问时间：2018 年 3 月 1 日。

③ ［美］丹·西蒙：《半信半疑：刑事司法中的心理学》，刘方权、陈晓云译，上海交通大学出版社 2017 年版，第 242 页。

四、新时代背景下印证的功能回归

随着司法改革的推进,特别是司法责任制的展开,我国刑事司法领域将会逐渐实现"让审理者裁判,让裁判者负责"的理想愿景。与此同时,以审判为中心的诉讼制度改革也将使庭审实质化缓慢提升,从而为裁判者的心证提供坚实的基础。在这个新的背景下,印证无论是作为一种证明模式还是法律条款,其内涵和适用范围似乎都应该进行调整,并对印证的功能做出必要的限定。大体上可以从以下几个方面着手。

第一,明确将印证标准从证据采纳领域排除出去。如前所述,2012年《刑诉法解释》第104条第3款容易使人将印证标准与证据采纳标准混同,从而变相提高了证据采纳的标准,甚至导致虚假印证的低价值证据将那些高价值的证据过早排除在外。因此,为了避免类似问题的发生,笔者建议对2012年《刑诉法解释》第104条进行必要的修改。如前所述,该条款所包含的印证标准囊括了印证的三个核心特征,而且彼此之间是一种并列关系,这就意味着该条款隐含着最高的标准。这个标准作为证据采纳的标准固然不合适,作为证据采信的标准也显得过高。在未来的改革中,最理想的状态应该是废除本条,因为这个条款无论是作为证据采纳、采信还是定案的标准都是不合适的。该条款的存在导致证据作为定案根据的标准甚至高于定罪标准,也使证据规范体系内部自相矛盾。如果短期内无法废除该条款的话,也应该将该条款修改或解释成案件定罪的标准,这样才合乎证据充分性标准高于证据采纳与采信标准的基本认识论规律。

第二,进一步明确印证的法律定位,厘清印证的内涵,限制印证的使用范围。如前所述,印证的功能之所以能够急剧扩张,与印证内涵的泛化存在密切的关系。印证内涵泛化之后,印证的标准相应下降,印证的适用范围变得广泛,结果便是印证在不同的场合以不同的内涵出现,甚至出现许多似是而非的所谓虚假印证。这种情况下,印证存在被滥用和误用的风险,甚至导致许多司法人员通过"剪裁"甚至"编造"证据以迎合证据的印证标准。为此,未来应该明确印证在我国证据规范系统中的基本定位,进一步厘清印证的内涵。如果要将印证作为证据之间协同关系的高标准要求,就应该在证据法规范中做到相对一以贯之的规定。这样就必须有意识地限制印证在证据规范中的使用范围，只有在极其必要的情况下才使用印证标准。比如，在瑕疵证据需要有其他证据印证之后才能采信这样一个条款中，其实使用“补强”一词也完全能达到相同的意思，没有必要一定要使用“印证”一词。

第三，进一步协调印证与心证的关系，为心证留下足够的空间，让法官敢于坚持心证。在司法责任制和庭审实质化改革的大背景下，应当更多地强调司法者的亲历性要求和内心确信。印证功能扩张时，证明标准需要通过印证标准加以衡量，结果就是排除合理怀疑这个证明标准的主观内核被印证标准这个客观要求架空。为了避免出现这种情况，首先，需要进一步明确心证与印证之间的关系，将印证标准作为心证标准的例外情形，应明确限制在若干特殊的情况下，比如现在的间接证据定案或隐蔽性证据定案。其次，需要对《刑事诉讼法》第 55 条中有关证明标准予以进一步的明确。该条款规定“没有被告人供述，证据确实、充分的，可以认定被告人有罪和加以处罚”，然后用“排除合理怀疑”这三个条件解释“证据确实、充分”标准。如果将该条款与 2012 年《刑诉法解释》第 105 条规定“没有直接证据，但间接证据同时符合下列条件的，可以认定被告人有罪……”进行比较的话，就会发现两者之间存在混淆的危险。第 105 条规定的情形需要满足印证的条件，而且《刑事诉讼法》规定的“没有被告人供述”的情形其实与 2012 年《刑诉法解释》第 105 条的“没有直接证据，只有间接证据”的情形之间存在很大的交叉。这种情况下，《刑事诉讼法》第 53 条有关证明标准的条款与 2012 年《刑诉法解释》第 105 条之间就很可能存在相互解释的危险。未来的改革中，应当将两个条款之间的关系进一步理顺。可以将《刑事诉讼法》第 53 条改造成为名副其实的证明标准条款，作为刑事诉讼证明标准的一般性原则要求，而 2012 年《刑诉法解释》第 105 条则仅仅作为特殊例外情形存在。最后，需要在司法改革的背景下进一步推动庭审实质化改革和司法责任制改革，进一步完善错案追究制度，为法官营造一个良好的事实认定场域，让法官敢于在法律范围内进行心证。唯有如此，当前司法改革和刑事诉讼制度改革所倡导的基本目标才能真正实现。

第十一章　经验在案件事实认定过程中的引入与规制

作为一个专业法律术语,“经验法则”在2007年彭宇案的判决及其所引发的讨论中被不断提及。[①] 尽管“经验法则”的性质、功能、危险性及其克服手段等已经得到广泛而深入的研究,但依然有一些问题悬而未决:“经验法则”本身是否存在一种内在的自我控制机制?“经验法则”应该基于什么样的经验?“经验法则”应该以什么样的形式表述?“经验法则”与经验本身在事实认定方面存在什么样的关系?与“经验法则”本身相比,这些问题显然是更外延但可能更具根本性的问题,这种追问的态势源自“经验法则”这一术语本身的特殊性。正如有些学者发现的,“经验法则”是一个仅仅见诸大陆法系国家证据法中的术语,该词最早出现于1893年弗里德里希·斯坦关于法官认知的著作中,在表达类似含义或者类似功能的时候,英美法系国家和我国往往采用类似但并不完全相同的术语。[②] 有理由追问:在其他国家以及1893年之前的大陆法系国家,经验是以什么样的方式进入事实认定过程中

---

① 代表性论文有张卫平:《认识经验法则》,载《清华法学》2008年第6期;杨晓玲:《经度与纬度之争:法官运用“经验法则”推定事实——以“彭宇案”为逻辑分析起点》,载《中外法学》2009年第6期。

② 参见[意]Michele Taruffo:《关于经验法则的思考》,孙维萍译,载《证据科学》2009年第2期。

的？对“经验法则”的理解不能仅仅停留于“经验法则”本身，而应该进一步深入“经验法则”背后的经验问题，从一般层面对“经验法则”及相关的制度设计进行重新理解。

一、事实认定中的经验角色变迁

按照日本学者的定义，“经验法则”是指人们从生活经验中归纳获得的关于事物因果关系或属性状态的法则或知识。[①] 但正如一些学者所提醒的，“经验法则”的概念并不是简单的一般常识或者社会共识，而是需要进行更多的限定。[②] 这种限定性实际上就划定了经验与“经验法则”之间的界限，为了更好地理解这种界限，需要从事实认定制度发展历史的角度考察经验在事实认定中的作用。

作为事实认定方式的“神明裁判”在13世纪被逐渐废弃之后，大陆法系诸国逐渐建立起一套形式证据制度以适应当时的纠问式审判方式。[③] 在这种审判方式中，立法者事先为司法证明制订了一套完整的证据规则，这套规则对证据进行分类，然后为不同类型的证据赋予了不同的证明力。法官只能根据这套规则赋予案件中各类证据以不同的证明力，进而判断案件的事实是否成立。在这种审判模式下，法官对事实认定过程的知识不是法官基于自己的经验对个案中的具体证据进行具体的判断，而主要是对预先法律规定进行演绎推理的结果。在这一背景下，经验对事实认定过程的作用方式主要通过立法者的立法，而不是通过司法者的个人经验判断。[④] 这实际上受到了当时盛行的经院认识论的影响：知识源自权威文献，而非源

---

① 参见［日］新堂幸司：《新民事诉讼法》，林剑锋译，法律出版社2008年版，第375页。

② 参见［意］Michele Taruffo：《关于经验法则的思考》，孙维萍译，载《证据科学》2009年第2期。

③ See Julius Stone, Wan Wells, *Evidence: Its History and Policies*, Butterworths, 1991, p. 13－14.

④ 这是基于当时法律规范出发的判断，至于实际司法裁判中，事实认定者的经验是否完全不发挥作用，则是另一个问题。达马斯卡就认为：“在［当时］司法实践中，机械地适用证据规则，也并非普遍的做法。”［美］米尔吉安·R. 达马斯卡：《比较法视野中的证据制度》，吴宏耀、魏晓娜等译，中国人民公安大学出版社2006年版，第40页。

自直接观察或实证研究。与此相应的是,事实认定者在事实认定的过程中所需要的知识是通过忠实地执行权威性规则而获得,无须借助个人的调查活动或者依靠基于感官提供的资料而进行的推理活动而获得。[①] 换言之,事实认定者的经验被排除在事实认定的过程之外,立法者则通过立法对事实认定过程进行直接的规范。

18 世纪末期,法国大革命之后,为了抑制传统形式证据制度的弊端,同时也为了适应当时人民对陪审团审判的期盼,法国逐渐用自由心证制度取代原来的形式证据制度。自由心证制度实际上是相对于先前相对僵化的法定证据制度而言的,其核心内涵在于证据的证明价值或证明力不再由法律预先进行具体明确的规定,而是由裁判者在裁判过程中运用自己所具有的人类的逻辑经验和日常认知方法自由评断具体案件中各种证据的证明力。到了 17 世纪之后,科技革命、地理大发现和文艺复兴的兴起使人类认识外在事物的能力有了全面提高,一种新的认识论开始逐渐取代传统经院认识论的主导地位,哲学家们将这种新的认识论称为普遍认识能力原则(principle of universal cognitive competence)。在这一原则之下,对于世界的认知是一种经验常识活动,它不再仅仅属于少数权威,每个人通过努力都能认识外在世界,这个认识的过程概括地说便是首先对外部世界归纳出一些原则,然后通过将从这些原则演绎出来的结论与事实相吻合的程度加以检验,从而完成整个认识过程。[②] 与此相应的是,事实认定者在事实认定的过程中所需要的知识更多地依赖于事实认定者个人的经验和逻辑推理能力,立法者对证据证明力的预先规定基本上被废除。因此,在自由心证制度下,事实认定的大门向事实认定者的个人经验敞开,这种个人经验成为判定事实最为重要的背景知识之一。

---

① See John D. Jackson, *Theories of Truth Finding in Criminal Procedure: An Evolutionary Approach*, Cardozo Law Review, Vol. 10:487, 1988.

② See J. D. Jackson, *Two Methods of Proof in Criminal Procedure*, Modern Law Review, Vol. 51, No. 5, 1988. Jonathan Cohen, *Freedom of Proof*, in *Evidence and Proof*, Edited by William Twining and Alex Stein, Dartmouth, p. 3. 也有些学者将这一原则称为"认识论自信假设", See Alex Stein, *The Refoundation of Evidence Law*, Canadian Journal of Law and Jurisprudence, Vol. Ⅸ, No. 2(July 1996)。

在自由心证制度确立的初期,自由心证更多的是一种不受约束的绝对自由,事实认定者只需要诉诸自身的内心确信便可以对事实作出认定。[①] 革命家们更多的是为公民参与司法之实现而欢欣鼓舞,并未意识到应该对事实认定者的事实认定过程加以有效的制约。[②] 但是在后来的司法实践中,许多公民参与的事实裁判因为乖谬无常且常与证据证明力大相径庭,这才引发了对自由心证的重新认识。自由心证不再是一种绝对的自由心证,而是被一种新的自由证明观所取代:事实认定者的自由仅仅是证明力不得由法律规则预先加以规定的自由,不包括不受理性推理规则和经验法则约束的自由。[③] 这种观念是对绝对自由心证的一种矫正,这种矫正的方向不是回到形式证据制度的老路,而是借助逻辑推理规范和"经验法则"对事实认定者在事实认定过程中所进行的推理加以规范,以此达到对事实认定过程加以有效约束的目标。在这一阶段,事实认定者的经验依然对事实认定过程发挥着重要的指引作用,但是这种作用的发挥需要受到"经验法则"的约束。

通过对经验在事实认定中作用之变迁历程的简要介绍可以很清楚地看到:第一,在经验与"经验法则"的关系上,"经验法则"是对经验的一种约束机制,通过对经验的约束进而实现对整个事实认定过程的有效控制。正是在这一意义上,可以说经验法则是对经验的一种限定。第二,从约束形式来看,经验法则对事实认定中经验

---

① 其典型表述是1808年《法国刑事诉讼法典》的规定:"法律不要求陪审官报告他们建立确信的方法,法律不给他们预定一些规则,使他们必须按照这些规则来决定证据是不是完全和充分,法律所规定的是要他们集中精神,在自己良心的深处探求对于所提出的反对被告人的证据和被告人的辩护手段在自己的理性里发生了什么印象。法律不向他们说'你们应当把多少证人所证明的每一个事实认为是真实的',也不向他们说'你们不要把没有由某种笔录、某种文件、多少证人或多少罪证……所确定的证据看作是充分证实的'。法律只是向他们提出一个能够概括他们职务上的全部尺度的问题:'你们是真诚确信吗?'。"参见《法国刑事诉讼法典》,余叔通、谢朝华译,中国政法大学出版社1997年版,第131页。

② 实际上,在当时的立法改革讨论中,已经有人意识到自由心证可能被滥用的危险,但是,这种提醒并未受到足够的重视。关于自由心证制度在法国建立的具体过程,参见吴宏耀:《诉讼认识论纲——以司法裁判中的事实认定为中心》,北京大学出版社2008年版,第121~133页。

③ 参见[美]米尔吉安·R.达马斯卡:《比较法视野中的证据制度》,吴宏耀、魏晓娜等译,中国人民公安大学出版社2006年版,第214页。

的约束是一种有别于法律规范直接规制的隐性约束，同时也是一种柔性约束机制。经验法则虽然有“法则”之名，但在其诞生之初，则是与证据规则严格区别的一种约束机制。在自由心证的整体氛围之下，“经验法则”如果转化为明示的法律规范必然将受到一定的挑战。第三，从“经验法则”产生的背景来看，其产生的直接动力是对事实认定者不受法律规范的事实认定权给予一定的约束，因此，“经验法则”所约束的是事实认定者的经验，而不是针对立法者的经验。从形式证据制度到自由心证制度的演变过程可以看出，经验作用于事实认定过程的路径至少有两种：一种是通过立法途径直接进入法律，然后通过法律的规范作用于每一个个案；另一种则是通过经验法则直接影响个案中的事实认定过程。

二、事实认定中的经验与经验法则

在厘清经验与“经验法则”之间基本关系之后，接下来的问题是“经验法则”如何通过对经验进行有效的约束从而达至对事实认定过程的有效控制？这一点可以通过对两大法系事实认定中经验的不同处理模式进行比较展现出来。

（一）英美法系对经验的处理模式

在英美国家的事实认定过程中，经验同样占据着至关重要的地位。按照美国证据法学家塞耶所确立的基本框架，一个证据从其提出到最后作为定案根据确立案件真相大致要经历三个阶段：证据相关性阶段、证据可采性阶段和证据评价阶段。在证据相关性阶段，主要考虑的问题是该证据是否倾向于支持或者倾向于否定一个或者多个待证事实，在这一问题的判断上法官的逻辑和一般经验发挥着重要作用；在证据可采性阶段，主要考虑的问题则为是否存在一条规则或者原则要求将某一相关证据排除，对这一问题的判断属于证据法支配的范围；在证据评价阶段，主要考虑在本案中，应该赋予此项证据（或者作为整体的证据）以多大的分量，该问题主要受陪审团或者法官的逻辑和一般经验支配。[①] 按照这一框架，作为事实

---

① See William Twining, *Rethinking Evidence: Exploratory Essays*, second edition, Cambridge University Press, 2005, p. 202.

认定者,法官或陪审团的经验主要在证据相关性和证据分量评价这两个阶段发挥作用,因此,对经验之作用的控制也主要发生在这两个阶段。

在证据相关性的判断上,法官的经验主要是通过所谓归纳概括(generalization)产生的。所谓"归纳概括",按照大卫·舒姆的界定,是指那些在某一证据与某一待证事实建立相关性并将它们由此粘合起来的正当理由(warrant)。[①] 证据(尤其是间接证据)与待证事实之间要存在相关关系,就需要在两者之间建立起一种推论链条,而链条的诸多环节之间就需要通过所谓的归纳概括加以连接。比如,在某一起案件中,"张三看见李四鞋上有很多红泥"这个证据与"李四到过小河边"这个待证事实之间存在推论上的跳跃,因为这两者之间还需要一个归纳概括:"在当地,只有小河边才有这样的红泥,而只有到过小河边的人才会沾上红泥。"这种归纳概括之所以可能在于其背后存在的那个巨大的知识库(Stock of knowledge):"我们大家都……累积了关于人物和事物在我们社会中一般行为方式之普遍持有的观念的巨大的知识库。从这个知识库中,人们对典型行为可以进行归纳概括。"[②]因此,法官的经验可以借助归纳概括进入证据相关性判断环节。

身处归纳概括背后的这个知识库是一个复杂的混合体,里面包含了人情世故、趣闻轶事、印象、事件、神话、习俗、期望、思维定式、推测和偏见等。如果任由这个混杂的知识库进入事实认定过程,必然对准确的事实认定带来巨大的危险。根据英国证据法学者特文宁(Twining)的概括,这些危险主要包括下列5种情形:(1)某些进入归纳概括知识之确定性较弱,比如发生的频率较低,例外情形较多,抽象程度较高等;(2)同一性或者来源较为含糊,比如在家庭暴

---

① See Terence Anderson et al., *Analysis of Evidence*, Cambridge University Press, 2005, p. 262. generalization 一词有多种中文译法,一些学者将其翻译为"背景知识",参见[意]Michele Taruffo:《关于经验法则的思考》,孙维萍译,载《证据科学》2009年第2期。也有一些学者将其译为"归纳概括",参见[美]罗纳德·J.艾伦等:《证据法:文本、问题和案例》(第3版),张保生等译,满运龙校,高等教育出版社2006年版,152页。

② David A. Binder & Paul Bergman, *Fact Investigation*, 85(1984). 转引自[美]罗纳德·J.艾伦等:《证据法:文本、问题和案例》(第3版),张保生等译,满运龙校,高等教育出版社2006年版。

力案件中,男性与女性的体验可能不同;(3)在多元社会中,在许多问题上可能并不存在“认识共识”;(4)伪装成实证观点的价值判断,比如种族主义偏见;(5)这些归纳概括可能被以价值化语言加以表述。① 正是由于这些危险的存在,在经验借助归纳概括进入相关性判断环节时,法官就需要“考察在证据提出者提出的推论链条中每一个推论背后所潜藏的归纳概括”。②

对这些归纳概括进行审查时,主要采用两种方式:第一种方式是当法官对一个归纳概括产生合理怀疑时,他可以要求该证据的提出者就该归纳概括本身提供证据性支持。在对归纳概括进行判断时,法官遵循的一个基本标准被称为“理性陪审团成员”检验标准,该标准至少包含两种限制:第一,必要的限制不能为法官明知为虚假;第二,这些归纳概括不能是基于性别、种族、宗教等因素的歧视性推测。第二种方式是可以对归纳概括所赖以存在的经验性知识进行必要的类型化,也就是根据其内在的确定性将这些归纳概括划分成不同等级,法官可以根据不同的等级给予不同的关注。比如,可以根据可靠性程度、抽象程度、来源以及普遍性等不同的基准对归纳概括进行不同的类型化。以可靠性为例,科学性知识、常识、基于经验的知识以及人为的直觉等依可靠性强弱依次排列成一个等级结构。③ 通过这些方式,归纳概括背后所隐含的诸多危险在一定程度上得到了有效的清除。

到了证据评价阶段,由于证据评价本身是一个纯粹的内心确信活动,因此对事实认定者个人经验的约束就少得多。不过,在英美法系国家,由于陪审团作为证据评价主体,因此陪审团审判本身就隐含着一种内在约束机制。因为陪审团裁判是一种群体决策,在这一决策的过程中,为了获得一致意见,陪审团成员的个体经验必然

---

① See William Twining, *Rethinking Evidence: Exploratory Essays*, second edition, Cambridge University Press,2005, p. 335.

② [美]罗纳德·J. 艾伦等:《证据法:文本、问题和案例》(第3版),张保生等译,满运龙校,高等教育出版社2006年版,第152页。

③ See Terence Anderson et al., *Analysis of Evidence*, Cambridge University Press, 2005, p. 262.

会受到其他成员的影响。[①] 在陪审团成员集体评议的过程中，进入证据评价环节的经验最终更多的是那些为群体所共同接受的群体经验，这实际上在一定程度上对那些具有高度危险的个人偏见性经验起到了重要的抑制作用。近年来，由于英美法系国家陪审团审判范围的日益缩小，法官在审判中的作用日益扩展，陪审团审判对经验的这种内在约束机制正日益弱化。这一现象已经引起学术界和实务界的关注，学者们期望通过一些替代性机制尽可能清除经验在事实认定中可能存在的滥用危险。[②] 因此，在英美法系，经验在进入事实认定的诸多环节中同样受到抑制，尽管这种抑制机制并非以法律规范的明示形式展现出来，更多的是通过其内在的隐形机制发挥作用。

（二）大陆法系对经验的处理模式

如前所述，19 世纪初期，在自由心证的基本原则下，法律并不预先对证据的证明力判断设定一些既定的规则，事实认定者更多的是依赖自己的逻辑和经验对证据形成自己的确信。但是随着时间的推移，人们逐渐意识到，事实认定者的经验可能是高度个人化的。在这一背景下，到了 19 世纪末，“经验法则”这一术语出现在德国学者弗里德里希·斯坦的著作里。这一概念被欧洲大陆的意大利和西班牙等国家接受，但在欧洲大陆的其他国家，比如法国、荷兰、瑞士、瑞典，则不太使用经验法则一词，更多地使用“事实推定”一词表达类似的功能。[③] 在斯坦那里，“经验法则”被界定为一个来源于一般性确定性经验基础上所形成的一般性法则。这样一个一般性法则构成了一个具有可推论性的事实大前提，通过这一前提，负责具体案件审判的法官可以运用演绎推理而得到一个具有较高确定性的裁判结论。[④] 因此，斯坦的路径实际上就是将那些高度个人化

---

① 关于陪审团群体决策的特殊性，参见[美]米尔建·R. 达马斯卡：《漂移的证据法》，李学军等译，何家弘校，中国政法大学出版社 2003 年版，第 50 ~55 页。

② See Marilyn MacCrimmon, *Fact Determination: Common Sense Knowledge, Judicial Notice, and Social Science Evidence*, International Commentary on Evidence, Volume 1, Issue 1, 1998.

③ 参见[德]普维庭：《现代证明责任问题》，吴越译，法律出版社 2006 年版，第 143 页。

④ 参见[意]Michele Taruffo：《关于经验法则的思考》，孙维萍译，载《证据科学》2009 年第 2 期。

的经验以经验法则的形式固化下来,从而使其形成较为稳定的大前提,进而带来较为确定的事实裁判。从前述普遍认识能力原则来看,“经验法则”就是人类对外部世界观察归纳所产生的那些经验性规则,它们以人类对同一现象反复不断的观察判断作为基础,具有高度的盖然性和规律性。正是因为这种高度盖然性,人类在以经验法则为大前提来演绎判断其他事实时便获得无须重复审查的便利。

在事实认定的过程中,“经验法则”主要在三个阶段发挥作用:第一,形成事实的初期阶段,“经验法则”将帮助人们形成事实发生过程的假设。在对过去事实进行回溯性重构的过程中,人们往往运用回溯性推理(abductive reasoning)展开对事实的重构,在这种回溯性推理的过程中,“经验法则”是将现有事实与假设之间连接起来的中间媒介。[①] 第二,在庭审过程中,“经验法则”有助于庭审参与者重建案件的事实。正如许多学者所发现的,在庭审过程中双方对事实的证明很大程度上就是一种叙事。为了使这种叙事更能为裁判者接受,双方当事人就必须借助“经验法则”使自己的叙事显得更为可信。第三,在法官裁判阶段,“经验法则”为法官认定事实提供了最基本的认识基础,由此法官可以从显著事实中得出裁判结论,可以基于经验进行推论的传导,进而最终获得赖以建立案件事实的那些间接认识。[②]

因此,“经验法则”贯穿于事实认定的整个认识过程,直接决定这一过程的最终结果。但“经验法则”本身的三个特点也导致其存在被误用和滥用的危险。第一,“经验法则”所涵盖内容的地域性。除了那些“放之四海而皆准”的公理和常识(如人都会死)之外,相当一部分“经验法则”往往局限在某一特定的区域,同一个行为在不同的地方可能有着不同的解释。第二,“经验法则”的时效性。不同时代的社会条件不同,也分享着许多不同的经验,尤其处于急剧变迁的社会中,许多经验可能迅速被时代改变。第三,“经验法

---

① 参见[加]道格拉斯·沃尔顿:《法律论证与证据》,梁庆寅、熊明辉等译,熊明辉校,中国政法大学出版社 2010 年版,第 42 页。

② 参见[意]Michele Taruffo:《关于经验法则的思考》,孙维萍译,载《证据科学》2009 年第 2 期。

则”适用过程的内在性。事实认定的参与者和认定者在适用“经验法则”的过程中很多时候是“引而不彰”的，是内心确信过程的一个组成部分。在这种情况下，“经验法则”所包含之经验是否具有足够的盖然性便值得警惕。正因为“经验法则”隐含着这三个特点，在对其加以适用时就可能带来误用和滥用的危险。

为了防范这种危险的发生，目前主要从两个角度保障对“经验法则”的准确适用。第一，类型化路径，即根据“经验法则”所包含的盖然性高低程度将其做一个等级分类，法官在适用时，可以将此等级分类作为参考。比如，德国学者普维庭就将经验法则依照其盖然性高低分为4种：生活规律，就是数学上可以证明的或者符合逻辑的或者不可能有例外的经验；经验基本原则，具有高度的盖然性，但不能排除例外；简单的经验规则，盖然性较低，不能独立帮助法官形成完全的心证；纯粹的偏见，不具有盖然性。① 上述4种经验法则的盖然性是依次递减的，法官在适用的过程中，也可以根据不同的归类赋予其不同的地位。第二，程序上的保障，在大陆法系国家（地区）如日本、德国、韩国，违反“经验法则”的直接法律后果是可以将其作为上告的理由，上诉法院也可以以违反自由心证原则对这些上告加以审查。② 除此之外，也有一些学者直接针对经验法则的使用提出一些运用性规则指导法官。③

（三）经验在事实认定过程中的引入与控制

如果要在英美法国家寻找一个与“经验法则”相对应的类似范畴的话，那么，“归纳概括”无疑扮演着与“经验法则”类似的角色。无论是“归纳概括”还是“经验法则”，它们都具有三个重要特点：第一，都是以人类的经验作为基础，“归纳概括”的背后是包罗万象的人类知识库，“经验法则”是人类个体经验升华的结果。④ 人类的经验性知识借助于“归纳概括”或“经验法则”作用于事实认定的过

---

① 参见［德］普维庭：《现代证明责任问题》，吴越译，法律出版社2006年版，第143页。

② 参见张卫平：《认识经验法则》，载《清华法学》2008年第6期。

③ 参见［意］Michele Taruffo：《关于经验法则的思考》，孙维萍译，载《证据科学》2009年第2期。

④ 张卫平：《认识经验法则》，载《清华法学》2008年第6期。

程，为这一过程提供基本的认识基础，并为证据与待证事实之间提供中间媒介。第二，无论“归纳概括”还是“经验法则”都不是纯粹的个人经验，而是以高度盖然性为基础的经验推论，这种高度盖然性既体现为经验推论发生的高频率，同时也体现在它在一定范围内为一定的群体共享。第三，这种经验推论在事实认定的过程中必要但危险。无论在美国还是在德国，以高度盖然性为基础的经验都在事实认定过程中起着非常重要的作用。但是形形色色的经验经由归纳概括或者经验法则进入事实认定过程时也同时裹挟着巨大的危险。针对这些危险，在德国，经验法则的采纳和使用是上诉法院审查的一个内容。在加拿大等地方，随着陪审团审判范围的缩小，法官在事实认定中扮演着越来越重要的角色，与此相应的是，法官在事实认定中所运用之经验是否具有足够的盖然性也逐渐引起了警惕，越来越多的人主张对事实认定中的“常识”运用给予更加严格的审查。① 因此，可以说，“经验法则”是将经验引入事实认定的一种独特机制，但这种机制本身也存在被滥用或误用的危险，因此，对“经验法则”应该进行一定的审查，尽管这种审查并不是常规性的。

通过比较研究还可以发现，对于经验而言，“经验法则”仅仅是将其引入事实认定过程中的一种机制，发挥类似作用的机制还有法律推定。法律推定，是立法者在一个已证明事实与另一推定事实之间所建立的一种特定法律关系。② 将证明事实与推定事实连接在一起，其背后往往是一种具有高度盖然性的经验性推论。因此，如果说“经验法则”是对日常生活中经验的高度盖然性概括的话，那么，“法律推定”则是对某些具有高度盖然性经验推论的法定化和成文化。立法者出于效率等因素的考虑，将这些经验性推论以成文法的形式固定下来，从而产生了法律推定。从这一角度看，对于引入事实认定过程之经验来说，“经验法则”是一种柔性控制模式，因为它们更多的是依赖于相对宽松的类型化路径和偶然性的审查机制；

① See Marilyn MacCrimmon, *Fact Determination: Common Sense Knowledge, Judicial Notice, and Social Science Evidence*, International Commentary on Evidence, Volume 1, Issue 1, 1998.

② ［美］罗纳德·J. 艾伦等：《证据法：文本、问题和案例》（第3版），张保生等译，满运龙校，高等教育出版社2006年版，第852页。

"法律推定"更多是一种刚性控制模式，因为它由成文法明确规定，对法官的事实认定过程具有很强的规范效力。因此，"经验法则"和"法律推定"是将人类经验引入事实认定过程的两种机制，这两种机制一方面将经验引入事实认定过程之中，使其能发挥应有的作用，另一方面又对经验本身具有筛选和事后控制功能，从而使人类经验在事实认定中处于可控的范围内。

三、我国事实认定中经验的误用与规制

在我国事实认定的过程中，经验同样扮演着非常重要的角色，它们以不同的形式进入我国司法裁判中，为法官的事实认定提供重要的帮助。但是，在司法和立法实践中，我国对经验之规范机制也出现了误用和失控状态，并由此产生了一些负面的社会影响。因此，需要在反思现有经验运行机制的基础上进行一定的调整。

（一）我国事实认定中经验作用的三种形式

1. "经验法则"在事实认定中的运用。在民事诉讼中，"经验法则"的运用主要体现在两个阶段：第一，在事实证明阶段，"经验法则"的存在使得当事人减少了证明的难度。2019 年《最高人民法院关于民事诉讼证据的若干规定》（以下简称《民事证据规定》）第 10 条规定："下列事实，当事人无需举证证明：……（四）根据已知事实和日常生活经验法则推定出的另一事实……"该条款不但规定了"经验法则"可以进入事实认定过程以化解证明困难，还对"经验法则"所涵盖的三种知识给予初步的类型化。第二，在证据评价阶段，2019 年《民事证据规定》第 85 条第 2 款规定："审判人员应当依照法定程序，全面、客观地审核证据，依照法律的规定，遵循法官职业道德，运用逻辑推理和日常生活经验，对证据有无证明力和证明力大小独立进行判断，并公开判断的理由和结果。"这两条规定为"经验法则"在我国司法实践中的运用提供了重要的合法性基础，许多具体的"经验法则"由此进入事实认定过程成为重要的裁判基础。[①]

---

① 一些法官已经根据自己的经验对某些类型案件中的经验法则进行了总结。比如民间借贷案件，参见吴献雅：《经验法则类型化研究——以民间借贷案件为中心的考察》，载《北京政法职业学院学报》2009 年第 4 期。

在刑事诉讼中，在证据尤其是言词证据的审查认定中同样涉及大量"经验法则"的运用。比如，在群体性伤害案件中，就某一事实的陈述，多位证人之间往往相互矛盾，这种情况下要想有效地识别判断就得借助大量的"经验法则"。①

2. 以柔性法律规定的形式体现在立法中。所谓柔性法律规定，是指法律并不将经验性知识以强制性的规定强制事实认定者执行，更多的是以指引性立法语言的形式指引法官对证据进行审查判断。这种柔性法律规定的代表是2010年《死刑案件证据规定》，该规定的第6条、第11条、第18条、第23条、第25条、第27条、第29条中，分别规定了物证、书证、证人证言、被告人陈述、鉴定意见、勘验、检查笔录、视听资料、电子证据等类型证据的审查认定要素，法官在审查证据的过程中可以依照这些要素进行重点审查。无疑，这些条款的背后都凝聚了对那些具有高度盖然性的司法经验的总结。比如，在对证人证言审查时，需要考虑的一个因素是证人与案件当事人、案件处理结果有无利害关系，这一条就是根据我们的一些日常生活准则等经验性知识的运用。②

3. 以法律推定的形式体现在立法中。如前所述，法律推定实质上是对具有高度盖然性的经验性推论的法律确认，它是以立法的形式将这些经验性推论固化下来。一个典型例子是2001年《民事证据规定》第77条，该条规定法院就数个证据对同一事实的证明力进行认定时需要遵循的几个法律推定，比如原始证据的证明力一般大于传来证据等。这些法律推定实际上就是将那些具有高度盖然性的经验性推论上升到法律的高度，从而为法官认定证据提供直接的指引。比如，上述条款规定：证人提供的对与其亲属或者其他密切关系的当事人有利的证言，其证明力一般小于其他证人证言。这一规定源自中国发达的亲属制度以及亲亲相隐等传统儒家思想，这样一种经验性推论在我们的日常生活中发生的概率很高。

（二）经验误用的两种情形

近年来，随着证据立法的推进以及彭宇案等个案判决所产生的

① 参见张军主编：《刑事证据规则的理解与适用》，法律出版社2010年版，第14～16页。

② 参见张军主编：《刑事证据规则的理解与适用》，法律出版社2010年版，第15页。

社会影响，在我国的立法和司法实践中，经验在事实认定中被误用从而产生不良社会影响的现象逐渐进入社会公众和学术界的视野。经验以什么样的机制进入事实认定过程中也逐渐成为法学界和法律实务界必须正视的问题。在有限的篇幅中，本章无法对这一问题进行系统的讨论，仅仅通过两个典型例子简要探讨经验误用的两种典型情形。

1. "经验法则"的泛化。如前所述，"经验法则"的基础是具有高度盖然性的经验性推论，所谓"经验法则"的泛化，是指将诸多不具有高度盖然性的经验性推论作为"经验法则"的内容引入事实认定过程中。2007 年发生在江苏南京的彭宇案便集中反映了"经验法则"的泛化问题。彭宇案的发生或许是多方面作用的结果，该案所产生的广泛而恶劣影响却是在一审判决的过程中便埋下了祸根。[①] 在一审中，对于原、被告是否相撞这个争议性事实，帮助法官认定案件事实的有两个"经验法则"：[②]

> (1)"如果被告是见义勇为做好事，更符合实际的做法应是抓住撞倒原告的人，而不仅仅是好心相扶；如果被告是做好事，根据社会情理，在原告的家人到达后，其完全可以在言明事实经过并让原告的家人将原告送往医院后自行离开，但被告未作此等选择，其行为显然与情理相悖。"(着重号为引者所加)
>
> (2)"被告在事发当天给付原告二百多元钱款且一直未要求原告返还。……根据日常生活经验，原、被告素不相识，一般不会贸然借款，即便如被告所称为借款，在有承担事故责任之虞时，也应请公交站台上无利害关系的其他人证明，或者向原告亲属说明情况后索取借条(或说明)等书面材料。"(着重号为引者所加)

---

① 关于该案所产生之广泛影响及内在发生机理的一个详细分析，参见吴洪淇：《转型逻辑：证据法的运行环境与内部结构》，中国政法大学出版社 2004 年版，第 141 ~ 147 页。

② 以下两段均节选自彭宇案一审判决书。南京市鼓楼区人民法院民事判决书，(2007)鼓民一初字第 212 号。

这两段引言中尽管未直接使用“经验法则”这一术语,但“社会情理”“日常生活经验”等词汇以及判决书中的论证结构,这显然是对“经验法则”的应用。这两条具有“经验法则”效力的推论是否真的具备经验法则所需要的高度盖然性呢?以第一条经验法则为例,法官所依据的经验推论是:“如果被告是做好事……那么,在原告的家人到达后,其完全可以在言明事实经过并让原告的家人将原告送往医院后自行离开。”这样一个推论是一个高度盖然性的推论吗?做好事的模式可以很多种,既可以是适可而止,“自行离开”,也可以“帮到底”,帮助将原告送到医院。换言之,这个推论并不具备一种相对的稳定性,由“做好事”这样一个前提并不能推出一个相对稳定的结论。因此,这一推论并不具备“经验法则”所要求的高度的盖然性。同样的分析也适用于第二条经验法则。在彭宇案中,“经验法则”的泛化带来极坏的影响,法官高度个人化的经验将“经验法则”的形式上升成为案件裁判的根据,并进而经由传媒的扩展效应对社会产生了强大的规范效力。这种高度个人化的经验推论所传达的信息是,如果我们在类似事件中的行为方式不符合法官对做好事的狭隘定义的话,那么这种行为方式将成为对我们不利的证据。当然,彭宇案的出现是社会多方面因素综合作用的结果,但不可否认的是,“经验法则”的泛化带来了诸多负面的影响:一方面,将那些不具有高度盖然性的个人偏见以经验法则的面貌出现在事实认定中势必影响对案件事实的准确认定;另一方面,那些高度盖然性的个人偏见以“经验法则”的面貌出现也起到了不良的示范效应,彭宇案便是一个例证。

2. 法律推定不具备高度盖然性经验基础。如前所述,法律推定是对基础性事实与推定性事实之间推论关系的一种法律确认,法律推定的成立取决于两个条件:第一,基础性事实与推定性事实之间应该存在一种高度盖然性的前后关系,这是一个基础性条件;第二,基础性事实与推定性事实之间的这种关系应该获得法律的确认,这是一个法定条件。当然,第一个条件实际上是在法律推定的立法阶段所着重考虑的,在司法实践阶段,由于法律上已经确立了基础性事实与推定性事实之间的这种关系,所以司法阶段主要是对推定的直接适用。立法阶段和司法阶段对法律推定的不同考虑客观上使我们将精力集中于法律推定的法律性而忽视了法律推定背后所需要的高度盖然性，从而对一些法律推定本身的合理性缺乏足够的认识。

在我国立法中，不具备高度盖然性的法律推定的一个典型例子是2001年《民事证据规定》第77条第4款。该法规定："人民法院就数个证据对同一事实的证明力，可以依照下列原则认定：……（四）直接证据的证明力一般大于间接证据……"从法律形式来看，该条无疑确立了一项法律推定，同一事实的数个证据中，直接证据的证明力一般大于间接证据。这一项法律推定是否具有高度盖然性则值得商榷。所谓直接证据，是指能够直接证明某一要件性事实，而不需要中间性事实作为媒介的证据。间接证据，则是指那些只能直接证明中间性事实，然后通过中间性事实的推断证明要件性事实的证据。因此，直接证据与间接证据的区别仅仅在于其与要件性事实之间推论链条的长度，而并不能反映证明力上的差别。[①] 比如，就某人是否到过犯罪现场，一个目击证人并不必然比一枚现场提取的指纹具有更高的证明力，尽管前者是直接证据而后者是间接证据。因为目击证人的证言将会受到更多外界因素的影响，而指纹则具有更强的稳定性。因此，上述法律推定的背后显然不是一个具有高度盖然性的经验性推论。同样的问题还存在于本条的第1款，该款规定，同一事实的数个证据中，国家机关、社会团体依职权制作的公文书证的证明力一般大于其他书证。这个推定早在200多年前就已受到边沁的严厉批判。[②] 这种不具备高度盖然性经验基础的法律推论一旦适用到司法实践中，将带来对证据评价的扭曲并进而对案件事实的准确认定带来严重的威胁。

（三）事实认定中经验运用的规制建议

无论是"经验法则"的泛化还是法律推定背后高度盖然性经验基础的缺失，所凸显的问题集中于两点：第一，不恰当地将"经验法则"和法律推定与高度盖然性的经验性推论分离开来，未能深刻意

---

① 参见[美]罗纳德·J.艾伦等：《证据法：文本、问题和案例》（第3版），张保生等译，满运龙校，高等教育出版社2006年版，第852页。

② See William Twining, *Rethinking Evidence: Exploratory Essays*, second edition, Cambridge University Press, 2005, p. 42. 当然，不排除这个推定背后隐含着一定的政策考虑。

识到高度盖然性的经验性推论是“经验法则”和法律推定得以存在的基础。这种疏忽一方面固然是经验法则与法律推定等机制独立发展分化后的一个必然结果,但另一方面也说明我们对经验法则与法律推定这些将经验导入事实认定过程的机制的制度设置与本质功能还缺乏必要的警醒。第二,对经验法则和法律推定背后高度盖然性经验基础的缺失还缺乏必要的监控机制。从前文对经验进入事实认定过程的发展历程来看,无论是经验法则还是法律推定,本身实际上已经生发出一套控制机制来保障自身的良性运转。而这些控制机制可能在我们目前事实认定的制度建构中还存在缺陷。为此,本章着重从以下三点出发提出初步的规制建议,以期经验法则和法律推定等机制能更有效地运作。

1.“经验法则”类型化。如前所述,“经验法则”的类型化是指导“经验法则”恰当运用的一个重要前提,没有“经验法则”的类型化,事实认定者在运用经验法则时可能会迷失方向。关于“经验法则”的类型化,国外已经发展出相当成熟的体系,比如前述普维庭的四分法,还有特文宁设计的更为复杂的体系。在国内,2001 年《民事证据规定》尽管对“经验法则”作了初步的类型化,但这种类型化还比较初步,一方面,现有的类型还未形成一个较为合理的等级化体系;另一方面,现有类型本身所蕴含的盖然性基础也还较为含糊。令人欣喜的是,目前部分地区的法官已经开始以自己的司法实践经验为基础着手对部分类型的案件中所涉及的“经验法则”加以类型化,这是一个很好的开端。① 实务界以及法学界应该在经验法则类型化方面投入更多的精力,从而建构一个更为合理的经验法则体系。

2. 贯彻心证公开,将经验法则作为上诉审查的一个内容。2001 年《民事证据规定》第 85 条中明确规定应该公开证据判断的理由和结果,人民法院改革纲要中也将审判公开作为改革的一个重要方向,但是在具体落实方面效果似乎并不理想。② “经验法则”的运用

---

① 参见吴献雅:《经验法则类型化研究——以民间借贷案件为中心的考察》,载《北京政法职业学院学报》2009 年第 4 期。

② 参见苏力:《判决书的背后》,载《法学研究》2001 年第 3 期。

是一个内在的内心确信过程,只有实现了心证公开,对经验法则的审查才能成为可能。因此,法官在撰写判决书的过程中,应该落实心证公开的要求,将事实认定的推理过程和认定根据进行公开。值得注意的是,彭宇案的一审判决尽管在经验法则的运用上出现了问题,但正因为一审判决书贯彻了心证公开原则,将事实认定的推理过程给予了详细的描述,这才使其成为我们反思经验法则运用的一个珍贵的样本。与心证公开配套的是,对"经验法则"的质疑应该成为上诉的理由,上诉审查应该将经验法则作为审查的一个内容。

3. 对法律推定的经验基础进行重点审查,必要时将社会科学数据引入作为审查的根据。对于立法中的法律推定,在将某一经验确立为法律推定之前,应该对其经验基础的发生概率进行重点审查。[①]随着社会科学实证研究的发展,许多法律推定所发生之概率也逐渐有了一些实证性数据加以支撑。因此,在对法律推定进行立法或者审查时,除了考虑政策因素之外,还可以引入社会科学数据对其背后的经验盖然性加以必要的考察。

---

① See Marilyn MacCrimmon, *Fact Determination: Common Sense Knowledge, Judicial Notice, and Social Science Evidence*, International Commentary on Evidence, Volume 1, Issue 1, 1998.

参考文献

第一部分　中文著作

1. [美]Ari Ezra Waldman:《隐私即信任:大数据时代的信息隐私》,张璐译,法律出版社 2022 年版。

2. [美]爱德华·J. 伊姆温克尔里德:《科学证据的秘密与审查》,王进喜等译,中国人民大学出版社 2020 年版。

3. [美]安德鲁·阿伯特:《职业系统:论专业技能的劳动分工》,李荣山译,刘思达校,商务印书馆 2016 年版。

4. [美]布莱恩·福斯特:《司法错误论——性质、来源和救济》,刘静坤译,邹明理审校,中国人民公安大学出版社 2007 年版。

5. [美]布兰登·L. 加勒特:《误判:刑事指控错在哪了》,李奋飞等译,中国政法大学出版社 2015 年版。

6. 蔡定剑:《历史与变革——新中国法制建设的历程》,中国政法大学出版社 1999 年版。

7. 常林:《司法鉴定专家辅助人制度研究》,中国政法大学出版社 2012 年版。

8. 陈光中主编:《中华人民共和国刑事证据法专家拟制稿(条文、释义与论证)》,中国法制出版社 2004 年版。

9. 陈如超:《刑事鉴定制度改革研究》,群众出版社 2015 年版。

10. 陈瑞华:《程序性制裁理论》(第 3 版),中国法制出版社 2017 年版。

11. 陈瑞华:《刑事证据法》(第 3 版),北京大学出版社 2018 年版。

12. 陈瑞华:《刑事证据法》(第 4 版),北京大学出版社 2021 年版。

13. 陈一云主编:《证据学》(第 3 版),中国人民大学出版社 2007 年版。

14. 陈致:《余英时访谈录》,中华书局 2012 年版。

15. [英]达夫等编:《审判的试炼 Ⅰ:真实与正当法律程序》,万象译,台北,财团法人民间司法改革基金会 2015 年版。

16. 戴长林、罗国良、刘静坤:《中国非法证据排除制度:原理·案例·适用》(修订版),法律出版社 2017 年版。

17. [美]丹·西蒙:《半信半疑:刑事司法中的心理学》,刘方权、陈晓云译,上海交通大学出版社 2017 年版。

18. [加]道格拉斯·沃尔顿:《法律论证与证据》,梁庆寅、熊明辉等译,熊明辉校,中国政法大学出版社 2010 年版。

19.《法国刑事诉讼法典》,余叔通、谢朝华译,中国政法大学出版社 1997 年版。

20. 法学教材编辑部《证据学》编写组:《证据学》,群众出版社 1983 年版。

21. 费孝通:《乡土中国:生育制度》,北京大学出版社 1998 年版。

22. [新加坡]何福来:《证据法哲学:在探究真相的过程中实现正义》,樊传明等译,中国人民大学出版社 2021 年版。

23. 胡适:《容忍与自由》,法律出版社 2011 年版。

24. 黄宗智:《经验与理论:中国社会、经济与法律的实践历史研究》,中国人民大学出版社 2007 年版。

25. 季卫东:《法治秩序的建构》,中国政法大学出版社 1999 年版。

26. 江伟主编:《中国证据法草案(建议稿)及立法理由书》,中国人民大学出版社 2004 年版。

27. [德]克劳思·罗科信:《刑事诉讼法》(第 24 版),吴丽琪译,法律出版社 2003 年版。

28. [美]克雷格·布拉德利:《刑事诉讼革命的失败》,郑旭译,北京大学出版社 2009 年版。

29. [英]克里斯托弗·艾伦:《英国证据法实务指南》(第 4 版),王进喜译,中国法制出版社 2012 年版。

30. [加]肯特·罗奇:《错案问题比较研究》,蒋娜译,中国检察出版社 2015 年版。

31. [美]肯尼斯·R. 福斯特、[美]彼得·W. 休伯:《对科学证据的认定:科学知识与联邦法院》,王增森译,法律出版社 2001 年版。

32. [美]兰博约:《对抗式刑事审判的起源》,王志强译,复旦大学出版社 2010 年版。

33. [法]勒内·弗洛里奥:《错案》,赵淑美、张洪竹译,法律出版社 2013 年版。

34. 李学灯:《证据法比较研究》,台北,五南图书出版公司 1992 年版。

35. [美]理查德·A. 波斯纳:《法理学问题》,苏力译,中国政法大学出版社 2002 年版。

36. [加]林晓东:《电子数据取证》,陈晶等译,机械工业出版社 2022 年版。

37. 林钰雄:《严格证明与刑事证据》,法律出版社 2008 年版。

38. 刘方权编译:《犯罪侦查中对计算机的搜查扣押与电子证据的获取》,中国检察出版社 2006 年版。

39. 刘品新:《电子证据法》,中国人民大学出版社 2021 年版。

40. 刘品新:《中国电子证据立法研究》,中国人民大学出版社 2005 年版。

41. 龙宗智:《刑事庭审制度研究》,中国政法大学出版社 2001 年版。

42. [美]罗杰·帕克、迈克尔·萨克斯:《证据法学反思:跨学科视角的转型》,吴洪淇译,中国政法大学出版社 2015 年版。

43. [美]罗纳德·J. 艾伦:《艾伦教授论证据法》(上),张保生等译,中国人民大学出版社 2014 年版。

44. [美]罗纳德·J. 艾伦等:《证据法:文本、问题和案例》(第3版),张保生等译,满运龙校,高等教育出版社2006年版。

45. [美]米尔建·R. 达马斯卡:《比较法视野中的证据制度》,吴宏耀、魏晓娜等译,中国人民公安大学出版社2006年版。

46. [美]米尔建·R. 达马斯卡:《漂移的证据法》,李学军等译,何家弘审校,中国政法大学出版社2003年版。

47. [德]普维庭:《现代证明责任问题》,吴越译,法律出版社2006年版。

48. [日]秋山贤三:《法官因何错判》,曾玉婷译,魏磊杰校,法律出版社2019年版。

49. 全国人大常委会法制工作委员会刑法室编:《关于修改中华人民共和国刑事诉讼法的决定:条文说明、立法理由及相关规定》,北京大学出版社2012年版。

50. [日]松尾浩也:《日本刑事诉讼法》(下)(新版),张凌译,金光旭校,中国人民大学出版社2005年版。

51. [英]苏珊·哈克:《证据与探究:对认识论的实用主义重构》(修订版),刘叶涛、张力锋译,陈波校,中国人民大学出版社2018年版。

52. [英]苏珊·哈克:《证据与探究:走向认识论的重构》,陈波等译,中国人民大学出版社2004年版。

53. 孙长永:《侦查程序与人权:比较法考察》,中国方正出版社2000年版。

54. [美]特仑斯·安德森等:《证据分析》(第2版),张保生等译,中国人民大学出版社2012年版。

55. [日]田口守一:《刑事诉讼法》(第7版),张凌、于秀峰译,法律出版社2019年版。

56. 田文昌、陈瑞华:《刑事辩护的中国经验》,北京大学出版社2012年版。

57. 田文昌、陈瑞华主编:《〈中华人民共和国刑事诉讼法〉再修改律师建议稿与论证》,法律出版社2007年版。

58. 王达人、曾粤兴:《正义的诉求:美国辛普森案与中国杜培武案的比较》(修订版),北京大学出版社2012年版。

59. 王进喜:《美国〈联邦证据规则〉(2011 年重塑版)条解》,中国法制出版社 2012 年版。

60. [英]威廉·特文宁:《反思证据:开拓性论著》(第 2 版),吴洪淇等译,中国人民大学出版社 2015 年版。

61. [英]威廉·特文宁:《证据理论:边沁与威格摩尔》,吴洪淇、杜国栋译,中国人民大学出版社 2015 年版。

62. 吴洪淇:《转型的逻辑:证据法的运行环境与内部结构》,中国政法大学出版社 2013 年版。

63. 吴宏耀:《诉讼认识论纲——以司法裁判中的事实认定为中心》,北京大学出版社 2008 年版。

64. 向燕:《刑事侦查中隐私权领域的界定》,中国政法大学出版社 2011 年版。

65. [日]新堂幸司:《新民事诉讼法》,林剑锋译,法律出版社 2008 年版。

66. [美]亚历克斯·斯坦:《证据法的根基》,樊传明、郑飞等译,中国人民大学出版社 2018 年版。

67. 杨良宜、杨大明:《国际商务游戏规则:英美证据法》,法律出版社 2008 年版。

68. 易延友:《非法证据排除规则的中国范式》,北京大学出版社 2022 年版。

69. 喻海松:《刑事诉讼法修改与司法适用疑难解析》,北京大学出版社 2021 年版。

70. [美]约书亚·德雷斯勒、艾伦·C. 迈克尔斯:《美国刑事诉讼法精解》(第 1 卷),吴宏耀译,北京大学出版社 2009 年版。

71. 张保生:《证据法的理念》,法律出版社 2021 年版。

72. 张保生主编:《〈人民法院统一证据规定〉司法解释建议稿及论证》,中国政法大学出版社 2008 年版。

73. 张建伟:《证据法要义》(第 2 版),北京大学出社 2014 年版。

74. 张军、姜伟、田文昌:《新控辩审三人谈》,北京大学出版社 2014 年版。

75. 张军主编:《刑事证据规则的理解与适用》,法律出版社

2010 年版。

76. 周怡主编:《我们信谁?——关于信任模式与机制的社会科学探索》,社会科学文献出版社 2014 年版。

77. 朱明勇:《无罪辩护》,清华大学出版社 2015 年版。

78. 左卫民等:《庭审实质化改革实证研究:以法庭调查方式为重点》,法律出版社 2021 年版。

79. 左卫民等:《中国刑事诉讼运行机制实证研究》,法律出版社 2007 年版。

第二部分　中文论文

1. 陈光中、魏晓娜:《论我国司法体制的现代化改革》,载《中国法学》2015 年第 1 期。

2. 陈兼、刘昶:《叫魂案和乾隆的"合法性焦虑"》,载《读书》2013 年第 4 期。

3. 陈瑞华:《案卷笔录中心主义——对中国刑事审判方式的重新考察》,载《法学研究》2006 年第 4 期。

4. 陈瑞华:《非法证据排除程序再讨论》,载《法学研究》2014 年第 2 期。

5. 陈瑞华:《论侦查中心主义》,载《政法论坛》2017 年第 2 期。

6. 陈瑞华:《审判之中的审判——程序性裁判之初步研究》,载《中外法学》2004 年第 3 期。

7. 陈瑞华:《以限制证据证明力为核心的新法定证据主义》,载《法学研究》2012 年第 6 期。

8. 陈瑞华:《证据法学研究的方法论问题》,载《证据科学》2007 年第 Z1 期。

9. 陈瑞华:《制度变革中的立法推动主义——以律师法实施问题为范例的分析》,载《政法论坛》2010 年第 1 期。

10. 陈卫东、刘中琦:《我国非法证据排除程序分析与建构》,载《法学研究》2008 年第 6 期。

11. 陈心歌:《论刑事诉讼中专家辅助人制度——以实践功效、理论争鸣与立法完善展开》,载《中国司法鉴定》2015 年第 2 期。

12. 陈永生:《论刑事司法对鉴定的迷信与制度防范》,载《中国法学》2021 年第 6 期。

13. 戴福:《讯问犯罪嫌疑人同步录音录像的证据地位与司法审查》,载《人民法院报》2014 年 1 月 1 日。

14. 翟永太:《让利剑更锋利——全国公安刑事科学技术工作综述》,载《人民公安报》2006 年 9 月 26 日。

15. 丁乐超:《真相与和解委员会机制对促进和保障人权的作用:以南非真相与和解委员会为重点》,载《人权》2015 年第 1 期。

16. 董坤:《侦查讯问录音录像制度的功能定位及发展路径》,载《法学研究》2015 年第 6 期。

17. [美]Edward J. Imwinkelried:《科学证据司法审查的进步轨迹:我的个人视角》,汪诸豪等译,载《证据科学》2022 年第 1 期。

18. [美]Edward J. Imwinkelried:《论表象时代的终结》,王进喜译,载《证据科学》2011 年第 4 期。

19. 房保国:《现实已经发生:论我国地方性刑事证据规则》,载《政法论坛》2007 年第 3 期。

20. 冯俊伟、王玉荣:《论事故调查报告证据能力问题——以新〈刑诉法解释〉第 101 条为中心》,载《上海政法学院学报(法治论丛)》2023 年第 1 期。

21. 顾永忠:《涉案财产价格认定的应然属性及其管理体制》,载《法治研究》2021 年第 2 期。

22. 桂田田:《"非法证据排除"有望出细则》,载《北京青年报》2014 年 12 月 8 日。

23. 郭华:《刑事诉讼专家辅助人出庭的观点争议及其解决思路》,载《证据科学》2013 年第 4 期。

24. 郭文利:《刑事司法印证式采纳言词笔录实践之反思》,载《证据科学》2015 年第 6 期。

25. 贺日开、贺岩:《错案追究制实际运行状况探析》,载《政法论坛》2004 年第 1 期。

26. 胡铭、王林:《刑事案件中的电子取证:规则、实践及其完善——基于裁判文书的实证分析》,载《政法学刊》2017 年第 1 期。

27. 胡倩、袁静:《从熟人社会到陌生人社会:信任模式的变迁》,载《华中师范大学研究生学报》2013 年第 1 期。

28. 柯艳雪、尹腊梅:《经验法则的比较法分析及其构建》,载张卫平主编:《民事程序法研究》(第3辑),厦门大学出版社2007年版。

29. 雷磊:《融贯性与法律体系的建构——兼论当代中国法律体系的融贯化》,载《法学家》2012年第2期。

30. 李晨蕾:《刑事庭审专家辅助人适用情况实证研究——以中国裁判文书网相关裁判为例》,载《山西警察学院学报》2017年第2期。

31. 李红海:《认真对待事实与将常理引入司法——减少争议判决之司法技术研究》,载《法商研究》2018年第5期。

32. 李蒙:《新刑诉法下专家辅助人首次出庭》,载《民主与法制》2013年第15期。

33. 李学军、朱梦妮:《专家辅助人制度研析》,载《法学家》2015年第1期。

34. 李学军:《诉讼中专门性问题的解决之道——兼论我国鉴定制度和法定证据形式的完善》,载《政法论坛》2020年第6期。

35. 李勇:《坚守印证证明模式》,载《检察日报》2015年7月9日。

36. 刘译矾:《论电子数据的双重鉴真》,载《当代法学》2018年第3期。

37. 龙宗智、孙末非:《非鉴定专家制度在我国刑事诉讼中的完善》,载《吉林大学社会科学学报》2014年第1期。

38. 龙宗智:《立法原意何处寻:评2021年最高人民法院适用刑事诉讼法司法解释》,载《中国法学》2021年第4期。

39. 龙宗智:《刑事印证证明新探》,载《法学研究》2017年第2期。

40. 龙宗智:《寻求有效取证与保证权利的平衡——评"两高一部"电子数据证据规定》,载《法学》2016年第11期。

41. 龙宗智:《印证与自由心证——我国刑事诉讼的证明模式》,载《法学研究》2004年第2期。

42. 龙宗智:《证据分类制度及其改革》,载《法学研究》2005年第5期。

43. [美]罗纳德·J. 艾伦:《专家证言的概念性挑战》,汪诸豪译,载《证据科学》2014 年第 1 期。

44. 吕广伦等:《〈关于办理死刑案件审查判断证据若干问题的规定〉理解与适用》,载《人民检察》2010 年第 16 期。

45. 马静华、张敛瀚:《讯问录音录像与非法证据排除:一个实证的考察》,载《西南民族大学学报(人文社科版)》2016 年第 7 期。

46. [意]Michele Taruffo:《关于经验法则的思考》,孙维萍译,载《证据科学》2009 年第 2 期。

47. 毛立新:《讯问录音录像应当允许辩护律师"复制"——评〈新刑诉法解释〉第 54 条》,载搜狐网,https://www.sohu.com/a/450439995_751940,最后访问时间:2021 年 8 月 10 日。

48. 毛立新:《侦查讯问录音录像制度缘何异化》,载《财经》2014 年第 14 期。

49. 牟绿叶:《论非法证据排除规则和印证证明模式之间的冲突及弥合路径》,载《中外法学》2017 年第 4 期。

50. 庞金友:《网络时代"后真相"政治的动因、逻辑与应对》,载《探索》2018 年第 3 期。

51. 裴显鼎:《以庭审实质化改革为契机,不断推进刑事审判理论创新》,载最高人民法院刑事审判第一、二、三、四、五庭主办:《刑事审判参考》总第 111 集,法律出版社 2018 年版。

52. 起草小组:《起草小组解读:〈刑事诉讼法解释〉理解与适用》(上),载中国法院网,https://www.chinacourt.org/article/detail/2021/02/id/5796152.shtml,最后访问时间:2021 年 6 月 4 日。

53. 秦宗文:《刑事隐蔽性证据规则研究》,载《法学研究》2016 年第 3 期。

54. 秦宗文:《讯问录音录像的功能定位:从自律工具到最佳证据》,载《法学家》2018 年第 5 期。

55. 沈敏:《我国司法鉴定认证认可制度的构建和实践》,载《中国司法鉴定》2020 年第 5 期。

56. 施鹏鹏:《刑事裁判中的自由心证——论中国刑事证明体系的变革》,载《政法论坛》2018 年第 4 期。

57. 司法部赴德司法鉴定培训团:《德国司法鉴定制度》,载《中国司法鉴定》2010 年第 3 期。

58. 孙晓莉:《社会治理模式的变迁》,载《学习时报》2005 年 6 月 6 日。

59. 孙远:《论非法证据排除规则有效适用的三个要素——以侦查追诉阶段排除非法证据为视角》,载《政治与法律》2018 年第 4 期。

60. 苏力:《判决书的背后》,载《法学研究》2001 年第 3 期。

61. [美]T. P. 加兰尼斯:《现代证据法的兴起》,吴洪淇译,载《证据科学》2008 年第 1 期。

62. 汪建成、孙远:《刑事鉴定结论研究》,载《中国刑事法杂志》2001 年第 2 期。

63. 王超:《电子数据合法性审查之反思——基于 987 个刑事案例的分析》,第六届鹭岛刑事法论坛获奖论文。

64. 王超:《全程录音录像制度的功能异化——以侦查讯问录音录像的选择性录制与播放为视角》,载《华中科技大学学报(社会科学版)》2014 年第 1 期。

65. 王超:《中国刑事证据法学研究的回顾与转型升级》,载《法学评论》2019 年第 3 期。

66. 王汉斌:《彭真与我国的法制建设》,载《人民日报》1997 年 10 月 27 日。

67. 王和岩等:《重整刑案证据链》,载《新世纪周刊》2010 年第 25 期。

68. 王进喜:《澳大利亚〈1995 年证据法〉的立法技术及对普通法的变革》,载《比较法研究》2013 年第 3 期。

69. 王亚明:《刑事一审庭审规范化的实证分析及路径探讨》,载最高人民法院刑事审判第一、二、三、四、五庭主办:《刑事审判参考》总第 111 集,法律出版社 2018 年版。

70. 吴洪淇:《非法言词证据的解释:利益格局与语词之争》,载《法学家》2016 年第 3 期。

71. 吴洪淇:《非法证据排除的程序性建构与检视——从两个证据规定到〈刑事诉讼法修正草案〉》,载《证据学论坛》第 17 卷。

72. 吴洪淇:《审判中心主义背景下的证据裁判原则反思》,载

《理论视野》2015 年第 4 期。

73. 吴洪淇:《刑事证据审查的基本制度结构》,载《中国法学》2017 年第 6 期。

74. 吴洪淇:《刑事证据制度变革的基本逻辑——以 1996—2017 年我国刑事证据规范为考察对象》,载《中外法学》2018 年第 1 期。

75. 吴献雅:《经验法则类型化研究——以民间借贷案件为中心的考察》,载《北京政法职业学院学报》2009 年第 4 期。

76. 谢小剑:《我国刑事诉讼相互印证的证明模式》,载《现代法学》2004 年第 6 期。

77. 谢小剑:《讯问录音录像的功能发展:从过程证据到结果证据》,载《政治与法律》2021 年第 8 期。

78.《刑事诉讼法解释》起草小组:《〈最高人民法院关于适用《中华人民共和国刑事诉讼法》的解释〉理解与适用》,载最高人民法院刑事审判第一、二、三、四、五庭编:《刑事审判参考》总第 126 集,人民法院出版社 2021 年版。

79. 熊秋红:《人工智能在刑事证明中的应用》,载《当代法学》2020 年第 3 期。

80. 严剑漪:《揭秘"206":法院未来的人工智能图景——上海刑事案件智能辅助办案系统 154 天研发实录》,载《人民法院报》2017 年 7 月 10 日。

81. 杨波:《审判中心下印证证明模式之反思》,载《法律科学(西北政法大学学报)》2017 年第 3 期。

82. 杨晓玲:《经度与纬度之争:法官运用"经验法则"推定事实——以"彭宇案"为逻辑分析起点》,载《中外法学》2009 年第 6 期。

83. 张保生:《事实、证据与事实认定》,载《中国社会科学》2017 年第 8 期。

84. 张保生:《证据规则的价值基础和理论体系》,载《法学研究》2008 年第 2 期。

85. 张栋:《中国刑事证据制度体系的优化》,载《中国社会科学》2015 年第 7 期。

86. 张卫平:《我国民事诉讼法理论的体系建构》,载《法商研究》2018 年第 5 期。

87. 张卫平:《认识经验法则》,载《清华法学》2008 年第 6 期。

88. 张文显:《法理:法理学的中心主题和法学的共同关注》,载《清华法学》2017 年第 4 期。

89. 张文显:《法治与国家治理现代化》,载《中国法学》2014 年第 4 期。

90. 张文媛:《司法实践中如何掌握刑事证据相互印证的合理限度》,载《北京政法职业学院学报》2012 年第 1 期。

91. 张翔:《通信权的宪法释义与审查框架——兼与杜强强、王锴、秦小建教授商榷》,载《比较法研究》2021 年第 1 期。

92. 张长征、叶林秀:《破坏野生动物资源类犯罪若干疑难问题研究》,载《犯罪研究》2021 年第 1 期。

93. 张中:《论证据法学的科学性及其学科地位》,载《中国法学教育研究》2015 年第 3 期。

94. 章宣静、张倩:《司法会计鉴定意见审查研究——以法院不采信鉴定意见为例》,载《中国注册会计师》2019 年第 4 期。

95. 赵航:《电子数据合法性审查规则的反思与完善》,载《大连理工大学学报(社会科学版)》2022 年第 1 期。

96. 郑飞:《拯救社会公德的证据法药方——论不得用以证明过错或责任的证据规则》,载《理论月刊》2014 年第 1 期。

97. 朱孝清:《讯问录音录像三题》,载《人民检察》2014 年第 12 期。

98. 纵博:《“不得作为定案根据”条款的学理解析》,载《法律科学(西北政法大学学报)》2014 年第 4 期。

99. 纵博:《事故调查报告在刑事诉讼中的运用》,载《法律科学(西北政法大学学报)》2022 年第 4 期。

100. 最高人民法院:《英国非法证据排除制度考察团:英国非法证据排除制度考察报告》,载最高人民法院刑事审判第一、二、三、四、五庭主办:《刑事审判参考》总第 101 集,法律出版社 2015 年版。

101. 左卫民、马静华:《刑事证人出庭率:一种基于实证研究的理论阐述》,载《中国法学》2005 年第 6 期。

102. 左卫民:《“印证”证明模式反思与重塑:基于中国刑事错案的反思》,载《中国法学》2016 年第 1 期。

103. 左卫民:《刑事诉讼中的“人”:一种主体性研究》,载《中国法学》2021 年第 5 期。

第三部分 英文著作

1. David A. Schum, *The Evidential Foundations of Probabilistic Reasoning*, Northwestern University Press, 2001.

2. Ian Dennis, *The Law of Evidence*, *Sweet & Maxwell*, 3rd revised edition, 2007.

3. Jack B. Weinstein, Margaret A. Berger, *Weinstein's Evidence Manual*, 6th ed., Lexis Neis, 2003.

4. James Bradley Thayer, *A Preliminary Treatise on Evidence at the Common Law*, Little Brown & Company, 1898.

5. John Henry Wigmore, *Evidence in Trials at Common Law*, rev. ed. by Peter Tillers, Little Brown & Company, 1983.

6. Julius Stone, Wan Wells, *Evidence*: *Its History and Policies*, Butterworths, 1991.

7. L. J. Cohen, *Freedom of Proof*, *in Evidence and Proof*, edited by William Twining and Alex, Dartmouth, New York University Press, 1992.

8. L. Jonathan Cohen, *The Probable and the Provable*, Oxford University Press, 1977.

9. Paul Roberts & Michael Stockdale ed., *Forensic Science Evidence and Expert Witness Testimony*: *Reliability Through Reform*?, Edward Elgar Publishing Limited, 2018.

10. Ronald L. Carlson et al., *Evidence*: *Teaching Materials for an Age of Science and Statutes*, 6th ed., Lexis Nexis, 2007.

11. The Law Commission, *Expert Evidence in Criminal Proceedings in England and Wales*, The Stationery Office, 2011.

12. Terence Anderson et al., *Analysis of Evidence*, Cambridge University Press, 2005.

13. William Twining, *Rethinking Evidence: Exploratory Essays*, second edition, Cambridge University Press, 2005.

第四部分 英文论文

1. Andrew W. Jurs, *Balancing Legal Process with Scientific Expertise: Expert Witness Methodology in Five Nations and Suggestions for Reform of Post-Daubert U. S. Reliability Determinations*, 1387 Marquette Law Review, Vol. 95.

2. Anna Lvovsky, *The Judicial Presumption of Police Expertise*, Harvard Law Review, Vol. 130, No. 8.

3. Alex Stein, *The Refoundation of Evidence Law*, Canadian Journal of Law and Jurisprudence, Vol. Ⅸ, No. 2, 1996.

4. Eleanor Swift, *One Hundred Years of Evidence Law Reform: Thayer's Triumph*, 88 Cal. L. Rev. 2437.

5. J. D. Jackson, *Two Methods of Proof in Criminal Procedure*, Modern Law Review, Vol. 51, No. 5, 1988.

6. Jennifer Mnookin, *Expert Evidence, Partisanship, and Epistemic Competence*, Brooklyn Law Review, Vol. 73. 2.

7. J. D. Jackson, *Theories of Truth Finding in Criminal Procedure: An Evolutionary Approach*, Cardozo Law Review, Vol. 476, 1988.

8. Lisa Dufraimont, *Evidence Law and the Jury: A Reassessment*, 53 McGill L. J. 199(2008).

9. Michael S. Pardo, *Some Remarks on the Importance of Evidence Outside of Trails*, 36 The Review of Litigation 443(2018), 467.

10. Marilyn MacCrimmon, *Fact Determination: Common Sense Knowledge, Judicial Notice, and Social Science Evidence*, International Commentary on Evidence, Vol. 1, 1998.

11. Nadine M. Smit, Ruth M. Morgan, David A. Lagnado, *A Systematic Analysis of Misleading Evidence in Unsafe Rulings in England and Wales*, Science & Justice 58(2018).

12. Paul C. Giannelli & Kevin C. McMunigal, *Prosecutors*,

Ethics and Expert Witness, 1494 Fordham Law Review, Vol. 76.

13. William Twining, *Evidence and Legal Theory*, Modern Law Review, Vol. 47, No. 3, 1984.

致　谢

除了个别篇章之外，本书的大部分内容都是2018年以来这5年期间撰写完成的。这5年间我横跨了两个工作单位：2021年之前，我在中国政法大学证据科学研究院（也是我博士毕业的母院）工作，2021年之后调入北京大学法学院工作。感谢这两个工作单位及同事为我提供的学术研究氛围和写作条件，这是我进行相关写作的一个重要动力。其中，要特别感谢张保生教授、陈瑞华教授、王进喜教授、熊秋红教授以及其他我无法一一列明的各位前辈学者和学界朋友一直以来的鼓励、指导与帮助。谢谢我指导的博士生和硕士生提供的研究协助，我们定期举行论文讲评会，他们对许多论文都提出了很好的修改建议。我指导的博士研究生方鑫汇协助制作了本书的参考文献。

本书一定程度上是笔者过去5年来对刑事证据法体系化工作进行研究和思考的结果。在研究的过程中，相关的章节先后以单篇论文的方式发表在《法学研究》《中外法学》《当代法学》《法学》《中国刑事法杂志》《中国法律评论》《浙江社会科学》《证据科学》《上海政法学院学报》等期刊。感谢这些期刊及相关编辑老师和匿名评审专家给予拙文宝贵的发表机会。这些发表既是一种鼓励，也对本书的成形起到重要的推动作用。当然，在收入本书过程中，这些章节都进行了不同程度的编辑和修改，使之成为更为融贯的一个整体。特别需要说明的是，本书第二章曾经收录在上一本书《证据法的理论面孔》中。在编辑本书的过程中，考虑制度变迁背景的完整性，再次将其收录到本书中作为第二章。

本书的写作也获得相关研究项目的支持。笔者主持的下列三个项目为本书的研究提供了资金支持：教育部高等学校全国优秀博士学位论文作者专项资金资助项目“司法证明过程的机理与规制”（编号：201406）、教育部人文社会科学研究一般项目“刑事错案中的科学证据研究”（批准号：18YZC820066）以及北京市社科基金青年项目“刑事案件的事实认定模式研究”（编号：17FXC032）。

本书是我在法律出版社出版的第二本专著。上一本专著《证据法的理论面孔》不但被列入“法学新青年系列”，获得法律出版社的宝贵支持，而且在出版后即获得法律出版社首届青年法学出版基金“金獬豸”奖。法律出版社对青年学者的大力支持令人感到温暖，也为我们之间的持续合作奠定了重要的基础。

最后要感谢家人对本书研究写作的支持。他们陪伴我经历了因工作单位变动带来的各种生活上的变动，忍受我在阅读、研究和写作上无休止的时间投入。这对我来说是一种压力，也是一种动力。作为一个不擅长平衡家庭和工作的人，本书的写作牺牲了许多本来应该用来陪伴家人的时间。

2023 年 1 月于京北寓所